KB154439

완벽한 자유와 부를 만드는

인생투자

완벽한 자유와 부를 만드는

인생투자

| 우석 지음 |

OPENMIND

완벽한 자유를 향한 여정과 투자자의 인생 철학

저는 올해 지난 21년간 탔던 국산 차를 폐차했습니다. 더 이상 부품을 구할 수가 없어서 아쉬움을 달래며 보내야 했습니다. 제가 사는 강남 아파트에서 가장 낡은 차였습니다.

저는 보증금 500만 원에 월세 20만 원으로 신혼살림을 시작했습니다. 말 그대로 정말 가진 것 하나 없이 출발했습니다. 하지만 자유롭게 살고 싶다는 꿈만은 흔들린 적이 없습니다. 그 꿈을 이루기 위해 저는 평생을 전략적으로 살았습니다. "자유롭게, 전략적으로 살자"를 인생의 항해도로 삼아 자유를 향해 방향타를 설정하고 가장 전략적인 방법으로 항해를 해왔습니다.

예순이 넘은 나이에 인생을 되돌아보니 예나 지금이나 저는 참

한결같은 사람입니다. 바로 그 밋밋한 일관성 덕에 꿈을 이룬 게 아닌가 싶습니다.

_____ 당신은 왜 부자가 되려고 하나요?

사람은 누구나 부자가 되고 싶어 합니다. 하지만 제가 부자가 되고 싶은 이유는 다른 사람들과는 조금 결이 다릅니다. 30여 년 전, 제가 결심을 굳혔던 그날이 지금도 생생하게 떠오릅니다. 창문으로 햇살이 환하게 들어오던 어느 휴일 아침, 저는 침대에 기대앉아 책을 읽고 있었습니다. 워런 버핏의 어록집이었습니다. 워런 버핏은 왜 부자가 되려고 하느냐는 질문에 이렇게 대답합니다.

"완벽한 자유를 누리기 위해서입니다."

맞습니다. 제가 원하는 삶도 그랬습니다. 그 순간 마음속에 워런 버핏처럼 자유롭게 살고 싶다는 꿈이 자리를 잡았습니다. 그날 이후로 완전히 워런 버핏에게 빠져들어 버핏의 어록집을 통째로 외우다시피 했습니다. 하도 많이 읽어서 나중에는 책이 한 장 한 장 낱장으로 떨어져 아내가 굵은 실로 묶어 주었습니다.

직장에 다니던 당시 저는 매일 아침 현관에 서서 출근하기 싫다고 아내에게 투정하곤 했습니다. 회사에서는 그럭저럭 인정도 받았고 남 보기에는 잘나가는 직장인이었지만 그건 제가 원하는 삶이 아니었습니다. 연말이면 인사이동으로 어느 부서, 어느 지역으로 이동할지 몰라 전전긍긍해야 했고, 날마다 사사건건 타인의 지시와 명령을 받으며 사는 것이 너무 싫었습니다. 내 인생인데 남에게 휘둘리는 일을 더 이상 견딜 수가 없었습니다. 저는 제가 주인이 되는 삶을 원했습니다. 처자식을 먹여 살려야 한다는 부담감 때문에 직장에 다니는 일은 하고 싶지 않았습니다.

완벽한 자유를 얻기 위해서는 돈이 필요했습니다. 도스토옙스키는 '화폐는 주조된 자유'라고 했습니다. 정말 맞는 말입니다. 그래서 저는 부자가 되고 싶었습니다.

저더러 팔자 좋은 사람이라고 합니다

저를 잘 모르는 사람들은 저를 '팔자 좋은 사람'이라고 합니다. 세상 풍파를 별로 겪지 않고 편하게 산 사람 같다는 말을 많이 듣는 편입니다. 어느 정도는 맞는 말입니다. 하지만 저는 누구보다도 전략적으로 살았습니다. 제가 부자가 될 수 있었던 가장 큰 이유도 전략적으로 살았기 때문입니다. 저의 약점과 강점을 철저히 파악해 강점을 살리고 약점을 보강하며 다가오는 변화된 세상에서 가장 유리한 곳에 포지셔닝하려고 노력했습니다. 그 결과 불행을 피하고 남보다 편하게 돈을 벌 수 있었습니다.

또한 저는 평생 머릿속 '생각기계'를 개선하려고 노력했습니다. 제 눈에는 대다수의 사람들이 스스로 생각하고 자신만의 생각을 가지기보다 앵무새처럼 남의 생각을 외워서 되뇌는 것처럼 보입니다. 그렇게 살아서는 투자에서도 인생에서도 남보다 좋은 결과를 거두기 어렵습니다. 부자가 되고 싶다면 왜 생각기계를 개선해야 하는지 그 이유를 꼭 알아야 합니다.

그리고 아내와 뜻을 합쳐 화목한 가정을 꾸리고 아이가 성공적으로 사회에 안착하는 것을 돕기 위해 노력했습니다. 다행히 아이는 잘 자라 학교에서 가장 웃음이 많은 아이로, 직장에서는 가장 행복한 직원으로 뽑히기도 했습니다. 올해 결혼을 하는 아이에게 아빠가 시행착오를 거치면서 깨달은 것들을 알려주고 싶어 그동안 정리해 온 글을 모아 책으로 묶으려 합니다. 이제 살아온 날보다 살아갈 날이 더 적을 테니 말입니다.

이 책은 경제적 자유를 얻는 방법뿐만 아니라 직장 생활은 어떤 마인드로 해야 하는지, 불행을 피하고 행복하게 살기 위해서는 어떻게 해야 하는지, 자녀를 어떤 마음으로 키워야 하는지 등 평소 제가 갖고 있던 생각을 그대로 담고 있습니다. 학교에서 가르쳐주지는 않지만 인생에서 꼭 필요하고 가장 중요하다고 생각하는 것에 대해 제가 깨달은 바를 나누고 싶습니다. 부족하지만 인생 선배로서 전하는 메시지를 통해 당신이 시행착오를 줄이고 인생을 좀더 즐겁고 편하게 살기를 바라는 마음입니다.

이 책은 제가 쓴 책 중에 개인적으로 가장 애정이 가는 책입니다. 인간 내면의 풍경을 다루고 있으며 제 빛깔을 고스란히 드러내기 때문입니다. 이 책이 당신에게도 작으나마 도움이 되기를 소망합니다. 당신의 건승을 진심으로 바랍니다.

－우석

1부
투자 철학

PART 1
잠자는 부자의 본능을 깨워라
성공 투자를 위한 멘탈 점검하기

PART 2

투자에 실패한 당신을 용서하라

지금 당신에게 필요한 반등의 철학

PART 3

머릿속 생각기계를 가동하라

내가 고수하는 투자의 원칙

PART 4

믿고 사랑하고 응원하라

아이를 부자로 키우는 부모는 어떻게 다른가?

2부
실전 투자

PART 5

이순신 장군처럼 투자하라

팬데믹 이후 다시 시작하는 투자

PART 6

주식의 신에게 기대지 말라

상을 받으려면 자격을 갖추어라

PART 7

부동산 불패의 신화는 끝나지 않았다

길게 보고 버티면 반드시 이기는 싸움

1부

투자 철학

잠자는 부자의 본능을 깨워라

성공 투자를 위한 멘탈 점검하기

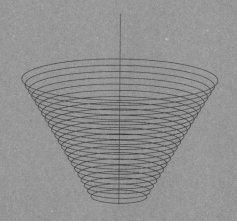

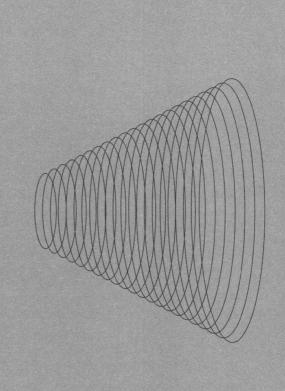

얼마나 많은 수업료를 내야
본능을 극복할 수 있을까?

타고난 본능을 극복한다는 것은 '미션 임파서블'에 가깝다. 많은 수업료를 지불해도 본능은 쉽게 바뀌지 않는다. 가진 재산을 다 털려도 죽음을 눈앞에 두어도 쉽게 달라지지 못하는 것이 인간이다. 원시본능을 극복하면 부자가 될 수 있다고 수십 번을 말해도 사람들은 자꾸 하나만 찍어 달라고 조른다. 마지못해 찍어주어도 가격이 조금만 떨어지면 불안을 견디지 못하고 팔아 버린다. 그리고 또 찍어 달라고 조른다. 이래서는 절대 부자가 될 수 없다.

____ 급등주를 보면 사고 싶어지니까 인간이다

친한 지인 A의 이야기다. 주식에 대한 기본 지식이 전혀 없는 사람이다. 그는 급등주를 좋아한다. 시장의 이목을 끌면서 주가가 급등하면 관심을 가지고 지켜본다. 어느 정도 주가가 상승하면 내게 그 종목이 어떤지 묻는다. 내 대답은 항상 똑같다.

"뜨거운 걸 좋아하면 불에 덴다. 진심으로 충고하는데 너는 주식으로 돈을 벌기 위한 기본 소양이 부족해. 주식은 하지 마라. 그게 너를 돕는 길이다."

가까운 사이라 더욱 냉정하고 단호하게 말한다. 그러면 주춤하는 듯하다가도 몇 달이 지나면 똑같은 질문을 한다. 내 대답도 항상 똑같다.

"그러다 큰일 난다. 제발 급등한 종목은 쳐다보지 마라. 또 왜 그러냐?"

그러면 또 주춤하다가 몇 달 지나면 또 똑같은 질문…. 해가 바뀌어도 같은 상황이 반복된다.

A는 도대체 왜 그럴까? 나의 대답을 잊어버리는 걸까? 정말 답답하고 안타까울 따름이다. 하지만 곰곰이 생각하면 그의 행동이 이해되기도 한다. 사람은 누구나 예쁘고 잘생긴 이성을 보면 마음이 끌린다. 경험을 통해 외모와 심성이 보기와 다를 수 있다는 것을 익히 알고 있지만 멋진 이성을 보면 교훈은 홀랑 잊어버리고 마음이 먼저 동한다. 인간의 본능인 것이다. A의 본능이 급등주를 원하는 걸 어떻게 하겠는가? 본능을 이긴다는 것은 쉽지 않은 일이다.

나는 영화 〈닥터 지바고〉를 좋아한다. 러시아 작가 보리스 파스테르나크의 소설이 원작인 영화다. 원작이 노벨 문학상을 수상할 만큼 깊이 있는 작품이어서 그런지 몇 번을 봐도 좋다. 영화도 아카데미 시상식에서 각색상, 촬영상, 미술상, 의상상, 음악상 등을 수상했을 만큼 시간이 흘러도 생명력이 넘치는 작품이다.

러시아 문학은 인간의 본성에 아주 가깝게 다가간다. 20세기 러시아의 격동 속에 몸부림치는 인물들의 면면을 밑바닥까지 파헤친다. 장편소설이지만 한 편의 시라고 할 만큼 명대사도 많다. 여주인공인 라라는 엄마의 애인 코마로프스키에게 정조를 빼앗긴다. 라라의 엄마는 충격을 견디지 못해서 자살을 시도한다. 라라 역시 큰 충격을 받았다. 라라는 성당에 가서 고해성사를 하는데 그때 신부가 라라에게 이렇게 조언한다. "육체는 정신보다 강하다. 결혼이 좋은 대안이다." 그 말을 듣고 라라는 자신을 좋아하는 혁명가 파샤와의 결혼을 결심한다. 악당 코마로프스키가 내뱉은 말도 인간 본성에 대한 강렬한 메시지를 담고 있다. "너무 고상한 척하지 마. 너와 나, 우리는 흙으로만 만들어진 존재라고."

그렇다. 본능은 정말 강하다. 본능을 이기는 사람은 드물다. 투자에 성공한 사람이 드문 것은 바로 이 때문이다. 부자가 되고 싶은가? 그렇다면 자신의 본능을 꿰뚫어 보고, 끊임없이 되새기며, 그것을 이겨내야 한다.

시장은 당신의 기도에
응답하지 않는다

내 친구 B는 주식투자로 제법 돈을 벌었다. 재벌 수준은 아니지만 오로지 주식투자만으로 돈을 벌었으니 대단하다. 게다가 그는 '흙수저' 출신이다. 그는 부모의 도움을 하나도 받지 않았다. 그가 주식투자를 시작한 것도 돈이 너무 없어서였다. 부동산 투자는 아예 생각조차 할 수 없을 만큼 돈이 없었다.

___ **당신 주식이 오를 것이라는 낙관은 어디에서 오는가?**

나는 B가 주식투자를 하는 것을 30년간 옆에서 지켜보았다. 하지만 그가 어떻게 주식으로 돈을 버는지 알 수가 없었다. 기업 분석을 열심히 해서 투자하는 것 같지도 않아 내게는 어설픈 투자로 보였다. 그래서 나는 그가 추천하는 종목은 절대 사지 않았다. 그가 주식투자로 돈을 번다는 게 미스터리로 여겨졌기 때문이다. 하지만 그는 30년간 시장에서 살아남았고 주식으로 돈을 벌어서 집도 사고 부도 쌓았다. 지금은 일하지 않아도 먹고살 만큼 재산을 불렸고 자식들에게 집도 한 채씩 물려줄 정도의 여유가 있다. 그는 대체 어떻게 주식시장에서 돈을 번 것일까? 나에게는 오래된 수수께끼였다.

얼마 전 B와 함께 여행을 했다. 함께 시간을 보내는 동안 나는 그의 남다른 점을 발견했다. 그는 현재 주식에 물려 있었다. 손실을 보고 있었다. 심지어 향후 전망도 어둡다고 말한다! 깜짝 놀랐다. 주식에 물린 사람들은 대부분 행복회로를 돌리기 마련이다. 그게 인간의 본능이기 때문이다. 그런데 그는 자신이 가진 포지션과 다르게 시장을 본다고 말했다. 그 순간 나는 그가 주식으로 돈을 번 이유를 조금은 알 것 같았다. 그는 현실을 객관적으로 정확하게 본다는 장점을 갖고 있었던 것이다.

그뿐만이 아니다. 그는 아주 질긴 장기 투자자였다. 그는 한 종목을 몇 년씩 들고 있다고 했다. 정말 지겨울 만큼 오래 말이다. 장기 투자는 지금은 하락장이지만 결국에는 오른다는 믿음을 가지고 있다는 방증이다. 그리고 하나 더 보태면 여행 중에 그가 가진 종목이 급락했는데도 별다른 감정 변화를 보이지 않았다. 물론 속마음은 잘 모르겠지만 겉으로는 감정 변화가 느껴지지 않았다. 급락 시에 평정심 유지는 아무나 할 수 있는 게 아니다.

____ 시장은 결국 가야 할 방향으로만 갈 뿐

이번 여행으로 B가 주식으로 30년간 돈을 번 미스터리를 풀었다. 그는 자신도 모르는 사이에 본능을 극복한 투자 자세를 견지하고 있었다. 대부분의 투자자가 시장에서 자기가 취한 포지션에 대해 적절한 위안과 위로를 찾는다. 아주 초보적인 단계다. 그들은 이 첫 번째 계단을 오르지 못하고 무너지기를 반복한다. 시장은 당신의 포지션과는 전혀 상관없이 시장이 가야 할 방향으로만 간다. 시장이 당신 포지션에 관심을 둘 이유가 어디 있는가? 기도하는 포지션은 청산하라는 아주 오래된 격언이 있다.

실패를 줄이고 성공한 투자자가 되려면 결함 있는 본능을 극복해야 한다. 자신의 처지와 입장에 불리한 전망도 열린 마음으로 직시하고 면밀히 따져서 대비해야 한다. 이 첫 번째 계단에 오르지 못하면 투자에 성공하기 어렵다.

인간이 가진
가장 강렬한 정신적 욕구

인간이 가진 가장 강렬한 정신적 욕구는 인정 욕구다. 사람은 누구나 자신이 괜찮은 사람으로 인정받고 주목받고 사랑받고 싶어 한다. 그래서 물욕과 성욕마저도 포기하고 일생을 수행에 정진하는 산사의 스님들도 명예욕은 정말 극복하기 어렵다고 한다. 명품을 사 입고 해외여행이나 근사한 레스토랑에서 음식을 먹는 모습을 SNS에 올리는 것도 인정받고 싶은 욕구 때문이다. 비싼 시계를 차고 럭셔리 자동차 핸들을 잡고 있는 모습을 프로필 사진으로 올리는 것도 인정받고 싶은 욕구 때문이다.

애덤 스미스는 인간이 부자가 되고 싶은 단 하나의 이유를 타인으로부터 주목받고 관심받고 인정받고 싶어 하는 욕구 때문이라고 했다. 나는 살면서 정말로 많은 사람들이 거의 필사적으로 인정받고 싶어 한다는 것을 깨달았다. 동호회에서 만난 사람들이 자신의 학벌을 속이고 직업을 속이고 사는 곳까지 속이는 경우를 많이 보았다. 모두 인정받고 무시당하지 않으려는 몸부림이다.

___ 상대를 공격하는 가장 위험한 방법

인정 욕구가 부정당하고 위협받을 때 분출되는 어두운 감정이 있다. 바로 '모멸감'이다. 모멸감은 모욕과 멸시, 무시와 비하, 경멸 등의 부당한 대우를 받을 때 느끼는 감정이다. 모멸감으로 받은 상처는 쉽게 치유되지 않는다.

빅터 프랭클 박사가 아우슈비츠에서 살아남아 쓴 『죽음의 수용소에서』에 이러한 말이 나온다.

"유대인이 수용소에 도착하면 90퍼센트는 첫날 가스실로 가서 죽는다. 여기서 살아남은 유대인은 언제 가스실로 보내질지 모를 죽음에 대한 공포, 언제 당할지 모를 구타와 학대, 배고픔과 추위 등의 육체적 고통을 당한다."

그런데 그보다 더 참기 힘든 것은 정신적 모멸감이라고 했다.

"아무리 감정이 무뎌진 수감자라도 분노를 느끼는 순간이 있다. 그 분노는 육체적인 학대와 고통에서 비롯된 게 아니고 모멸감에서 나오는 것이다."

고려 시대 무신 정변의 직접적인 계기도 문신 한뢰의 조롱과 모멸이 원인이었다. 대장군 이소응이 수박회(무술 대련)에서 패하자 품계도 낮고 새파랗게 젊은 문신 한뢰가 모두가 보는 앞에서 노장군의 뺨을 때리고 모멸감을 준 것이다. 이를 눈앞에서 목격하고 격분한 무신들이 정변을 일으킨다. 노장군에게 모멸감을 준 한뢰는 임금의 침대 아래 숨었지만 끝내 무신들에 의해 끌려 나와 고종이 보는 앞에서 철퇴에 맞아 죽는다.

내 손으로 내 무덤을 파는 가장 빠른 길

오늘날 우리 사회의 수많은 범죄도 타인을 차별하고 모멸한 데서 시작된다. 2022년 3월, 강원도 강릉과 동해 일대를 불바다로 만든 산불 방화범은 마을 주민들이 수년 동안 자신을 무시했기 때문에 범행을 저질렀다고 말했다. 2021년 11월, 증권사 입사 동기였던 전 동료를 살해한 범인도 주식으로 큰돈을 번 옛 동료에게 수억 원을 빌리려다 거절당하자 질투심과 모멸감에 사로잡혀 동료를 죽였다는 충격적인 사실을 밝혔다.

영화 〈기생충〉에서 기택 일가는 박 사장 집에서 기생적으로 일하는데, 자신들의 처지를 명확하게 깨닫고 그 격차에서 오는 현실에 강한 모멸감을 느낀다. 모멸감은 넘지 말아야 할 선, 넘을 수 없는 선으로 구체화되고 그 선 밖으로 내쳐지는 순간 광기에 불이 붙는다. 기택이 박 사장의 운전기사로 들어간 이후 박 사장은 무엇인가 냄새가 난다는 말과 행동을 반복한다. "근데 좀 이상한 냄새가 나지 않아? 아 그… 왜 대중교통 타면 나는 냄새가 있어." 박 사장의 어린 아들 역시 기택의 가족에게서 같은 냄새가 난다는 것을 감지한다. 기택의 딸 기정은 이를 반지하 냄새, 즉 가난의 냄새로 해석한다. 갑작스런 폭우로 기택의 집은 물에 잠기지만 박 사장 가족은 미세먼지 없는 깨끗한 정원에서 아들의 생일 파티를 연다. 처참한 상황에서 생일 파티에 불려온 기택 일가는 서로 죽고 죽이는 비극을 맞이하는데 그 트리거 역시 냄새를 촉매로 한 모멸감이었다.

타인을 무시하고 경멸하고 조롱하는 것은 상대방의 인정 욕구를 뿌리부터 뒤흔들고 위협하는 위험한 행동이다. 그래서 모멸감을 느끼면 사람들은 울분을 토하고 분노가 폭발한다. 그러니 함부로 타인에게 모멸감을 주지 말라. 그것은 스스로 내 무덤을 파는 일이다.

자존감이 높아야
부자 되기도 쉽다

세상에는 잘난 사람이 많다. 웬만해서는 존재감을 드러내기 어렵다. 인정 욕구를 충족시키는 것은 훨씬 더 어렵다. 이럴 때 자신의 존재감을 확인할 수 있는 아주 쉬운 방법이 있다. 바로 상대를 모멸하는 것이다. 상대를 모멸함으로써 자신의 상대적 우월감과 존재감을 확인한다. 사회 곳곳에서 '갑질' 논쟁이 없어지지 않는 것도 같은 이유다. 자기보다 사회적 위치나 경제력이 낮은 사람을 경멸함으로써 쾌감을 느끼고 바람 빠져 쪼그라든 풍선 같은 허약한 자존감을 부풀린다.

인터넷 악플을 보면 치유되지 않는 상처와 허약한 자존감이 드러나는 경우가 많다. 무주택거지, 거지동네, 지잡대 출신 같은 용어는 도대체 왜 사용하는 것일까? 그들은 왜 그렇게 타인을 차별하고 모욕할까? 그들 역시 곤궁한 처지에서 상처받은 사람들임에

틀림없다. 그래서 자존감이 낮다. 상대를 공격해야 자기 존재를 확인할 수 있는 것이다.

무의식은 그 사람의 운명이 될 수 있다

내가 모욕당하고 상처받았다고 해서 타인을 모욕하는 사람이 되어서는 안 된다. 자존감이 높은 사람은 자기가 당한 모욕을 그런 식으로 복수하지 않는다. 자존감이 높다는 것은 스스로를 괜찮은 사람이라고 생각하는 것이다. 자기 자신이 훌륭한 사람이라고 믿는데 왜 약한 사람을 모욕하고 비하하고 무시하겠는가? 스스로를 못나게 생각하고 자신의 결점을 용서하지 못하는 자존감 낮은 사람들이 오히려 타인을 모욕하여 자신의 상대적 우월감과 존재감을 확인하려 든다. 타인에게 모멸감을 주는 사람들은 자신의 그림자를 먼저 직시해야 한다. 그들이야말로 열등감과 자기 비하에 시달리는 불쌍한 영혼이다.

융은 이렇게 말했다.

"의식하지 못한 무의식은 그 사람의 운명이 될 수 있다."

자존감은 자신을 괜찮은 사람이라고 자기최면 건다고 생기는 게 아니다. 인간은 사회적 동물이다. 타인이 자신을 대하는 태도에 영향을 받아 스스로를 의식하고 평가한다. 즉 자신이 주변 사람으로부터 진짜 괜찮은 사람으로 대우받아야 자존감이 높아진다.

사랑을 충분히 받아야 자존감이 높아진다

많은 사람들이 손쉽게 가짜 자존감을 구한다. 하지만 명품으로 휘감고 비싼 자동차를 사고 부자인 척한다고 진짜 자존감이 높아지는 것은 아니다. 적어도 자기 자신은 스스로가 진짜 어떤 사람인지 잘 알지 않는가? 자신을 속이기란 쉽지 않다. 스스로 진짜 괜찮은 사람이 되어야 한다. 진짜 존중받고 사랑받는 사람이 되어야 한다. 그러려면 자신이 마주한 책임을 직시하고 받아들여야 한다. 자신은 흥청망청 게으르게 살면서 남 탓하고 핑계만 댄다면 알량한 자존심은 지킬 수 있겠지만 진짜 자존감은 가질 수 없다.

당신이 가정을 이룬 남자라면, 가장의 책임을 다하고 아빠의 역할을 다하고 가족을 사랑하고 지켜라. 그러면 가족으로부터 충분한 존경과 사랑을 받고 자존감이 높아진다. 또한 운동을 하고 자신의 건강을 챙기고 직장에서 맡은 일에 최선을 다하라. 책임을 회피하면 자존감을 키울 수 없다. 책임을 다하고 성실해야 존중받고 사랑받고 자존감도 높아진다.

자존감이 높아지면 피해 의식에서도 벗어날 수 있다. 타인의 별뜻 없는 지나가는 말 한마디에 혼자 예민해져서 상처받고 주눅 들지 않는다. 인터넷 카페에서 "내 나이가 몇이고 자산이 얼마인데 이만하면 어떤가요?" 더 이상 이런 질문을 하지 않는다. 자존감이 높아지면 타인을 모욕하지 않아도 스스로가 충만하다. 이런 사람이 타인에게도 관대하다.

나는 옷 사는 데 별로 흥미가 없다. 운동복을 제외하고는 내 옷을 직접 산 적이 거의 없다. 물론 예전에는 비싼 옷을 살 형편이 아니었다. 하지만 돈이 충분히 생긴 뒤에도 옷이나 시계, 자동차 같은 것에는 흥미가 별로 없다. 난 부자처럼 보이기보다 진짜 부자가 되고 싶었다.

친구들 이야기에 따르면 나는 불확실한 상황에서도 남보다 배팅을 잘한다고 한다. 어떻게 내가 그럴 수 있을까? 아마도 내가 나 자신을 충분히 믿고 있기 때문일 것이다. 나는 내가 신뢰할 만한 꽤 괜찮은 사람이라고 생각한다. 그래서 불확실한 상황에서도 투자를 진행한다. 한마디로 난 자존감이 높고 그 자존감이 나를 부자 되기 쉽게 만든 것이다.

내 자존감은 어디에서 비롯된 것일까? 곰곰이 생각하자 나는 주변의 사랑을 많이 받았다는 것을 깨달았다. 할머니, 어머니, 아내와 아이로부터 분에 넘치는 사랑을 받았다. 그 사랑 안에서 자존감이 높아졌다. 당신의 남편, 아내, 자녀가 부유하고 행복하게 살기를 바란다면 서로를 많이 사랑해야 한다. 반려동물이나 화초도 그럴진대 사람이야 말할 것도 없다. 자존감을 높이는 해법은 오직 사랑, 사랑, 사랑이라는 이야기다.

자존감, 성인이 된 뒤에도
높일 수 있을까?

서로 가진 걸 내놓고 대결하는 SNS 시대, 비교가 극대화된 사회에서 자존감을 유지하는 것은 쉽지 않다. 좋은 집안, 좋은 학벌, 좋은 직장, 근사한 외모와 멋진 배우자, 여기에 재력까지 있다면 보란 듯이 살 수 있지만 현실에서 그런 사람이 몇이나 되겠는가?

우리는 완벽하지 않다. 성장 과정에서 부모의 전폭적인 지지와 충분한 사랑을 받지 못한 사람도 많다. 부모도 먹고살기 바빠서, 자녀를 어떻게 키워야 할지 몰라서, 자존감 높은 아이로 키우지 못할 수 있다. 세상에는 건강한 자존감을 가지고 있는 사람보다 낮은 자존감 때문에 고통받는 사람이 훨씬 더 많다.

자존감이란 내가 나를 평가하는, "나는 가치 있는 사람이다." "나는 멋지고 괜찮은 사람이다." "나 정도면 훌륭하지." "나는 믿을 만한 사람이야." 이런 충만한 느낌을 말한다.

_____ 자존감 형성은 타인의 평가에 좌우된다

    자기 계발 책이나 강의에서 주는 조언은 대개 비슷하다. 자존감은 주관적인 평가니 남과 비교하지 말고 자신의 장점을 찾아내 스스로 괜찮은 사람이라고 자기최면을 걸라고 한다. 이런 아큐식 정신 승리법이 과연 효과가 있을까? 사실 인간은 사회적 동물이기 때문에 이런 식으로는 자존감을 높이기 힘들다. 인간은 타인의 평가를 통해 자신이 어떤 사람인지를 파악한다. 즉 자존감은 타인의 평가에 영향을 받는다. 주변 사람 모두가 나를 싫어하고 무시하고 미워하는데 자존감 높은 사람은 있을 수 없다. 대개의 평범한 사람은 다른 사람으로부터 사랑받고 존중받아야 자존감이 높아진다.

    주변 사람들로부터 존중받고 사랑받으려면 어떻게 해야 하나? 삶에 책임감을 가져야 한다. 가족과 친구와 동료의 신뢰를 얻는 사람이 되어야 한다. 매사에 남 탓이나 하고 핑계나 대고 불성실하고 방탕한 삶을 사는 사람을 누가 존중하고 사랑할 수 있겠는가? 존중은 스스로 노력해서 얻는 것이지 그냥 주어지는 게 아니다. 자존감을 높이려면 성실하게 살아야 한다. 남을 속이지 않고 거짓말하지 않고 착하게 살아야 한다. 그래야 자기 자신을 믿을 수 있다. 자기 자신을 신뢰할 때 자존감도 높아진다. 다른 누구를 위해서가 아니라 바로 자기 자신을 위해서 성실하게 살아야 하는 것이다. 자신에게 주어진 삶에 책임을 다하고 착하게 살 때 가정도 화목해지고 자존감도 높아진다.

어떤 일이든 시도하고 노력하면 발전한다

　자신감도 자존감의 중요한 요소다. 자신감이란 어떤 문제든 잘 해결할 수 있다고 스스로를 믿는 것이다. 자신감이 높아지면 자존감도 함께 높아진다. 그러면 자신감을 높이기 위해서는 어떻게 해야 할까? 자존감과 마찬가지다. 자기최면이나 정신 승리로는 절대 높아지지 않는다. 진짜로 남보다 잘할 수 있어야 자신감이 생긴다.

　어떻게 해야 남보다 잘할 수 있을까? 일단 시도하는 게 중요하다. 시도하고 노력하다 보면 잘하게 된다. 진짜 그렇다. 기생충학자 서민 교수는 외모 열등감 때문에 자존감이 낮았는데 자신이 쓴 글이 인정을 받으면서 자존감이 높아졌다고 고백했다. 타인의 인정이 콤플렉스를 벗어던지고 자존감을 키울 힘이 된 것이다.

　지금은 나도 글 쓰는 사람이 되었지만 직장 초년생 시절에는 "도대체 이것도 글이라고 쓴 거야? 당장 글쓰기 책 좀 사다 읽어!" 하며 간단한 보고서도 상사에게 질책을 당하곤 했다. 물론 지금도 글을 잘 쓴다고 생각하지는 않지만 꾸준히 하다 보니 많이 발전했다는 것은 느낄 수 있다. 어느 날 20년 전에 쓴 글을 발견했다. 당시에는 나름 잘 썼다고 생각했는데 다시 읽어 보니 정말 창피했다. 20년의 시간 동안 나도 모르게 엄청 발전했던 것이다!

　처음부터 잘하는 사람은 없다. 그러니 시도하는 게 중요하다. 시도하지 않으면 발전도 변화도 없다. 당신이 좋아하는 일, 잘하고 싶은 일을 시도하라. 실력과 함께 자존감이 높아질 것이다.

인간의 허영심이 벌이는
놀라운 일

허영은 무엇인가? 거짓 꽃이라는 뜻이다. 사람들에게 관심과 인정을 받고 우월해 보이고 싶어서 실제보다 부풀려 보이는 마음이다. 인간은 누구나 정도의 차이가 있을 뿐 허영심을 가지고 있다.

화려한 공작 깃털 같은 인간의 허영심

왜 인간은 허영심이라는 본능을 가지게 되었을까? 한마디로 정리하면 이득이 있기 때문이다. 인간의 모든 본능은 이득을 따라 형성되었다. 허영심은 짝짓기에서 이성에게 잘 보이는 이득이 있다. 독일 경제학자 좀바르트가 허영과 사치품은 '이성을 유혹하는 용도'라고 말했을 정도다.

남자와 여자에게서 나타나는 허영심은 각각 다른 형태다. 남자의 허영심은 어떤 식으로 나타날까? 남자는 여성에게 자신이 다른 남자보다 강하고 빨리 달리고 사냥을 잘한다는 점을 과시하고 싶어 한다. 그래서 남자들은 보디빌딩을 하고 사냥을 잘한다는 징표로 비싼 시계와 장신구로 치장하고 빨리 달리는 스포츠카를 몰며 과시하는 것을 좋아한다. 남자의 허영심이 드러나는 대화는 주로 이런 식이다. "왕년에 내가 어쩌고저쩌고…, 머리가 좋고…, 돈도 많이 벌었고…." 자신의 능력을 과대 포장하여 우월감을 과시하는 허세로 나타난다.

반면 여자의 허영심은 공작 깃털과 비슷하다. 여자는 자신이 제일 예쁘고 화려하고 뛰어난 외모를 가졌다는 것을 드러내 주목받고 싶어 한다. 그래서 여자들의 허영심은 귀고리, 목걸이, 핸드백, 구두, 화장품, 옷 등 사치품으로 드러나는 경우가 많다. 여자들은 처음에 만나 서로 인사를 나눌 때 상대방의 머리부터 발끝까지 빠르게 스캔해서 가치를 저울질하고 평가하여 그에 따라 태도와 말투를 달리한다. 상대 여성이 다이아몬드 반지를 끼고 있으면 그게 몇 캐럿인지, 진짜인지에 촉각을 곤두세운다. 또 그날 입은 옷이 무엇이었는지조차 상세히 기억한다. 나는 그날 그 여자가 입은 옷 색깔도 기억하지 못하는데 말이다. 반지와 귀고리 착용 여부는 말할 것도 없다. 여자들의 스캔 능력은 그저 놀라울 뿐이다.

허영심을 피해 가는 인간은 없다. 어느 정도의 허영심은 누구나 가지고 있고 어느 정도의 허영과 꾸밈은 문제가 되지 않는다. 그러나 자신의 분수에 맞지 않는 과도한 허영심은 언제나 문제가 된다.

　허영심은 남과 비교해서 우월감을 느낄 때 비로소 충족된다. 인간은 누구라도 자신이 꽤 괜찮은 사람이라는 자부심을 가지고 인정받기를 좋아한다. 그런데 당신이 미모를 갖춘 여자라면 또는 재력과 지성을 갖춘 남자라면 당신의 의도와 상관없이 주변 다른 사람들의 자부심과 허영심을 좌절시키고 위협할 수 있다. 심지어 당신의 존재 자체가 주변 사람들에게 모욕감과 굴욕감을 느끼게 할 수도 있다. 당신에게 상대적 열패감을 느낀 사람들은 분노하며 당신을 미워하고 최악의 경우 당신에게 복수까지 하려고 들 수 있다. 상대가 친구, 동창 등 가까운 지인이라면 시기와 질투의 강도는 더욱더 거세진다.

　그러니 당신이 아름다운 여자이거나 똑똑하고 부유한 남자라면 주변 사람들의 표적이 되지 않도록 언제나 조심해야 한다. 평범한 인간 대다수는 타인의 실패와 손실을 자기 위안으로 삼는다. 품성이 저열한 인간은 타인의 실패와 손실을 고소해 하고 조롱함으로써 자신의 무능감과 부자에 대한 원한 감정을 무심결에 드러낸다. 드물게 고결한 품성을 가진 사람만이 교양과 자제심으로 이런 본능을 억누른다.

인간은 질투심을 극복하기 힘든 나약한 존재다. 원래 그렇게 타고났다. 그러니 조금 더 잘난 사람, 많이 가진 사람이 양보하면서 사는 수밖에 없다. 피할 수 없는 세금 같은 것이라고 보면 된다. 정신력이 뛰어난 사람은 나이가 들고 경험이 쌓일수록 더욱더 탁월해지고 능력치가 높아진다. 정신력이 고양되면 과거에는 미처 보지 못했던 주변 사람들의 저열한 품성과 결함을 알아차리게 된다. 그런 지인과 교우하려는 열정도 시들해진다. 나약한 인간의 본능 때문에 정신력이 뛰어난 남성과 아름다운 여성은 친구를 많이 두기 어렵다.

사기꾼에게 쉽게 낚이는 연예인 유형

소싯적에 나는 업무 때문에 돈이 엄청 많다는 누군가를 소개받아 만난 적이 있다. 그런데 만난 지 20분이 채 지나지 않아 나는 그가 빈 깡통일 수도 있겠다는 의심을 했다. 나는 직업상 부자를 제법 많이 만났다. 그래서 진짜 부자들의 행동 방식을 잘 아는 편이다. 부자인 척하는 사기꾼도 잘 간파한다. 그의 사무실에 걸려 있는 유명인과 함께 찍은 사진, 직함이 여러 개 적힌 명함, 명품에 대한 이야기 등이 불편한 느낌을 주었다. 나는 그가 진짜 부자는 절대로 아니며 허세가 심한 사람이거나 사기꾼 중 하나라고 판단했다. 그리고 세월이 흐른 어느 날 신문에서 그가 유명한 탤런트와 결혼했다는 소식을 접했다. 더 세월이 지난 뒤에는 그가 사기죄로 구속되었다는 뉴스를 보았다. 그는 이미 결혼해서 아들까지 있는 유부남이었는데 여자 탤런트를 속이고 결혼하여 재산까지 말아먹었다는 소식이었다.

연예계 뉴스를 보다 보면 비슷한 사례가 종종 눈에 띈다. 그들 중 상당수가 허영심 때문에 신세를 망친 경우다. 화려한 연예계 생활이 허영심을 키우기 딱 좋게 작용하는 것이다. 허영심 많은 여자들이 사기꾼에게 잘 걸려든다. 사기꾼들은 여자의 허영심을 채울 미끼를 잘 알기 때문이다.

____ 부자인 척하며 살 것인가 진짜 부자가 될 것인가?

허영심 가득한 사람은 부자가 되기도 쉽지 않다. 허영심 가득한 사람들은 진짜 부자가 되는 것보다 부자처럼 보이길 더 원하기 때문이다. 그들은 자신의 실제 실력과 능력을 기르는 것보다 남에게 어떻게 보일지에만 더 신경을 쓴다. 허영심을 확인하고 싶다면 SNS를 둘러보라. 명품 시계를 차고 외제차 핸들을 잡고 있는 사진이 얼마나 많은가? 월세 집 살면서 외제차를 타는 사람도 많다. '폼생폼사'다. 가진 것은 하나 없으면서 있는 척만 한다. 화려하고 과장된 치장으로 주위의 시선을 끌고 주목받으려 한다. 허영심 가득한 이들에게는 타인의 시선과 타인의 평가가 매우 중요하다.

그런데 허영심 가득한 이런 삶이 행복을 가져다줄까? 아니, 절대 그렇지 않다. 대중의 평가는 변덕스럽다. 시시각각 철에 따라서 달라지는 타인의 기준에 맞추어 살면 어느새 자신의 삶이 아닌 타인의 삶만 따라가고 있다. 타인의 변덕스러운 기준은 충족시키기도 쉽지 않다. 그러니 허영심에 사로잡힌 사람은 언제나 타인의 시선과 평가에 전전긍긍하고 초조한 삶을 산다. 허영심만 쫓는 삶은 자유로운 삶과 거리가 멀다. 허영심만 쫓는 삶은 행복한 삶과 거리가 멀다. 허영심으로 가득 찬 사람이 행복하고 자유롭게 살기는 정말 쉽지 않다.

그럼에도 불구하고 과도한 허영심을 가진 사람이 왜 그리 많을까? 그들은 어린 시절에 부모로부터 충분한 관심과 사랑을 받지 못했을 수 있다. 어린 시절의 인정 욕구와 우월감 욕구에 항상 목말랐던 것일 수 있다. 아니면 어린 시절의 낮은 자존감과 열등감의 반작용일 수도 있다. 자존감이 낮으면 낮을수록 이를 감추려는 허영심의 강도가 높아지기 때문이다. 자유롭고 행복하게 살고 싶은가? 그렇다면 허영심의 노예가 되지 말라. 바보 같은 짓이다. 부자가 되고 싶고 자유롭고 행복해지고 싶다면 허영심을 경계하라!

자랑질이 당신 인생에
얼마나 해로운가 하면

동창회에 나갔는데 나보다 공부를 못했던 동창이 나보다 결혼을 더 잘해서 강남 아파트에서 잘살고 있다는 사실을 알게 되면 집으로 돌아오는 길은 허무함과 우울감으로 뒤덮인다. 질투심은 가방끈 길이와 별 상관이 없다. 많이 배운 사람들의 질투심이 오히려 더 치밀하고 교묘하다. 타인을 칭찬하며 자신의 열등함을 인정하는 순간, 자기 존재의 근거가 뿌리째 흔들리기 때문이다.

____ 타인이 욕망하는 바를 모방하여 따라 욕망하는 인간

한국인은 질투심이 유난히 강하다. 2011년 보도된 〈동아일보〉 기획 기사에 따르면 한·중·일 3국에서 한국인의 시기심이 가장 강한 것으로 조사되었다고 한다. "경쟁에서 누군가가 나보다 잘할 때 그 사람이 부럽다"라는 질문에서(5점 만점) 한국인의 지수는 3.7점으로 중국인(3.49점), 일본인(3.09점)보다 훨씬 높게 나타났다. 특히 긍정 답변을 한 응답자가 전체의 71퍼센트나 됐다. 입시 경쟁이나 경제적 격차에서 오는 사회적 분위기를 반영한 결과가 아닐까 싶다.

해외 유학 생활을 한 사람들은 이런 조사 결과에 더 크게 고개를 끄덕일 것이다. 다른 나라 유학생보다 한국 유학생 간의 시기와 질투심이 유독 강하다는 걸 경험했기 때문이다. 나도 외국에서 살 때 한국 학부모 간의 시기와 질투를 절감했다. 외국에 사는 한국인 사이에는 이런 우스갯소리가 있다. "외국인 회사에 꼴 보기 싫은 한국인이 한 명 있다면 어떻게 이를 견제해야 할까? 바로 한국인 한 명을 더 채용하면 된다!" 한국인이 유독 시기심과 경쟁심이 강한 것은 유학생 사이에서도 나타난다. 중국, 말레이시아, 태국 등 다른 나라 출신 유학생은 서로 기출문제집을 공유하고 협력하는데 한국 유학생은 그런 일이 드물다.

한국인은 왜 유독 시기심이 강할까? 여기에 대해서는 밀집도 높은 농경 사회가 길었고 급격한 경제성장으로 빈부 격차가 벌어지면서 시기, 질투심이 강해졌다는 설명이 주류다. 대체적으로는 맞는 설명이다. 그러나 비슷한 배경을 가진 중국인과 일본인에 비해서 한국인이 왜 더 시기심과 질투심을 느끼는지는 설명을 하지 못한다. 나는 다른 이유가 더 있지 않을까 하고 오랫동안 고민했다. 나는 설명할 수 없는 세상일을 내 마음대로 해석하는 경향이 있으니 그저 가볍게 듣기 바란다.

내 가설을 뒷받침할 철학자를 먼저 소개한다. 프랑스의 철학자 르네 지라르다. 그는 인간은 '모방적 욕망'을 가졌다고 말한다. 인간은 타인의 욕망을 욕망한다는 것이다. 남들이 선망하고 욕망하는 것을 쟁취함으로써 자신이 우월하고 뛰어나다는 것을 증명하고 주목받고 사랑받고 싶어서 그렇다는 것이다. 아이들이 종종 친구 장난감을 가지고 싶어 하거나 여자들이 구찌나 샤넬 같은 명품 가방을 가지고 싶어 하는 이유도 같은 뜻으로 설명할 수 있다. 결국 인간은 타인이 욕망하는 바를 모방하여 욕망하는 존재라는 게 르네 지라르의 철학 핵심이다. 인간은 모방적 욕망 때문에 경쟁하고 질투하는 존재라는 것이다. 최근 뇌과학자들의 발견으로 르네 지라르의 주장에 생물학적 근거가 있음이 밝혀졌다. 인간의 뇌에는 거울 뉴런(Mirror neuron)이 있다. 타인의 행동을 보기만 해도 마치 자신이 한 것처럼 뇌가 활성화되고 타인을 따라 하게 하는 뇌신경이다. 모방적 욕망이라는 철학 이론이 생물학적 증거를 가지게 되었다.

그렇다면 한국인이 유독 질투심이 강한 이유는 바로 거울 뉴런이 다른 민족이나 인종보다 더 발달했기 때문이 아닐까? 한국인이 쉽게 휩쓸리고 광장에 잘 모이고 유행을 많이 따르고 타인을 많이 의식하는 게 혹시 거울 뉴런이 더 많이 발달했기 때문은 아닐까? 신기하게도 외국인이 한국에 오면 가장 놀라는 것 중 하나가 어디를 가도 거울이 많다는 것이다. 거울이 많은 이유는 한국인이 남의 눈에 자신이 어떻게 보이는지에 대해 유독 전전긍긍하기 때문이다. 인터넷 카페에도 종종 낯 뜨거운 질문이 올라온다. "OO동에 산다고 하면 이미지가 어떤가요?" "40세에 재산 OO억 원 있는데, 이 정도면 어느 수준인가요?" 도대체 이게 왜 중요한지 모르겠다. 어쨌거나 한국인의 질투심에는 생물학적 원인이 있을 수도 있다는 게 내 생각이다.

____ 질투심을 폭발시키는 거울 뉴런

한국은 OECD 국가 중 자살률이 20년째 1등이다. 최근에는 우울증도 1등이라고 하니 참 우울한 뉴스다. 자살에 대해 연구하는 한 학자는 미국 이민자들 중 아시아계, 특히 한·중·일 출신 여성의 자살률이 높은 사실을 지적하며 이는 아마도 유전적인 영향일 수 있다고 주장한다. 자살에 대한 전통적 설명은 에밀 뒤르켐의 자살론을 따른다. 자살은 사회적 압력 때문이라는 것이다. 예를 들면 경제 불평등, 전쟁이나 사회적 혼란 같은 사회적 원인이 자살률을 치솟게 한다. 그런데 최신 연구에 따르면 이런 사회적 환경과 상관없이 인종적 차이도 있을 수 있다고 한다. 생물학적, 유전적 요인도 한몫한다는 것이다.

한국인의 거울 뉴런이 다른 나라 사람들보다 더 많이 발달했다고 가정했을 때 질투심은 언제 폭발하기 쉬울까? 르네 지라르는 '차이 소멸'과 '근접성'을 주요 원인으로 지목했다. '차이 소멸'이란 비슷한 사람들 간에 질투심이 폭발하기 쉽다는 것이다. 원래 거지는 백만장자를 시기하지 않는다. 거지는 동냥을 더 많이 받은 거지를 시기한다. '근접성'은 잘 모르는 사람이 아닌 내가 잘 아는 사람에게 시기심과 질투심을 느끼기 쉽다는 말이다. 친구, 동창, 지인, 이웃 간에 시기심과 질투심이 폭발한다. 자기와 상관없고 잘 모르는 사람에게는 시기심과 질투심이 잘 안 생긴다. 친하고 가깝고 심리적으로 같은 계층으로 여겨지는 사람들 사이에서 질투가 더 심하다.

___ **시기심을 정당한 분노로 포장하는 사람들**

　행복한 인생을 살기 위해서는 무엇보다 인간관계가 중요하다. 행복은 돈과 지위보다는 만족스러운 인간관계에서 얻을 수 있다. 하지만 시기심이 모든 것을 망친다. 동창이 나보다 더 비싼 아파트에 살거나 남편 월급이 더 많거나 자식이 공부를 더 잘하거나 등 무엇이든지 자기보다 동창이 더 많이 가졌다고 느낄 때 시기심은 불타오른다.

　그런데 자기가 시기심을 느낀다고 인정하는 사람은 드물다. 왜 그럴까? 시기심을 느낀다는 것은 자신이 어떤 부분에서 상대보다 열등하다는 것을 스스로 인정하는 셈이기 때문에 스스로도 괴롭다. 열등감을 인정하는 것도 괴로운데 내가 이렇게 느낀다는 것을 상대방이 알게 된다면 그건 정말 견디기 힘든 고통으로 다가올 것이다. 그래서 시기심을 상대방뿐만 아니라 자기 자신에게도 숨긴다. 시기심을 느낀 사람은 자기 자신에게 이렇게 속삭이며 설득한다. "내가 느끼는 감정은 시기심이 아니야. 나는 단지 불공평이 원망스러운 거야. 저 사람은 정말로 우월한 게 아니고 그냥 운이 좋은 거야. 그냥 결혼을 잘한 거야. 순진한 남자를 꾀어 결혼을 잘한 것뿐이야. 저 사람은 부도덕하게 저 자리까지 간 거야. 내가 저 사람을 미워하는 건 절대로 시기심 때문이 아니야!" 이런 식으로 시기심을 남들과 스스로가 눈치채기 어렵게 숨긴다. 그리고 시기심을 정당한 분노로 포장해서 상처가 될 말이나 비꼬는 말을 상대에게 던진다.

___ **친구들의 질투를 피하면서 관계를 개선하는 방법**

내 아내는 커뮤니티 내에서 인기가 높은 편이다. 아내는 절대로 자기 자랑을 하지 않는다. 여기에 더해 타인을 진심으로 칭찬한다. 참 쉬워 보이지만 2가지를 모두 잘 해내는 사람은 흔치 않다. 커뮤니티 내에서 질투심을 피하고 친하게 지내는 방법은 간단하다. 절대로 자랑을 하지 말라! 특히 주부로 구성된 모임에서 자식 공부 자랑, 남편 직장 자랑을 하는 것은 자기 손으로 자기 무덤을 파는 것이다. 세상천지에 자기 자식이 공부 못하기를 원하는 엄마가 어디에 있는가? 또 잘난 남편과 살고 싶지 않은 아내가 어디에 있는가? 잘사는 시댁과 친정을 두고 싶지 않은 며느리가 어디에 있는가? 좋은 학벌을 가지고 싶지 않은 사람이 어디에 있는가? 안 그래도 그렇지 못해 괴롭고 우울한 데 거기에 당신이 자기 자랑을 하면 결과는 불을 보듯 뻔하다. 아파트값 올랐다고 자랑하다가는 어느 순간 나도 모르게 왕따가 되어 있다. 그러니까 절대로 자랑은 하지 말라! 누구를 위해서? 바로 당신을 위해서다.

타인을 진심으로 칭찬하고 그의 성공을 축하하라. 그러면 그 사람도 느낀다. 그리고 둘의 관계는 돈독해진다. 이것은 정말 효과가 있다. 결코 쉬운 일은 아니지만 그렇게 함으로써 나만 뒤처질 것 같다는 두려움을 몰아내고 나도 할 수 있다는 자신감을 불러일으킬 수 있다. 타인의 성공을 진정으로 축하하는 일이 좋은 인간관계를 만드는 데 효과적인 이유는 대부분의 사람들이 진심으로 성공을 축하받는 경우가 적기 때문이다.

니체는 이렇게 말했다.

"뱀은 우리를 물어 상처를 입히면 크게 기뻐한다. 아무리 저차원적인 동물이라도 타인의 고통은 상상할 수 있기 때문이다. 그러나 타인의 기쁨을 상상하며 크게 기뻐하는 것은 가장 고차원적인 동물에게만 주어지는 최고의 특권이다."

아는 사람의 성공에 대한
우리의 솔직한 마음

질투는 인간의 보편적인 감정이다. 보통 사람들은 나와 상관없는 사람이나 별로 중요하지 않게 생각하는 분야의 사람은 아무리 잘나가도 질투를 느끼지 않는다. 그러나 내가 잘 아는 사람이 돈을 많이 벌거나 중요하다고 생각하는 분야에서 성공을 거두는 경우에는 질투심을 느낀다. '아는 사람 + 경제적 성공', '아는 사람 + 사회적 성공', 사람들은 이 2가지의 경우에 질투를 한다.

질투는 고통이다

독일에는 타인의 고통을 보고 기쁨을 느낀다는 샤덴프로이데(Schaden(고통)+freude(기쁨))라는 단어가 있다. 독일인 역시 시기심이 강하다는 반증이다. 그렇다면 이게 한국이나 독일만의 문제일까? 아니다! 최근 뇌과학자들이 시기심은 인간의 보편적 감정이라는 걸 밝혔다. 2009년 2월 〈사이언스〉에 발표해 큰 화제를 모았던 논문 자료를 소개한다.

일본 교토대 의학 대학원 다카하시 히데히코 교수 연구진은 평균 연령 22세의 신체 건강한 남녀 19명에게 가상의 시나리오를 주고 읽으면서 자신을 주인공이라 생각하도록 했다. 주인공은 능력이나 경제력, 사회적 지위 등 모든 면에서 평범한 사람이며 그를 제외한 등장인물은 3명으로 모두 대학 동창이다. 시나리오에는 등장인물의 대학 생활과 사회 진출 후에 동창회에서 다시 만난 이야기가 나온다. 연구팀은 실험 참가자가 이들의 이야기를 따라가는 동안 뇌에서 나타나는 반응을 기능성자기공명영상(fMRI) 장치로 촬영해 분석했다.

그 결과 놀랍게도 주인공이 강한 질투를 느끼는 사람에게 불행이 닥쳤을 때 우리 뇌는 기쁨을 느낀다는 사실을 알 수 있었다. 질투를 강하게 느낄수록 불안한 감정이나 고통을 느낄 때 활성화되는 뇌의 특정 부분이 반응했다. 자기 분야에서 두각을 나타내는 친구의 이야기를 들을 때 뇌가 강한 반응을 보이면서 질투를 느낀다는 것이다. 이때 뇌에 나타나는 반응은 '고통'이다. 또 강하게 질투를 느끼는 사람이 불행을 겪으면 우리 뇌는 기쁨을 느낀다는 것도 밝혔다.

질투하던 사람이 불행을 겪으면 뇌가 웃는다

미국 하버드대 심리학과 미나 시카라 교수는 지인이 안 좋은 일을 당했을 때, 평소 그에 대해 느꼈던 부러움이 클수록 기쁨에 해당하는 생리적 반응이 나타난다는 연구 결과를 2013년 9월 24일, 〈뉴욕과학아카데미연보〉에 발표했다.

연구팀은 불쌍한 노인(연민)과 잘나가는 전문직(부러움), 마약중독자(혐오), 학생(뿌듯함) 등의 사진을 보여주고 그들이 겪는 상황을 묘사했을 때 실험 참가자들이 어떤 감정을 느끼는지 물어보았다. 그와 동시에 근전도 측정기를 볼에 부착해 참가자가 미세하게라도 미소를 지을 때 나타나는 전기적 반응을 측정했다. 생리적인 반응을 포착해 '가식'으로 속일 수 없는 '본심'을 확인하는 것이다.

실험 결과는 다카하시 교수 연구진의 결과와 일맥상통했다. 실험 참가자들은 자기가 부러움을 느끼는 대상이 "5달러를 주웠다"는 긍정적인 상황보다 "택시가 튄 물에 흠뻑 젖었다"는 부정적인 상황에 더 활짝 웃은 것으로 나타났다.

전갈 같은 사람을 피하는 방법

어려서부터 시기심이 유독 강한 사람이 있다는 연구 결과도 흥미롭다. 이들은 너무나 질투심이 강해서 상대를 파괴할 수 있는 사람이다. 나는 그들을 전갈 같은 사람이라고 명명한다. 왜 전갈일까? 하루는 개구리가 전갈을 등에 태우고 강을 건너고 있었다. 개구리가 전갈에게 신신당부했다. "날 찌르지 마. 찌르면 우리 둘 다 빠져 죽어." 강을 거의 다 건넜을 무렵 전갈이 개구리를 찔렀다. 개구리가 죽어 가며 원망스러운 목소리로 물었다. "왜 찔렀니?" 전갈이 이렇게 대답했다. "난 전갈이야." 그렇다. 원래 그렇게 행동하게 태어난 전갈은 어쩔 수가 없다.

전갈 유형 사람들의 특징은 무엇인가? 이들은 자존감이 낮거나 깨어지기 쉽다. 이들은 남들이 자기보다 우월하다는 것을 인정할 수가 없다. 그래서 무조건 깎아내린다. 전갈의 목표는 모든 사람들을 자신과 같은 수준으로 끌어내리는 것이다. 주변의 모두를 끌어내려서 시기하거나 질투할 대상을 없앤다. 그래야 마음이 편하다. 타인을 끌어내리는 가장 좋은 방법은 비평가인 척하는 것이다.

전갈 같은 사람은 세상의 불공평, 불평등에 대한 후각이 발달되어 있다. 스스로 노력하는 대신 타인의 약점을 잡아채는 데 귀신 같은 솜씨를 발휘한다. 이 유형의 사람들은 자기 절제가 안 되고 게으른 경우가 많다. 또 자신도 부러운 삶을 살 권리가 있다고 주장하며 자신이 그렇지 못한 이유를 불평등 때문이라고 말한다. 이런 유형의 사람을 대하는 방법은 시기심을 유발할 만한 것은 모조리 축소하거나 숨기는 것이다. 그리고 상대방이 가진 지위나 재산 등은 최대한 칭찬한다. 물론 최고의 방법은 가능한 그들을 멀리하는 것이다! 전갈은 전갈이 상대하게 두는 것이 가장 좋다.

타인을 위해 기꺼이 일할 자,
몇이나 될까?

1620년, 청교도들은 종교 박해를 피해서 영국을 떠나 미국으로 왔다. 미국에 도착한 그들은 신앙심 위에 공동소유, 공동경작 방식을 세웠다. 하지만 계속되는 흉작으로 굶어 죽는 사람이 속출했다. 3년째 되던 해, 지도자는 마침내 땅을 나누어 주고 각자도생하게 했다. 그랬더니 그해는 비가 적게 오고 기후가 나빴음에도 불구하고 풍년이었다. 정말 놀라운 일이다. 이때 하나님에게 감사의 예를 올린 데서 추수감사절이 시작되었다.

___ **좋은 뜻이 항상 좋은 결과로 이어지는 것은 아니다**

당시의 상황을 기록한 지도자 윌리엄 브래드퍼드의 일기장을 살펴보자. 공동소유, 공동경작을 했을 때 일기에는 이렇게 적혀 있다.

노동과 봉사에 적합하고 능력이 있는 청년들은 보수 없이 다른 남자의 아내와 자녀를 위해 일하는 데 시간과 힘을 쓰는 것은 부당하다고 비난했다. 신체적으로 강한 사람들은 자신의 1/4 정도만 일한 사람보다 더 많은 음식과 옷을 배급받지 못하자 부당하다고 생각했다. 나이가 많은 사람들은 젊은 사람과 똑같이 노동하고 똑같이 음식과 옷을 배급받은 것에 대해서 무례한 일이라고 분개했다. 여자들은 다른 여자의 남편을 위해 봉사하도록 명령을 받았지만 고기를 손질하고 옷을 빠는 일을 노예가 하는 일로 간주했다.

게으른 사람은 들판에 늦게 나와서 느릿느릿하게 일을 했다. 사람들은 생산한 모든 것을 평등하게 배급받는 것을 알았기 때문에 더 부지런히 노력해야 할 이유가 거의 없었다. 더 열심히 일하는 사람들은 그들의 노력이 게으른 사람에게 분배되는 것에 분개했다. 곧이어 부지런했던 사람도 늦게 일하러 나왔고 작업장의 활력이 떨어졌다. 집단 수확물은 적었기 때문에 기아와 죽음을 예방하기에 충분하지 않았다. 그래서 모든 가족에게 토지를 나누어 주고 각자 알아서 먹고살라고 했다.

토지를 배분하고 각자도생했던 결과는 다음과 같다.

토지 배분은 매우 성공적이었다. 그것은 모든 손을 매우 부지런하게 만들었기 때문에 훨씬 더 많은 옥수수를 심었다. 여자들은 이제 기꺼이 그들의 어린아이들도 데리고 밭으로 가서 옥수수를 깠다. 만약에 예전에 그들에게 그렇게 강요했다면 큰 폭정과 억압으로 여겼을 것이다.

그렇게 해서 엄청난 양의 수확을 경험했다. 각 가정은 자신들이 충분히 먹을 양을 생산했을 뿐만 아니라 상호 이익과 개선을 위해 이웃과 자유롭게 교환할 수 있는 잉여 수확물도 챙겼다. 그 이후로 더 이상 기근은 없었다.

브래드퍼드는 공동소유, 공동경작의 허실에 대해서 다음과 같이 표현했다.

우리는 지난 경험을 통해 재산을 빼앗아 공동의 부를 추구하면 인간은 더 행복하고 번영할 것이라고 하나님보다 더 지혜로운 것처럼 주장했던 플라톤의 허영심과 자만심만 충분히 확인했다. 공동소유, 공동경작은 지금까지 혼란과 불만만 낳았고 많은 작업을 지연시키는 것으로 밝혀졌다.

이타주의만 강요하는 것은 인간의 본성에 어긋나는 일이다. 인간이 번영하기 위해 만드는 제도는 인간 본성의 실상을 반영해야 한다. 브래드퍼드는 이렇게 말했다. "누구도 인간이 타락했고 저주받았다고 문제를 제기하지 마세요." 그의 말에 대한 나의 대답이다. "하나님은 모든 인간이 속에 부패함을 가지고 있다는 것을 아시고 지혜롭게 인간들에게 합당한 다른 행로를 알려 주셨다." 인간 본성에 어긋나는 제도는 궁핍과 빈곤을 가져다줄 뿐이다. 추수감사절이 그것을 말해준다.

세상은 사유재산을 보호하기 유리한 쪽으로 움직인다

영국은 유독 운하가 많은 나라다. 수 세기 동안 운하는 빠르게 산업화하는 국가의 동맥 역할을 했다. 과거 에너지는 석탄이 가장 큰 비중을 차지했다. 무거운 석탄과 원자재를 공장으로 운송하기 위해서 만든 것이 바로 운하다. 모든 운송 수단 중 비용이 가장 싼 게 배로 운반하는 일이다. 배를 이용할 수 있느냐 없느냐는 매우 중요한 경쟁력이었다. 대부분의 수도가 강을 끼고 발달한 것도 이 때문이며 같은 이유로 바다가 없는 내륙 국가는 불리할 수밖에 없었다.

언젠가 아이와 함께 운하 여행을 한 적이 있는데 그때 아이가 내게 물었다. "똑똑한 우리 조상들은 왜 운하를 안 팠지? 그랬다면 좀 더 일찍 산업화하고 가난에서 벗어날 수 있었을 텐데….” 그때 머릿속에 떠오른 대답은 ‘시스템’ 문제였다. 대다수 백성이 열심히 일해도 수탈당하느라 가난에 허덕이니 열심히 일할 필요성을 못 느껴서 그런 것이 아닐까? 지금 한국은 단군 이래로 역사상 가장 잘사는데 이는 자본주의 시스템 때문이다. 잘살기 위해서는 사회 구성인의 지능도 중요하지만 그것 못지않게 사회 시스템 즉, 체제도 필요하다. 세계 역사를 살펴볼 때 사유재산을 확고하게 보호하고 지켜주는 사회는 번영했다. 반대로 사유재산을 보호하는 법치주의가 확립되지 않은 사회나 변덕스러운 국왕의 권력으로 사유재산이 침해받았던 곳은 번영하지 못했다.

런던 집값이 유독 비싼 이유 중 하나가 러시아, 중동, 중국 부호들이 자신의 재산을 보호하는 수단으로 런던 부동산을 선택하기 때문이다. 유럽 중에 네덜란드가 잘살게 된 이유도 사유재산을 잘 보호해준 덕에 부유한 유대인들이 몰려들었기 때문이다. 대다수 중국 부자들이 자식은 모두 외국에 유학시키고 기회만 되면 해외 부동산을 구매하려 한다. 사회주의 시스템이 자신의 사유재산을 보호해줄 것이라는 믿음이 부족하기 때문이다. 세상의 모든 돈은 개인의 사유재산을 보호하기 유리한 쪽으로 움직인다. 개인의 욕망과 사유재산권을 인정하고 잘 보호하는 나라의 주식과 부동산에 배팅하는 것은 동서고금의 진리다.

당신의 욜로는
몇 세까지 준비되어 있나?

우리의 원시본능은 근시안적이고 욜로주의(YOLO, You Only Live Once)다. 원시인의 수명은 20년이 채 안 되었다. 그렇게 짧은 인생을 살다 보니 원시인은 하루살이처럼 하루하루 살아남는 게 중요했다. 원시인에게 1년 뒤는 너무나도 불확실한 먼 미래였다. 원시인에게 1년은 살아 있을지 장담할 수 없는 먼 미래였다. 그래서 우리의 타고난 본능은 지금 즐기고 만족하는 데 초점이 맞추어져 있다.

욜로로 살기에는 너무 오래 산다

욜로주의는 원시본능과 아주 부합한다. 그런데 현대인의 기대 수명이 꾸준히 늘고 있는 게 문제다. 현재 평균 수명은 80세가 넘었다. 한 달 전에 친구 부부를 만났다. 친구 부인은 의사인데 그녀가 이런 말을 했다. "현재 평균 수명이 80세라는 것은 신생아의 사망과 젊어서 교통사고로 죽은 사람까지 포함한 평균 수명이다. 현재 살아 있는 우리 나이대의 사람은 아마도 100세까지 살 수도 있다." 그녀의 말대로 100세까지는 아니라도 평균 수명이 많이 늘어나 오래 살 가능성이 높은 것은 사실이다. 그래서 노후 대비가 예전보다 매우 중요하다. 기대 수명의 연장은 젊은 욜로주의자들에게 무서운 함정이다.

젊은 날의 쾌락은 젊음과 함께 사라진다

욜로주의는 또한 인간의 결함을 간과하고 있다. 인간은 자신이 행복한 삶을 살고 있는지 평가할 때 엉터리로 평가한다. 인간은 나이가 듦에 따라서 점차 경제적으로 사정이 나아지는 것에 행복감을 느낀다고 한다. 나이가 들면서 가난해진다면 매우 큰 불행감을 느낀다는 것이다. 또한 말년에 자신의 처지와 경제 수준으로 인생 전체의 성공과 실패를 판정한다고 한다. 젊은 시절에 욜로로 살면서 아무리 많은 쾌락과 즐거움을 누렸어도 말년에 초라해지면 자신의 인생 전체를 실패로 단정하고 우울해지기 쉽다. 이것은 정확한 평가 방법은 아니다. 그런데 대부분의 인간은 그렇게 평가한다. 만약에 60세에 초라하고 힘들게 산다면 60세 이후 죽을 때까지 인생 실패자로 우울하게 살 가능성이 있다.

실제로 내가 아는 분이 사업 실패로 아파트가 경매로 넘어가고 결국에는 지방으로 크기를 줄여 월세로 이사를 갔는데 이사 후 너무나 우울하다고 호소했다. 그는 사업이 실패하기 전까지는 아주 행복하고 빛나는 삶을 살았다. 그러나 이제는 자신의 삶이 모두 실패한 것처럼 느껴진다고 한다.

─── 나이가 들면 누구나 저절로 욜로가 된다

30대, 40대는 돈 벌기 가장 좋은 때다. 그러니 열심히 살아야 한다. 30대, 40대는 앞으로 살아갈 날이 훨씬 더 많은 나이다. 그러니 열심히 살아야 한다. 50대, 60대를 지나면서 대부분의 사람은 저절로 욜로가 된다. 나이가 들면 총명도가 떨어진다. 어이없는 실수를 한다.

며칠 전에 블룸버그에 유료로 가입했는데 메일 주소를 틀리게 기재했다. 한참 뒤에야 깨닫고 메일 주소를 다시 기재했다. 그러다 보니 요금 청구가 두 번이나 되어 추가로 84만 원을 더 내야 했다. 이걸 소명하여 제대로 잡으려고 하니 복잡했다. 고객센터에 연락해 해결을 해야 하는데 머리가 아팠다. 결국 외국에 사는 아이에게 부탁해 해결했다.

나는 이번 일로 내 자신에 대해서 좀 충격을 받았다. 확실히 내가 나이가 들었구나, 내 두뇌가 젊은 시절처럼 작동하지 않는구나 하는 생각이 저절로 들었다. 한 달 전에 친한 친구가 술 마시고 필름이 끊기며 넘어져서 얼굴을 다친 사고가 있었는데 친구가 그 일로 큰 충격을 받았다고 하던 게 떠올랐다. 아무리 술을 마셔도 필름 끊긴 적이 한 번도 없었던 자신이 그런 일을 겪으리라고는 꿈에도 생각하지 못했다는 것이다.

나이가 들면 체력과 정신력이 예전과 같지 않다. 그래서 나이가 들면 누가 권하지 않아도 살아남기 위해서 저절로 욜로가 될 수밖에 없다. 그런데 평균 수명이 늘어나니 비자발적 욜로 생활도 저절로 길어진다. 젊은 시절에 번 돈으로 긴 노후 기간을 욜로로 살게 되었다. 무심코 젊은 시간을 욜로로 보내다 나이가 들면 불가항력의 벽에 부딪힐 수 있다는 것을 기억하라!

투자에 실패한 당신을 용서하라

지금 당신에게 필요한 반등의 철학

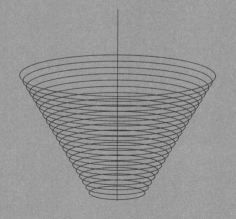

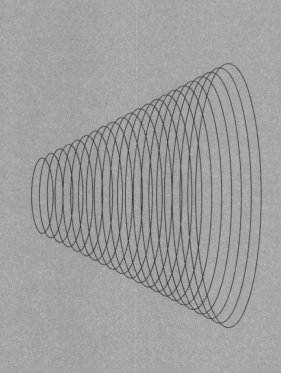

우리는 각자가 만들어낸
서로 다른 세상에 함께 살고 있다

쇼펜하우어가 20대에 쓴 『의지와 표상으로서의 세계』는 인기가 전혀 없었다. 아무도 그 책에 관심을 기울이지 않았고 아무도 이해하지 못했다. 종국에는 폐지로 팔렸다. 그런데 어느 날 니체가 헌책방에서 우연히 책을 발견한 순간, 니체는 이 책을 집으로 가지고 가라는 속삭임이 들렸다고 한다. 니체는 책을 손에 넣은 후 꼬박 2주간 식음을 전폐하다시피 하며 읽었다고 한다.

니체는 이 책에서 너무나 큰 울림을 받았다고 했다. 언제나 천재는 천재를 알아보는 법이다. 이 책은 "세계는 나의 표상이다"라는 문장으로 시작된다. 이 말을 이해한다면 쇼펜하우어 사상의 핵심을 이해할 수 있다. 이 말은 무슨 뜻일까? 쉬운 말로 하면 "세상은 내 생각이 만든 것이다"라는 뜻이다.

세상은 욕망과 본능이 만들어내는 한바탕 소동

쇼펜하우어는 자기 사상의 절반을 칸트에게서 배웠다고 고백했다. 그는 칸트 흉상을 방 안에 두고 평생 존경을 표했다. "세계는 나의 표상이다"라는 말은 칸트 사상을 그대로 표현한 것이다. 먼저 칸트의 인식론을 살펴보자. 우리는 사과를 어떻게 인지하는가? 눈으로 사과를 보면 둥글고 빨간 것으로 인지한다. 손으로 만지면 겉이 반질반질하고 매끈하다. 코로 냄새를 맡으면 약간 달콤한 향이 난다. 혀로 맛을 보면 달콤하다. 즉, 우리는 사과를 둥글고 빨갛고 겉은 반질반질 매끈하고 과일 향이 나고 달콤한 것으로 인지한다. 그런데 정말 우리는 진짜 사과를 제대로 정확히 이해하고 있는 것일까? 어쩌면 제한된 감각과 인지능력의 한계 때문에 우리의 두뇌가 인지한 사과가 진짜 사과와는 다를 수도 있지 않을까?

칸트는 진짜 사과를 물자체라고 했다. 물자체는 영어로 표현하면 thing-in-itself다. 영어 표현이 의미를 이해하기가 더 쉽다. 칸트는 인간은 물자체를 알 수 없다고 했다. 한편, 쇼펜하우어는 물자체를 움직이는 동력은 의지라고 보았다. 다시 말해서 세상은 의지에 의해서 변화된다고 보았다.

내 방식으로 쉽게 표현하자면 세상의 모든 변화는 인간을 포함한 동식물이 생존과 번식 등을 위해 내재된 맹목적 욕망과 본능(의지)으로 만들어내는 한바탕 소동이다. 결국 쇼펜하우어가 쓴 책의 제목 '의지와 표상으로서의 세계'를 쉽게 풀어 쓰면 이 세상에서 일어나는 모든 일은 모든 생명체가 자신의 생존과 번식을 위해 가진 욕망에 따라 벌이는 한바탕 소동이라는 것이다. 인간은 이 세상을 자신의 인식 한계와 범위 내에서만 이해할 수 있기 때문에 인간은 각자 자신의 생각이 만들어낸 서로 다른 세상 속에서 함께 살아간다.

인간의 청각만 해도 존재하는 모든 소리를 다 들을 수 없고 특정 주파수의 소리만 들을 수 있다. 이처럼 인간은 실재 존재하는 물자체를 전혀 인식하지 못할 수도 있다. 그래서 칸트는 인간의 인식능력으로는 물자체를 정확히 파악하거나 물자체를 완전히 알 수 없다고 보았다. 쇼펜하우어는 이러한 칸트의 사상을 그대로 받아들여서 "세계는 나의 표상이다"라고 말했다. 다시 말하자면 세계, 즉 내가 알고 있는 세상은 우리의 감각기관이 인식한 이미지다. 즉 세상은 내 감각기관과 인식 기관이 받아들인 생각이라는 말이다. 결국 세상은 내 생각이 만들어낸다.

_____ **행복과 불행은 환경이 아니라 마음속에 있다**

어떤 분이 상대적 박탈감으로 괴롭다고 해결책을 알려 달라고 내게 쪽지를 보냈다. 이분에게는 "세계는 나의 표상이다"라는 쇼펜하우어의 말이 도움이 될 것 같다. 행복에 관한 쇼펜하우어의 말을 살펴보자.

똑같은 환경에서도 사람들은 저마다 전혀 다른 세상을 살고 있다. 세계는 모든 인간에게 똑같은 조건이지만 개개인의 삶은 다르다. 어떤 사람에게는 공허하고 평범한 세상으로 보이지만 또 다른 사람에게는 풍부하고 다채롭고 의미 깊은 세상이기도 하다. 괴테나 바이런 같은 시인의 시를 읽어보면 명확히 드러난다. … 시인들은 똑같은 꽃을 보고도 꽃을 느끼는 감각이나 표현 능력이 평범한 사람과 다르다. 평범한 사람은 똑같은 꽃을 보아도 아름답고 놀라운 소재를 찾아낼 수 없다. 꽃은 시인에게 아름다움이라는 행복을 가져다주지만 어떤 불행한 사람은 꽃을 보고서 비극의 그림자를 찾아낼 수도 있다. 어떤 사람은 꽃에서 웃음을 찾아낼 수 있지만 무심한 사람은 꽃을 그냥 무미건조하게 바라볼 뿐이다.

이처럼 행복이나 불행은 외적 환경과 조건에 따라 달라지는 것이 아니고 모두가 자신의 마음속에서 비롯되는 것이다. 결국 세계는 나의 표상이다. 우리는 각자 자신의 생각이 만든 세상 속에서 살아간다. 결국 행복은 마음먹기에 달려 있다.

당신의 심장을 두드려
두려움에 맞서라

인터넷 카페에 올라온 글이나 이메일, 쪽지 등을 보면 삶이 너무 힘들다는 사람이 종종 있다. 사람 사는 게 다 거기서 거기인 것 같다가도 한순간에 무너지는 것이 인간이다. 나 역시 한때 삶이 고통이고 괴로움이라고 생각한 적이 있기에 이런 글을 보면 그냥 지나치기 어렵다.

저는 똑똑한 머리를 가지고 태어나지 못한 것 같아요. 그래서 좋은 대학을 나오지 못했어요. 다들 집값이 올라서 돈을 벌었다고 하지만 저는 중소기업을 다니고 쥐꼬리만 한 월급을 받는데 평생 집을 장만할 수나 있을까요? 저만 뒤처진 것 같아 너무 괴로워요. 저는 별로 잘하는 게 없는 것 같아요. 세상에는 잘난 사람들이 너무 많고 저만 뒤처지고 못난 것 같아요. 다들 저를 무시하는 것 같고 저의 자존감은 바닥을 기고 있어요. 잘난 사람들 없는 곳으로 숨고만 싶어요. 그래야 숨을 좀 쉴 수 있을 것 같아요. 인생은 왜 이렇게 힘들기만 할까요? 세상은 정말 살 만한 가치가 있을까요? 왜 이렇게 우울하기만 할까요.

삶은 정말 비극일 수밖에 없는 것일까?

니체도 그랬다. 쇼펜하우어의 『의지와 표상으로서의 세계』를 읽고 난 후 니체의 고백을 들어 보자.

쇼펜하우어가 마치 나를 위해서 쓴 책처럼 나는 완전히 그의 주장에 빠져들었다. 나는 한 줄 한 줄에서 삶에 대한 부정과 비난과 체념을 보았다. 그의 책은 세상과 삶 그리고 내 영혼의 모습을 끔찍할 정도로 정확히 비추는 거울 같았다.

니체는 쇼펜하우어가 주장하는 삶에 대한 부정과 비난과 체념에 공감했고 반박할 수 없었다. 니체는 이 책을 읽은 뒤 너무나 정신적 충격이 커서 며칠 동안을 앓았다고 한다. 쇼펜하우어는 삶이 비극이라고 말했다.

욕망은 절대로 충족되지 않고, 노력은 좌절될 뿐이고, 희망은 운명에 의해 짓밟히고, 살면서 줄곧 불행한 실수만 해 고통은 늘고, 결국 우리는 죽음에 이르게 된다. 삶은 비극일 수밖에 없다.

이런 생각은 인생은 고(苦)라고 한 부처님의 말씀과 비슷하다. 니체도 그렇게 생각했다. 그래서 그는 신화 속 미다스 왕과 괴물 실레누스의 대화를 통해서 삶이 비극적일 수밖에 없음을 설명했다. 하루는 미다스 왕이 괴물 실레누스에게 물었다. "인간의 가장 큰 행복이 무엇이냐?" 실레누스는 샐쭉하게 입을 다물고 대답하지 않았다. 미다스 왕이 대답을 다그치자 그제야 실레누스는 웃음을 터트리며 이렇게 대답했다.

우연과 수고가 낳은 이 덧없는 가련한 자야, 왜 듣지 않느니만 못한 말을 내게 하라고 하는가? 당신에게 가장 좋은 것은 당신의 능력으로 할 수 없는 것이다. 그것은 바로 태어나지 않는 것, 존재하지 않는 것, 무가 되는 것이기 때문이다. 그러나 그렇게 될 수 없으니 당신에게 두 번째로 좋은 것은 빨리 죽는 것이다.

____ 넋두리는 집어치우고 삶의 의지를 충전하라

이후 니체는 쇼펜하우어의 철학을 극복하고 자신의 철학을 만든다. 쇼펜하우어는 삶의 부정을 가르쳤지만 반대로 니체는 삶의 긍정을 가르쳐야겠다고 생각했다. 니체는 인생은 해석하기 나름이고 관점을 바꾸면 인생이 달라진다고 했다. 인생이 좋고 나쁨은 주어진 환경이 아니라 전적으로 우리의 해석과 관점에 달려 있다고 보았다. 위대한 위인들을 보라. 영웅들은 고난과 시련이 닥치면 이에 휘둘리지 않고 이를 더 나은 사람이 되기 위한 도전으로 기꺼이 받아들이고 극복했다. 불행과 고난이 없기를 바라지 말고 그런 상황이 닥치면 더 나은 사람이 되기 위한 도전으로 받아들이라고 니체는 말한다.

　니체에 따르면 사람들은 곤란과 좌절을 겪으면서 지치고 병들고 약한 인간이 되어 세상을 추악하고 괴로움만 가득한 세계로 본다. 하지만 그 곤경과 어려움을 자기 발전의 계기로 삼아 자신을 극복하는 사람에게는 세상이 아름다운 것으로 보인다. 세상이 좋고 나쁨은 우리의 태도와 해석에 달려 있다. 삶의 의지가 약화되면 자신을 극복하는 투쟁 대신에 안이하게 앉아서 세상을 원망하고 핑계 대고 남 탓으로 정신 승리나 한다. 그래서 니체는 사는 게 힘들다고 느껴진다면 세상을 원망할 것이 아니라 자신의 삶의 의지가 약해진 것이 아닌지를 돌아보아야 한다고 말한다. 니체 자신도 언행일치의 삶을 살았다. 그는 많은 고통과 고난을 겪었지만 이를 극복하고 고귀한 사람이 되려고 투쟁했다.

인생은 주어진 환경보다 어떻게 해석하고 보는지에 대한 관점에 따라 달라질 수 있다. 삶에 고난과 어려움이 있더라도 이를 발전의 계기로 삼고, 지금보다 좀 더 나은 사람이 되기 위해서 자신의 삶에 책임을 지고, 주어진 운명을 사랑하고, 지금 이 순간 최선을 다해서 살아야 한다. 그것이 바로 니체가 말하는 '초인'의 삶이다. 용기를 내라! 두려움에 굴복하지 말라! 니체는 용기를 내어 도전하고 자신을 극복하라고 가르친다.

우리가 고통과 괴로움을 두려워하는 이유는 우리가 충분히 고통받지 않았기 때문이다. 당신은 두려움을 느끼겠지만 두려움을 정복할 수 있는 심장도 가지고 있다. 또 실패로 인한 나락에 떨어질 수도 있지만 그 또한 긍지를 가지고 바라볼 수 있다. … 당신을 죽이지 못한 것들은 당신을 강하게 만들 뿐이다.

삶이 힘든가? 당신의 운명을 사랑하고 용기를 내서 자신이 마주한 곤경과 시련을 극복하라. 더 나은 사람이 되려고 지금 이 순간 최선을 다하라. 이것이 니체가 삶이 힘든 당신에게 주는 조언이다.

당신을 극복하기 위해서
당신은 무엇을 했는가?

니체는 5세 때 아버지를 여의고 그다음 해에는 동생을 잃었다. 니체는 고독했고 심한 두통으로 학교를 가끔 쉬어야 했다. 15세 때는 의사로부터 맹인이 될 수도 있다는 선고를 받았다. 22세에는 경제적으로 궁핍했고 돈을 빌려야만 하는 경우가 있었다. 니체는 류머티즘으로도 고생했다. 23세 기병 부대 복무 중일 때 말안장에 부딪혀서 흉골을 심하게 다쳤다. 뼈가 드러나는 상처의 극심한 고통을 줄이기 위해서 5개월간 모르핀을 맞으며 치료를 받아야 했다. 니체는 평생을 위통에 시달렸다. 26세 때는 전쟁터에서 부상병을 돕다가 이질과 디프테리아에 걸려서 죽음의 고비를 넘겼다. 29세에는 눈병이 악화되어 책을 읽고 글을 쓸 수 없게 되었다. 니체는 평생에 걸쳐서 눈병과 시력 저하로 고통받았다. 아예 커튼을 치고 어둠 속에서 지내야 할 때도 많았다.

31세, 니체는 자신의 병에 대해서 이렇게 말했다. "위를 더 이상 진정시킬 수가 없다. 식이요법을 철저히 해도 소용이 없다. 격렬한 두통이 여러 날 계속되고 아무것도 먹지 않아도 구토를 계속한다. 내 신체가 갈가리 조각나는 것 같다. 솔직히 말해서 차라리 그렇게 되었으면 좋겠다는 생각을 했다." 니체는 35세에 뇌연화증으로 시력을 잃고 사망한 아버지처럼 자신도 심각한 뇌 질환에 걸려서 일찍 죽을 것이라고 예상했다. 32세에는 병으로 너무 쇠약해져서 대학 강의를 포기해야 했다. 38세에는 루 살로메에게 두 번이나 청혼을 하였으나 거절당했고 그녀는 니체의 친구인 레와 함께 떠났다. 니체는 실연으로 자살의 문턱까지 갔었다. 그는 극심한 불면증에도 시달렸다. 어떤 때는 정신을 잃었다가 3일 만에 깨어나기도 했다.

니체의 일생을 보면 그는 평생을 병고와 함께 했다. 그는 병을 극복하기 위해서 식이요법을 했고 수영을 하고 산책을 했다. 특히 산책을 많이 했는데 산책하는 동안의 생각이 위대한 저작으로 이어졌다. 루 살로메와 실연은 『짜라투스트라는 이렇게 말했다』를 탄생시켰다.

___ **본능을 극복하기 위해서 당신은 무엇을 했는가?**

니체는 자신이 겪은 모든 불행과 고난에 굴복하지 않았다. 그는 대신에 초인 사상과 영원회귀 사상을 말하며 인간이 어떻게 살아야 할지를 말했다. 니체가 말하는 초인은 어떤 사람을 말하는 것일까? 니체는 이렇게 말했다. "내가 초인을 가르쳐주지. 인간으로서 극복해야 할 그 무엇이야. 당신은 인간을 극복하기 위해서 무엇을 했나?" 인간은 타고난 결함을 가지고 있다. 니체는 이를 극복해야 한다고 말했다. 니체는 왜 초인이 되어야 하는지에 대해서 원숭이에 빗대어 이렇게 설명했다.

사람에게 원숭이는 무엇인가? 일종의 웃음거리인가, 아니면 견디기 힘든 부끄러움인가? 초인의 입장에서 본다면 인간도 원숭이와 다르지 않다. … 인간을 극복한다는 것은 자기 자신을 극복하는 것이다. 그것은 자신의 욕망과 본능을 극복하고 자신의 힘을 창조적인 데 쓰는 것이다. … 우리는 인간 본능을 극복해야 초인이 될 수 있다. 인간은 초인과 짐승 사이를 잇는 밧줄이며 심연 위에 걸쳐진 하나의 밧줄이기에 가로지르는 것도 위험하다. 거기서 떠도는 것도 위험하고 뒤돌아보는 것도 위험하다.

인간이 타고난 본능에만 휘둘리며 산다면 그러한 삶은 인생을 주도적으로 사는 게 아니라 한 마리의 원숭이, 즉 짐승의 삶과 같다는 뜻이다. 니체가 말한 초인은 바로 자신의 한계와 본능을 극복하려는 자를 말한다.

지금의 삶이 반복된다면 어떻게 살 것인가?

1881년 8월, 니체는 스위스의 한 호숫가 숲속을 거닐고 있었다. 그때 피라미드같이 우뚝 솟은 거대한 바위를 보고 영원회귀 사상이 떠올랐다. 영원회귀 사상은 무엇을 말하는가? 불교에서 말하는 윤회와 비슷하다. 니체는 이렇게 말한다.

만일에 네가 가장 외롭고 쓸쓸할 때 악마가 찾아와서 이렇게 말하면 어떻게 될까? 지금 네가 사는 삶을 수없이 반복해서 또다시 살 거라고 말이다. 네 삶에 새로운 것은 하나도 없고 네 삶에 있던 고통과 기쁨, 모든 생각과 한숨, 말할 수 없이 크고 작은 일이 모두 똑같이 되풀이될 거라고 말한다면…. 너는 그 자리에 털썩 주저앉아 악마를 저주하지 않을까?

기쁨과 행복한 순간은 다시 반복하고 싶지만 고통스럽고 후회스러운 과오를 되풀이해야 한다고 생각하면 끔찍하다. 영원회귀 사상은 현재 행동이 매우 중요함을 말한다. 왜냐하면 우리가 지금 어떤 행동을 하든 간에 이 행동을 무한히 반복해야 할 것이기 때문이다. 그러면 현재 당신의 한마디 한마디와 행동 하나하나가 엄청난 무게로 느껴질 것이다. 그래서 현재 주어진 삶에 최선을 다해야 한다는 것이다. 당신은 현재 삶에 최선을 다하고 있는가?

자신을 절제하지 않고 본능대로 흥청망청 살면서 타인의 부를 질투하고 시기하는 삶을 사는가? 스스로를 극복하기 위해서 최선을 다하지 않고 그냥 세상만 원망하고 불평등을 핑계 대는가? 니체는 그렇게 살면 안 된다고 타이른다. 현재 주어진 삶을 후회하지 않게 최선을 다해서 열심히 살아야 한다. 더 멋지고 고귀한 영혼을 가진 사람이 되려고 노력해야 한다.

조급해 하지 말고
투자에 집중하라

어느 날 한 통의 상담 요청 메일을 받았다.

안녕하세요, 우석 님.

저는 27세 고졸, 계약직 생산직으로 근무하고 있습니다. 정말 사랑하는 여자가 있었는데 저의 가정환경과 직업, 비전 같은 게 불안정하다는 이유로 헤어지게 되었어요. 그래서 몇 달을 저에 대한 자괴감에 몸서리를 쳤지요. 이대로는 안 되겠다, 더 나은 사람이 되어야겠다고 생각하고 도서관으로 가서 돈에 관련된 책은 모조리 빌려서 읽었습니다. 그러던 와중 우석 님의 『부의 본능』을 읽게 되었고 그 뒤 우석 님의 책을 모두 정독했습니다. 특히 『부의 인문학』은 저의 '인생 책'입니다.

독서를 통해서 현실을 깨닫고 주식에 입문했습니다. 1년 가까이 되었습니다. 이제껏 모은 원금을 모두 주식에 투자했는데 처음에는 손실도 많이 보고 운 좋을 때는 이득도 보면서 나름의 이익을 쌓으며 여기까지 왔습니다. 하지만 늘 조급했어요. 투자 원금이 작아서 수익이 적고, 일에 치이면서 조급함이 저를 계속해서 갉아 먹었습니다. 그래서 빨리 돈을 벌고 싶은 욕심에 위험도가 극에 달하는 가상 자산에 소액 투자를 시작했습니다. 운 좋게 코인으로 5배 정도 불렸습니다. 이에 만족하지 못한 저는 가지고 있던 주식을 모두 매도해서 그 돈을 코인에 투자했습니다. 그러다 글을 쓰는 지금 하락장을 맞아 패닉에 빠졌습니다. 그동안 주식으로 얻은 수익과 코인으로 얻은 수익 모두를 잃고 간신히 투자 원금만 회수했습니다. 손실을 보고 원점으로 돌아오니 그저 회의 감만 드네요. 남들은 저 멀리 앞서가는데 나는 변한 것이 없고 여전히 사랑하는 사람조차 지킬 수 없는 나약한 인간이라는 생각이 뇌를 지배해서 점점 저를 약하게만 만듭니다.

제 꿈은 사랑하는 사람과 가정을 꾸려서 아이들을 낳고 돈 걱정 없는 행복한 가정이 되는 것입니다. 목표에서 자꾸 멀어지니 멘탈이 회복이 안 되네요. 주식에 다시 투자하자니 이미 올라간 지수가 무섭게만 느껴지고 분명히 내가 선택했던 종목은 더 갈 거라는 믿음이 있지만 시장이 내 마음대로 굴러가는 것도 아니고 원금 손실은 너무너무 무섭기만 합니다. 실패를 딛고 일어서야 앞으로 더 나아갈 수 있다는 걸 알지만 세상일이 제 뜻처럼 돌아가진 않네요.

자꾸만 제 학력과 직업을 탓하고 점점 수렁으로 빠지는 것만 같아요. 학창 시절 열심히 공부해서 안전한 직업이라도 가졌다면, 취업 준비를 열심히 해서 좋은 직장을 가졌다면…. 지금 이런 생각을 할 시간에 일어나서 미래를 준비해야 한다는 것도 알고 누군가에게 한탄한들 바뀌는 게 없다는 것도 알지만 정신을 붙잡을 수가 없네요. 우석 님의 책을 읽고 제 멘토로 삼았고 의지할 분이 우석 님 밖에 없어서 이렇게 메일을 드리게 되었습니다. 저는 어떻게 해야 하나요?

나는 이분에게 2가지를 말씀드리고 싶다.

___ 부자가 되는 것은 마라톤과 비슷하다

첫째, 부자가 되는 것은 마라톤과 비슷하다. 사연을 읽으니 이분의 심정이 충분히 공감 간다. 나도 젊은 시절에 빨리 부자가 되고 싶어 했고 조급했다. 지금은 돈을 벌어서 여유를 가진 것일 뿐, 젊은 시절의 그 조급함과 답답한 심정은 충분히 이해한다. 그런데 내가 삶을 좀 더 살아 보니 조급해 한다고 해서 부가 빨리 늘어나는 것은 아니었다. 조급하다고 해서 봄에 뿌린 씨를 여름에 추수할 수 없듯이 부도 일정한 시간이 지나야 늘어나는 것 같다. 조급함은 오히려 독이다.

조급하고 절박하면 할수록 이성적이지 않고 무리하고 잘못된 판단을 하기 쉽다. 그래서 빨리 돈을 벌 욕심에 급등주만 따라 투자하여 손실을 본 개미 투자자가 많다. 또 사기에 속아서 자신의 전 재산을 날린 안타까운 분도 있다. 대부분의 사기는 빨리 부자가 되게 해준다는 미끼를 내건다. 조급한 마음에 잘못 판단하는 투자자들을 희생양으로 삼는 것이다.

부를 모으고 쌓는 것은 마라톤과 비슷하다. 워런 버핏도 재산의 90퍼센트를 50세 이후에 벌었다. 내가 무일푼으로 사회에 진출했을 때 집값과 주식이 폭등했다. 나보다 불과 몇 년 앞서 사회 진출한 선배들은 집과 주식으로 이미 많은 부를 쌓았고 아무것도 없는 나는 그 격차를 평생 따라잡기 어려울 것처럼 느꼈다. 나만 영원히 뒤처질 것 같은 두려움이 있었다.

그런데 세월이 지나고 보니 과거에 그렇게 내가 부러워했던 대다수의 선배들보다 내가 더 잘산다. 그 이유가 무엇일까? 집중과 지속성 때문이다. 나는 투자에 집중하고 마라톤처럼 계속 달렸다. 나는 항상, 모든 일을 투자에 초점을 맞추었다. 그리고 투자에 대해 계속해서 공부했다. 도중에 실패도 많았지만 그렇게 집중하다 보니 결국에는 경제적 자유를 얻었고 젊은 시절에 나를 앞서간 선배들보다 더 부유해졌다. 반면에 나보다 부자였던 선배들을 가만히 지켜보면 투자에 대한 공부를 지속적으로 하는 사람은 별로 없다. 세상에는 투자 공부보다 더 즐겁고 신나는 일이 많기 때문이다.

누구라도 할 수 있다. 투자에 초점을 맞추고 집중하고 계속 노력하다 보면 10년, 20년, 이렇게 긴 시간이 지나면서 큰 차이가 나고 반드시 원하는 부를 얻게 된다. 그러니 너무 조급해 하지 말고 투자에 집중하는 것이 포인트다.

___ 콤플렉스를 발전의 동인으로 삼아라

둘째, 콤플렉스를 발전의 동인으로 삼아라. 메일 주신 분은 고졸이라는 콤플렉스를 가지고 있다. 그런데 고졸이면서 성공한 사람은 너무나 많다. 내가 만약에 그분과 같은 처지에 있다면 나는 언제가 독립하여 내 사업을 하겠다는 각오로 직장을 다니겠다. 세계적인 부호이자 일본의 사업가인 마쓰시타 고노스케의 전기를 읽어보면 의지를 다지는 데 도움이 될 것이다.

마쓰시타 고노스케는 94세, 운명할 당시 570개 기업에 종업원 13만 명을 거느린 대기업 총수로 이름을 남겼다. 하지만 그의 시작은 미약하기 그지없었다. 그는 아버지의 파산으로 인해 초등학교 4학년 때 학교를 중퇴하고 자전거 점포에서 일을 했다. 밤이면 어머니가 그리워 눈물을 흘리던 울보였다고 한다. 그러던 그가 나중에 일본 굴지의 기업 총수가 되었다. 어느 날 한 직원이 마쓰시타 회장에게 물었다. "회장님은 어떻게 하여 이처럼 큰 성공을 이루셨습니까?" 마쓰시타 회장은 자신이 세 가지 하늘의 큰 은혜를 입고 태어났다고 대답했다. 그 세 가지 큰 은혜란 가난한 것, 허약한 것, 못 배운 것이라고 했다. 그 소리를 듣고 깜짝 놀란 직원이 "이 세상의 불행을 모두 가지고 태어나셨는데도 오히려 하늘의 은혜라고 하시니 이해할 수 없다"고 말하자 마쓰시타 회장이 이렇게 대답했다 한다.

나는 가난 속에서 태어났기 때문에 부지런히 일하지 않고서는 잘 살 수 없다는 진리를 깨달았다네. 또 허약하게 태어난 덕분에 건강의 소중함도 일찍이 깨달아 몸을 아끼고 건강에 힘써 90세가 넘었어도 30대의 건강으로 겨울철 냉수마찰을 한다네. 또 초등학교 4학년 때 중퇴했기 때문에 항상 이 세상 모든 사람을 나의 스승으로 받들어 배우는 데 노력하여 많은 지식과 상식을 얻었다네. … 불행한 환경은 나를 이만큼 성장시키기 위해 하늘이 준 시련이라 생각되어 감사한다네.

학벌이 반드시 돈을 버는 것은 아니다. 내 친구 중에는 박사 학위가 있거나 직장을 다니다 뒤늦게 유학을 다녀온 친구도 많다. 나보다 더 좋은 학벌을 가졌다. 그런데 돈은 내가 더 많이 벌었다. 나는 학벌보다 돈에 초점을 맞추었기 때문이다!

학교에서 배우는 것보다 책을 읽고 스스로 독서를 통해서 배우는 게 더 많다. 나는 투자에 대한 지식을 거의 대부분 직장 다니면서 독서를 통해서 배웠다. 학창 시절의 공부가 도움이 안 된 것은 아니지만 그 정도의 지식은 책 몇 권이면 다 배울 수 있는 정도의 분량밖에 되지 않는다. 진짜 대부분의 투자 공부는 학교 밖에서 했다. 아마도 대다수 경제 전공 교수님들보다 실전 투자는 내가 더 잘할 것이다.

학벌 콤플렉스가 있다면 그것을 자기 발전의 동인으로 삼으면 된다. 용기를 내서 자신을 일으켜 세워야 한다. 낙담하여 주저앉으면 절대로 달라질 수 없다. 하늘은 스스로 돕는 자를 돕는다.

부모로부터 받은 어린 시절 상처는
극복할 수 있을까?

아내와 이야기를 나누다 〈고딩엄빠〉라는 프로그램에 대해 알게 되었다. 어린 나이에 미혼모가 되면 대다수의 부모가 딸을 냉정하게 내친다고 한다. "집에 올 생각 말고 미혼모 센터로 가라!" "네가 저지른 일이니 네가 알아서 해라" 같은 모진 말을 퍼붓고 연락을 끊어버린다는 것이다. 아내는 부모가 어떻게 자기 자식에게 그렇게 비정하게 할 수 있냐며 분개했다.

꼭 이런 경우가 아니라도 어린 시절 부모로부터 받은 상처와 트라우마 때문에 괴로워하며 살아가는 사람이 정말 많다. 인생에는 여러 가지 운이 작용하는데 가장 큰 운은 부모 운인 것 같다. 어린 시절 부모로부터 상처받고 부모를 원망하고 미워했는데 자신도 부모의 잘못된 행동을 자식에게 되풀이할까 걱정을 하는 사람이 의외로 적지 않다.

러시아가 낳은 세계적인 작가 안톤 체호프의 이야기가 적절한 예일 듯하다. 의사이면서 작가인 그가 남긴 주요 작품으로는 『지루한 이야기』, 『사할린섬』, 『대초원』, 『갈매기』, 『벚꽃 동산』 등이 있다. 안톤 체호프는 어린 시절에 매일 아침 두려움에 휩싸여 일어났다. 아버지가 매일 매질을 했기 때문이다. 술주정뱅이 아버지는 아무런 경고도 없이 아무런 이유도 없이 어린 안톤을 때렸다. 매질이 끝나면 어린 안톤은 아버지의 손에 키스를 하고 용서를 구해야 했다. 매질만 무서운 게 아니었다. 오후에 집으로 걸어오는 아버지의 발걸음 소리가 들리면 어린 안톤은 두려움에 벌벌 떨었다. 아버지가 운영하는 식료품 가게에서 일을 해야 했기 때문이다. 안톤이 살았던 타간로크 지역은 러시아에서도 가장 추운 지역 중 하나다. 식료품 가게는 참기 힘들 만큼 추웠다. 그리고 가게에는 고기 썩은 냄새가 진동했다. 가게에서 보드카를 마신 동네 술주정뱅이의 온갖 추잡한 짓도 견뎌야 했다. 안톤은 가게에서 동전을 제대로 세지 못하면 아버지에게 추가로 매를 맞아야 했다. 안톤에게 조용하고 안전한 곳은 마을 공동묘지뿐이었다. 종종 묘지에 가서 자신에 대해서 생각했다. '나는 정말로 아버지에게 매일 매를 맞아야 할 만큼 쓸모없는 존재일까?'

어느 날 안톤의 아버지는 운영하던 식료품 가게의 파산이 확실해지자 어머니에게도 말하지 않고 모스크바로 야반도주를 했다.

나중에 어머니도 다른 가족들을 데리고 모스크바로 이사를 갔고 16세 안톤만 타간로크에 남아 땡전 한 푼도 없이 뒤처리를 해야 했다. 그는 생계를 꾸리기 위해 가정교사 일을 찾았다. 최대한 많은 집의 가정교사를 했다. 가정교사로 일하는 집 가족들이 휴가를 떠나면 며칠씩 굶기도 했다. 하나뿐인 재킷은 다 떨어지고 해졌다. 비 오는 날 신을 수 있는 고무 덧신도 없었다. 발이 다 젖은 채로 벌벌 떨면서 남의 집에 들어설 때는 수치심에 도망가고 싶었다. 그러던 어느 날 안톤은 의사가 되기로 결심했다. 공부하려고 동네 도서관을 열심히 드나들었다. 거기서 문학과 철학책을 접하게 되었다. 밤이면 거처로 돌아와서 글을 쓰다 잠이 들고는 했다. 안톤은 조금씩 마음이 진정되는 것을 느꼈다. 힘들었지만 자신이 좋아하는 공부를 하고 아이들을 가르치고 스스로 자신의 생계를 책임질 수 있다는 게 좋았다.

안톤은 그렇게 혼자 남겨지고 몇 달이 지난 뒤 길을 걷다가 갑자기 부모를 향한 공감과 사랑이 복받쳐 오르는 것을 느꼈다. 이전까지 한 번도 느낀 적 없는 감정이었다. 안톤네 집안은 대대로 농노였다. 할아버지 때 와서야 비로소 돈으로 자유를 사서 농노에서 벗어났다. 할아버지는 세 아들에게 각각 다른 분야의 교육을 시켰다. 안톤의 아버지에게는 장사꾼 역할이 주어졌다. 그러나 안톤의 아버지는 장사꾼 역할을 잘하지 못했다. 원래 안톤의 아버지는 예술가적 기질을 가지고 있어 만약에 화가나 음악가가 되었다면 재능을 발휘했을 사람이었다. 안톤의 아버지는 자신의 운명을 괴로워했다. 식료품 가게를 운영하면서 6명의 아이를 키워야 했으니 힘들었을 것이다. 할아버지는 아버지에게 매질을 했고 매질은 대를 이어 계속되었다. 아버지는 농노가 아니었지만 지역 관리나 지주를 보면 절을 하고 손에 키스를 했다. 마음은 여전히 농노였던 것이다. 안톤의 아버지는 자신이 가치가 없다고 생각하고 자신의 울분을 자식에게 쏟아부었다.

안톤은 오랜 질문과 생각 끝에 아버지를 이해하게 되었다. 그러자 아버지가 대단한 독재자가 아니라 무기력하고 불쌍한 늙은이로 새롭게 인식되었다. 아버지가 왜 그렇게 술을 마시고 폭군처럼 굴었는지도 알 것 같았다. 아버지에게 연민을 느끼고 자신에게 한 매질도 용서할 수 있었다. 마침내 안톤은 모든 원망과 분노로부터 자유로워졌다. 불행했던 어린 시절에 대한 분노와 원망을 비우자 몸이 가벼워지는 것을 느꼈다. 과거로부터 비롯된 부정적인 감정에서 마침내 벗어난 것이다. 그날 안톤은 맹세했다. 더 이상 불평도 남 탓도 하지 않겠다고 말이다. 시간을 낭비하지 않고 열심히 살겠다고 결심했다.

____ 무지 때문에 저지른 부모의 죄를 용서하라

어린 시절 부모로부터 받은 무시, 차별, 방치, 폭력, 학대를 용서하기란 결코 쉬운 일이 아니다. 평생 트라우마를 안고 살아가는 사람이 많다. 용서를 위해서는 신의 도움이 필요할지도 모른다. 그런데 안톤 체호프처럼 관점을 달리해서 부모를 이해하게 되면 상처받은 마음이 조금은 너그러워질 수도 있지 않을까?

부모가 의도적으로 악한 마음을 먹고 자식에게 상처를 주었을까? 아마도 무지해서 그랬을 가능성이 높다. 우리 아버지, 할아버지 시대는 정말로 먹고살기 힘든 시절이었다. 교육을 받을 기회가 없었다. 먹고사는 생존 문제에 매달리다 보니 본의 아니게 자식에게 상처를 주었을 수도 있다. 자식에게 상처 주는 줄도 모르고 상처를 주었을 것이다. 그들이 살아온 시대 상황은 지금과 달리 척박하고 거칠었다. 또 그들도 어쩌면 그들의 부모로부터 사랑받지 못했고 더 큰 상처를 입어서 그랬을 수도 있다. 그렇다면 우리에게 상처를 준 부모도 자신의 어린 시절에 입은 상처 안에 갇혀 고통받으며 사는 희생자다. 그들 역시도 우리처럼 연약한 존재이고 무거운 짐을 지고 있는 가여운 존재라고 생각하면 우리는 부모에게 조금 더 너그러워질 수 있다.

상처를 준 부모를 용서하기란 누구에게나 어려운 일이고 어떤 경우는 정말 용서하기 어려울 때도 있다. 그러니 용서하지 못했다고 해서 죄책감을 가질 필요도 없다. 정말 이해할 수 없는 부모도 분명히 존재한다. 하지만 용서를 통해서만 우리는 과거의 감정 속박에서 벗어나 진정한 자유를 되찾을 수 있다. 그러니 자신을 위해서 용서하려고 노력하라.

정서적으로 안정되어야
돈도 잘 벌린다

정서적으로 안정되지 않으면 부자가 되기 힘들다. 돈을 버는 것과 정서적 안정이 무슨 상관이 있나 싶겠지만 오랜 시간 많은 사람을 관찰하고 이야기를 나눈 결과, 이 2가지는 매우 중요한 상관관계가 있다.

____ 인간은 항상 내 편의 위로가 필요한 존재다

남편과 사별해서 싱글로 오랜 세월을 보낸 C의 솔직한 이야기를 들을 기회가 있었다. C는 혼자서 오랜 기간을 사는 동안 몇 명의 남자를 만나서 사귀고 헤어졌다. 지금도 새로운 애인과 좋은 관계다. C의 친구들이 그 남자의 어떤 점이 좋아서 만나냐고 물었다고 한다. C는 남자 친구에게 내세울 만한 장점이 없어서 '건강하다'라고 대답한다고 했다. C도 처음에는 지금 남자 친구 같은 남자를 원했던 것은 아니라고 말했다.

C도 다른 여자들처럼 괜찮은 남자를 찾았다. 술 담배를 안 하고, 안정적인 직업과 적당한 재산을 가진 싱글을 찾았다고 한다. 그런데 그동안 만난 돌싱들은 대부분 성격에 문제가 있거나 직업이 없거나 하자가 있었다. 자기가 원하는 그런 남자를 찾기란 현실적으로 어렵다는 걸 깨달았다. 그래서 혼자서 있어 보기도 했는데 혼자서 지내는 것은 너무 힘들었다. 마음이 안정되지 못하니 일도 안 되고 돈도 안 벌렸다. 그래서 스스로 내린 결론은 '돈은 내가 벌면 되지, 남자가 꼭 돈이 있어야 하는 건 아니야. 난 애인이 있어야 마음이 안정되고 일도 손에 잡혀서 좋아'였다. 그래서 지금의 남자를 애인으로 삼았다고 말했다.

D는 직장에서 외톨이다. 일할 때는 물론이고 회식할 때도 분위기에 동화되지 못하고 따로 논다. 항상 홀로 동떨어져 있는 느낌이다. D는 동료와 함께 있는 게 너무 힘들고 서글프다. D는 남편에게 직장 생활이 힘들다는 이야기를 어렵게 꺼냈으나 남편으로부터 정신력을 키우라는 조언만 들었다. 또 따돌림을 당하는 데는 이유가 있으니 당신의 행동 중 고쳐야 할 점이 없는지 돌아보라는 차가운 충고를 들었다. 그러나 이런 조언은 도움이 되지 못한다. 사람은 누구나 정말 외롭고 힘들 때는 곁에서 내 편이 되고 따뜻하게 지지해줄 사람이 필요하다. 누군가에게 위로받아야 용기를 낼 수

있다. 그래야 업무에도 집중할 수 있고 계획을 세우고 열심히 일할 수 있게 된다.

_____ 보호와 돌봄에 대한 허기를 채워야 돈을 벌 수 있다

정서적으로 안정이 안 되면 돈을 버는 일에 집중하기 힘들다. 돈 버는 것도 따지고 보면 정서적 만족을 위해서다. 도스토옙스키의 소설 『가난한 사람들』은 가난한 연인의 비극적 사랑을 다룬 작품으로 이런 심리가 잘 드러나 있다.

대도시의 초라한 뒷골목에 사는 중년의 하급 관리 마카르 제부시킨은 가난하고 많이 배우지도 못했다. 그는 언제나 주눅 들어 있고 자신감이 없고 열등감을 느끼고 위축되어 남의 눈치를 지나치게 살피며 산다. 그런데 바르바라 알렉세예브나를 알고 나서 인생이 달라진다. 그녀는 자신을 인간으로 존중하고 인정해준 유일한 사람이었던 것이다. 그래서 마카르는 없는 살림에 무리하게 선물하고 나중에는 빚까지 얻어서 선물 공세를 펼쳐 파산에 몰리기도 한다. 평범한 보통 사람들은 마카르의 어처구니없는 행동을 이해하기 힘들지만 인간이란 원래 그런 존재인 것이다. 인간은 누구나 인정받고 사랑받고 싶은 욕구를 가지고 있다.

마카르는 말한다. 모두가 자신을 무시하고 하찮고 비루한 존재라고 말했지만 그녀만은 자신을 인정하고 인간답게 대우해 주었다고 말이다. 이제야 자신도 제대로 된 괜찮은 인간임을 느꼈고 행복하다고 말이다. 그래서 그깟 선물이 무슨 대수냐고….

요즘 가난한 청년이 혼자 살면서 반려동물을 키우는 경우가 많다고 한다. 사실 돈을 아끼려면 반려동물을 키우면 안 된다. 반려동물과 함께 사는 데는 제법 많은 돈과 정성이 필요하기 때문이다. 그런데도 그들이 반려동물을 키우는 이유는 무엇일까? 정서적 욕구 때문이다. 지친 하루를 마치고 집에 돌아오면 반려동물이 애정 어린 몸짓으로 반겨준다. 반려동물은 오직 주인만 바라보고 주인만 따른다. 그런 생명을 돌보면서 자신에 대한 위로를 얻고 외로움에서 벗어난다.

사람은 배가 고프면 일을 할 수 없다. 정서적 결핍도 배고픔과 다르지 않다. 정서적으로 충족되지 않으면 돈 버는 일에 집중할 수 없다. 학생의 경우는 정서적으로 충족되지 않으면 공부에 집중할 수 없다. 인간은 원래 그렇게 만들어진 존재다. 정서적으로 안정되어야 올바른 선택을 할 수 있다. 사람은 누구나 사랑받고 존중받고 배려받고 지지받아야 정서적으로 안정된다. 그래야 돈을 버는 일에도 집중할 수 있다.

힘들고 지칠 때 또 두려움을 느낄 때 따뜻하게 위로하고 내 편이 되어줄 가족이 있어야 한다. 아내와 자식으로부터 존경받고 사랑받는 남편은 어려움이 닥칠 때도 이를 극복하고 돈 버는 일에 집중할 수 있다. 돈 욕심에 모든 걸 내팽개치고 있다면 잘못된 길로 접어든 것이다. 돈을 벌고 싶다면 정서적 안정을 먼저 챙겨야 한다.

임계점을 넘어서면
부를 키우는 일이 쉽다

매사 두렵고 후회로 가득해 잠이 오질 않는다는 분에게 이메일을 받았다. 다른 사람이 보면 아주 없이 사는 것도 아닌데 과연 행복해질 수 있을지, 어떻게 살아야 할지 모르겠다고 고민하고 있었다.

안녕하세요, 우석 님. 저는 작년 연말에 결혼한 33세 직장인입니다. 작년에 작은 신혼집을 사서 잘살고 있고 회사도 잘 다니고 있습니다. 그리고 부업도 하고 있습니다. 겉으로 보면 나름 잘살고 있어 보입니다. 하지만 요새 잠을 이루기가 힘듭니다. 앞으로 펼쳐질 저의 앞날이 깜깜하기만 합니다. 이 힘든 세상에 꾸역꾸역 살아남고자 애쓰고 있지만 그다음이 보이지를 않네요.
이 돈으로 무엇을 할 수 있을까, 30평대로 이사는 갈 수 있을까, 상급지로 옮길 순 있을까, 왜 저 동네에 안 사고 이 동네에 샀을까

등등 모든 것이 두렵고 후회스럽기 그지없습니다. 왜 나는 2, 3년 늦게 태어났을까, 지금 30대 중·후반은 참 좋은 시기에 태어났구나 등등 별의별 생각이 다 듭니다.

행복은 상대적인 건가 봅니다. 누가 보면 배부른 소리라 할 수 있는 상황인데도 저는 그리 행복하지 않네요. 오히려 자책감 때문에 힘이 듭니다. 어떻게 생각하고 살아가야 할까요? 과연 우리 세대에게 빛이 들까요? 저는 행복해질 수 있을까요?

이 사연을 읽고 나니 나의 젊은 시절이 떠올랐다. 내가 젊은 시절에 느꼈던 심정이랑 어딘가 참 많이 닮았다는 생각이 든다.

시간의 힘을 믿고 묵묵히 가라

지금 청년들은 기성세대가 처음부터 다 가진 세대라서 참 좋겠다, 그때는 무슨 고민이 있었을까 하고 생각할 수도 있다. 그런데 내 이야기를 들으면 기성세대도 지금의 청년들과 비슷한 고민을 했다는 것을 알게 될 것이다.

내가 취업을 한 게 1988년이었다. 1985년에서 1988년까지는 단군 이래 최대 호황기였다. 주가도 폭등하고 집값도 폭등했다. 1980년대 후반의 집값 상승은 역대급이었다. 그때는 정말 광풍 그 자체였다. 자고 나면 폭등, 자고 나면 또 폭등이었다. 당시 나는 가진 게 아무것도 없었다. 내가 할 수 있는 건 매일매일 좌절하는 것뿐이었다. 당시에 난 보증금 500만 원에 월세 20만 원짜리 신혼집에서 살았다. 그런데 나보다 불과 2, 3년 먼저 사회에 진출한 직장 선배들을 가만히 보니까 우리사주와 주택조합 등으로 이미 많은 부를 축적했다. 정말 불과 2, 3년 차이로 엄청난 재산 차이가 벌어졌다. 그 격차를 도저히 따라잡을 수 없을 것처럼 느꼈다. 그리고 당시 임원들은 30대 후반에 임원 자리에 올라 계속 임원을 했다.

당시에 같은 업종에서 일하는 친구랑 명동에서 점심을 먹곤 했는데 이 친구는 서울대 경영학과를 졸업했다. 학벌로는 처질 게 없다. 그런데 이 친구가 내게 이렇게 말했다. "우석아, 우리는 신라 육두품이다. 실력이 있으면 뭐하노? 기성세대가 실력도 없으면서 성골, 진골 다 해 먹고 자리 다 차지하고 계속 해 먹는다. 우리는 개털 세대다."

당시에도 50대 이상의 기성세대가 모든 부와 지위를 다 차지하고 있었다. 당시에 내가 신문에서 읽은 기사 한 편이 아직도 또렷이 기억난다. 한국을 성별, 지역별, 학력별, 종교, 정치 성향 기준으로도 나눌 수 있지만 가장 강력하게 구분 짓는 하나의 기준은 바로 세대별이라는 기사였다. 기성세대와 젊은 세대 간에 메울 수 없는 격차와 단층이 있다는 내용이었다. 당시 너무나 공감했던 기사라서 몇 십 년이 지난 지금도 그 기사가 기억난다. 그런데 더 놀라운 것은 지금도 비슷하다는 것이다.

당시에 한 어른이 내게 이렇게 말했다. "너무 걱정 마라. 때가 되면 다 집을 장만할 수 있게 된다." 나는 정말 그럴 수 있을까 의심했다. 그런데 정말로 살아 보니까 나뿐만이 아니고 내 친구들도 모두 집을 장만하였다. 그리고 더 놀랍게도 개털 세대인 우리가 지금은 모든 걸 다 가진 기성세대가 되었다는 것이다. 젊은 시절의 나는 이런 시절이 올 것이라고는 정말 상상도 하지 못했다. 개털 세대였고 육두품 세대라고 자조했던 우리 세대가 모든 걸 다 차지한 세대가 될 줄은 정말 꿈에도 몰랐다. 정말 신기하고 놀라운 경험이다.

내가 젊은 시절에 싱가포르에는 55클럽이라는 금융상품이 있었다. 그 은행에서 조사해보니 55세 이상이 돈을 다 가졌다는 것이다. 그런데 싱가포르뿐만 아니라 미국도 그랬고, 전 세계가 다 그랬다. 그래서 55세 이상을 대상으로 한 금융상품이 등장했다. 그런데 30년이 지난 지금도 55세 이상이 대부분의 부를 다 차지했다. 그러고 보면 장강의 물결이 뒷물결에 밀려가듯이 결국 세대교체와 부의 교체도 그렇게 진행되는 것 같다.

모든 일은 처음이 제일 힘들다

나이가 들면 정신과 체력이 약화된다. 부를 유지하기가 쉽지 않다. 젊은 시절에 그렇게 똑똑하고 완벽했던 한 동창이 어제는 버스를 잘못 탔다고 신세 한탄을 했다. 머리카락이 빠지고 여기저기 아픈 곳이 생긴다고 나이 드는 것을 한탄하는 이야기를 들으니 남의 일 같지 않아 마음이 짠하다.

젊은 시절 나는 조그만 서랍장 안쪽에 나의 재산 대차대조표를 붙여 놓았다. 서랍장을 열면 볼 수 있었다. 그 시절을 되돌아보면 3억 원까지 모으는 게 정말 힘들었던 것 같다. 비행기는 이륙을 할 때 많은 연료를 소비한다. 일단 이륙하기까지가 너무나 힘들고 오래 걸린다. 달나라 가는 우주선도 지구 중력을 벗어나는 데 연료의 90퍼센트를 소비한다고 한다. 그러나 일단 종잣돈이 모이고 경험치가 쌓이면 어느덧 자기도 모르게 재산이 늘어난다. 나도 뒤돌아보면 개털이었던 내가 어떻게 지금 이렇게 많은 재산(물론 제 기준입니다)을 모을 수 있었는지 의아하다.

모든 일은 처음이 가장 힘들다. 물이 100도가 되어야 끓듯이 처음에는 노력해도 변화가 없는 듯 답답하고 힘들다. 그때가 제일 힘든 시기다. 한참을 그렇다. 그래서 잠 못 이루는 밤이 이어지는 것이다. 그러나 어떤 임계점을 넘어서면 부를 키우기가 쉽다. 내가 젊은 시절에 들은 이야기를 똑같이 전한다.

"너무 걱정 마라. 때가 되면 집도 장만하고 잘살 수 있게 된다."

30대에게 하고 싶은
5가지 이야기

친구들 대부분은 현역에서 은퇴했다. 지금의 모습을 보면 그들이 30대를 어떻게 보냈는지가 보인다. 인생의 승패는 대개 30대를 어떻게 보냈느냐에 달려 있기 때문이다. 30대는 열정이 살아 있을 때고 머리가 팽팽 돌 때다. 당연히 돈 벌기도 쉽다. 나도 30대에 돈을 벌어 42세에 은퇴했다. 인생에서 가장 중요한 30대를 어떻게 살아야 할 지에 대해서 매우 개인적이고 주관적인 생각을 5가지만 말한다.

전략적으로 살아라

강점(strength), 약점(weakness), 기회(opportunity), 위협(threat) 요인

을 파악해야 한다. 먼저 자신의 강점과 약점이 무엇인지를 파악한다. 다음에는 자신에게 어떤 기회가 있을지를 상상하고 어떤 위협이 있을지도 예상하라.

예를 들어 내가 분석한 내 약점은 이런 것이다. 내성적이고 부끄럼을 많이 타는 편이라서 사교에 어려움이 있다. 술도 좋아하지 않아 친교에 어려움이 있다. 남에게 싫은 소리도 하기 싫고 남에게 부탁하는 것도 힘들다. 나는 늘 영업에 자신이 없고 스트레스를 많이 받았다. 그렇지만 직장에서 영업 성과는 언제나 상위권이었다. 그러니 남모르는 심적 고통이 얼마나 많았겠는가? 직장을 그만둔 지 몇 십 년이 흘렀지만 지금도 종종 직장에서 실적에 쫓기는 악몽을 꾼다. 내게 영업은 계속할 수 있는 일이 아니며 영혼을 갉아먹는 일이라고 느꼈다. 그래서 나는 내가 고객을 찾는 게 아니고 고객이 나를 찾아오게 만들어야 한다고 생각했다. 그렇게 만들려고 노력했고 종국에는 어느 정도 그렇게 되었다.

내가 분석한 내 강점은 창의성에 있다. 남들이 미처 생각하지 못한 새로운 것을 생각해내는 능력이다. 그런 능력을 발휘해서 국가 경제에 이바지하고 인정받고 상을 받기도 했다. 나는 항상 힘든 일을 쉽게 하는 다른 방법을 찾는 것을 좋아한다.

나는 업무 일지에 SWOT 분석표를 그려 놓고 나를 파악하려고 노력했다. 오랫동안 생각해야 자신을 잘 알 수 있다. 나는 투자가 적성에 잘 맞을 것 같다는 결론을 내렸다. 남에게 아쉬운 소리를 할 필요가 없고 만나기 싫은 사람을 만날 필요도 없다. 타인의 동의를 간청할 필요도 없고 그냥 나 혼자 생각하고 판단하고 내가 책임지면 그걸로 끝이다. 나를 내가 책임지는 것은 잘한다. 그래서 투자자의 길을 선택했다.

선택과 집중이 필요하다

나는 투자 일 외에 잘하는 것이 별로 없다. 요리는 말할 것도 없고 설거지 같은 주방 일이나 청소, 빨래도 할 줄 모르고 조명을 고치거나 욕실의 사소한 설비도 손볼 줄 모른다. 친구들과 어디 놀러가면 숟가락으로 맥주병을 뻥뻥 따는 게 신기하기만 하다. 버스나 지하철 노선도 잘 몰라 혼자 밖에 나가면 좀 어리벙벙하다. 어떻게 보면 일상생활 무능력자처럼 보이기도 한다. 하지만 나는 굳이 그런 일에 신경 쓰지 않는다.

나는 생각하고 판단하고 결정하는 일을 잘하려고 노력한다. 추상적인 것과 상징적인 것을 해석하고 판단하는 데 집중한다. 나는 세상이 어떻게 돌아가는지 알고 싶어서 집중했다. 마치 워런 버핏이 마당의 잔디를 깎지 않듯이 나는 시간이 남아돌아도 일상의 잡다한 일에는 신경 쓰지 않는다.

얼마 전에 아이가 내게 "코딩을 배우는 게 나을까요?" 하고 물었다. 나는 딱 잘라서 하지 말라고 했다. 그건 잘하는 사람 시키면 되니까 말이다. 아이는 외국에 사는데 최근 집을 사게 되어 대출이 필요하다고 했다. 그러면서 대출을 스스로 알아볼 수도 있고 그 일을 유료로 대행해 주는 사람도 있다고 했다. 나는 유료로 대출을 알선해주는 사람을 고용하는 편이 낫다고 조언했다. 시간과 에너지를 아껴 자기 일에 집중하는 게 훨씬 경제적이니 말이다.

사람에게는 하루 24시간, 정해진 양의 시간과 열정이 있다. 모든 것에 시간과 열정을 쏟아부을 수는 없다. 인생에서 성공하려면 선택과 집중이 필요하다. 사실 일상의 자잘한 일을 제대로 해보겠다고 마음먹으면 잘할 자신은 있다. 그러나 나는 결코 그렇게 하지 않는다. 선택과 집중이 성공 전략이라고 생각하기 때문이다. 나는 아내에게 나의 게으름은 전략적 선택이라고 말하곤 한다. 아내는 변명에 불과하다고 여길지도 모른다. 가끔은 내 뒤치다꺼리하기 힘들다고 불평할 때가 있다. 나도 인정할 수밖에 없는 말이다. 그러면 난 애덤 스미스가 말한 분업의 이익으로 설득하려고 한다. 그런데 나이가 들어서인지 요즘은 내가 아침과 커피를 준비해서 아내에게 갖다 바치는 때가 많다.

___ **성실하게 살아야 한다**

우직하게, 성실하게 사는 게 좋다. 남을 속이고 이용하려고 하지 말라. 한두 번은 속을지 몰라도 계속 속는 바보는 없다. 그냥 성실하고 착하게 사는 게 성공으로 가는 정도다.

나는 항상 아이에게 이렇게 말한다. "잔머리는 큰 머리 못한다." 사회생활을 하다 보면 그때그때 순간을 모면하려고 잔머리만 엄청 굴리는 얍삽한 사람들이 있다. 그러나 그런 잔머리는 결국 성실한 큰 머리에게 진다. 사람들은 바보가 아니기 때문이다. 얕은수는 결국 다 드러나게 되어 있다. 그래서 난 아이에게 성실하게, 착하게 살라고 조언한다. 그것이 자신에게 가장 좋다고 말이다. 윗자리로 올라갈수록 시야가 넓어져서 조직 구성원들이 한눈에 다 들어온다. 그러니 가식적으로 무슨 짓을 해도 결국은 누가 어떤 사람인지 다 알게 된다. 그러니 성실하게, 착하게 사는 게 답이다. 바로 자기 자신을 위해서 말이다.

케이크와 치킨 대신에 책을 사서 읽어라

지금 내가 가지고 있는 생각과 가치관은 대부분 30대에 읽은 책에서 비롯되었다. 그 뒤로도 책은 계속 읽었지만 30대에 중요한 책을 많이 읽었던 것 같다. 노벨 경제학상을 탄 거인들이 불평등을 없애는 방법으로 모두 동의하고 권하는 방법은 바로 교육이다. 교육만이 불평등을 개선할 수 있다. 이것은 불변의 진리다.

독서란 무엇인가? 스스로를 교육하는 것이다. 가난을 탓하기 전에 자신의 머리가 빈 것은 아닌가를 먼저 의심해야 한다. 인터넷 서점 예스24의 경우, 상위 7퍼센트 고객이 매출의 52퍼센트를 차지한다고 한다.

독서량의 편중은 부의 편중과 비슷하다. 책을 안 읽는다는 것은 교육을 받지 않겠다는 뜻이다. 그럼 변할 수 없고 발전할 수 없다. 독서를 많이 했다고 반드시 성공하는 것은 아니지만 성공한 사람들 대부분은 독서량이 많다는 것을 상기해보라. 30대는 머리가 팽팽 돌아가서 책 읽기 좋을 때다. 나이가 들면 시력도 떨어지고 지구력도 떨어져 책 읽기도 점점 어려워진다.

___ 자기 분야의 최고가 되려고 노력하라

당신이 자동차 회사에 다니면서 어떤 부품을 다룬다면 그 부품에 관한 한 시장에서 가장 많이 아는 최고 전문가가 되어야 한다. 당신이 무슨 일을 하든 그 분야에서 최고가 되어야 한다. 당신에게 월급을 주는 사람은 사장이 아니라 시장이다. 당신이 회사에서 잘리는 것은 사장이 자른 게 아니고 시장에서 필요 없기에 잘린 것이다. 당신이 시장에서 경쟁력 있고 필요한 사람이면 서로 데려가려고 한다. 언제나 시장에서 필요한 사람이 되려고 노력하라.

많은 사람들이 성공으로 가는 길을 트기 위해 인맥을 쌓으려고 노력한다. 그런데 인맥을 쌓는 가장 좋은 방법은 한 분야의 전문가가 되는 것이다. 사람들이 알아서 찾아온다. 자신은 아무것도 성취한 게 없고 전문성도 없는데 인맥만 넓히고 유지하려고 하면 힘이

든다. 일을 열심히 해야 하는 이유는 회사를 위해서가 아니라 자신의 분야에서 전문가가 되기 위해서다. 그 점을 항상 기억해야 한다.

30대는 인생의 승패를 결정하는 중요한 시기다. 30대는 농부가 씨를 뿌리는 인생의 봄철과 같다. 봄에 씨를 뿌리지 않은 농부가 어떻게 가을에 수확을 기대할 수 있겠는가? 30대에 뿌린 씨앗이 40대, 50대에 개화되고 열매를 맺는 것이다.

머리가 팽팽 돌아가고 열정이 가득한 30대를 화려한 소비로 소진하면 노년에 수확할 것이 없다. 맛집 탐방도 좋고 해외여행도 좋고 명품도 다 좋다. 하지만 진짜 부자가 되기보다 부자 흉내 내기에 빠져 시간을 흘려보내는 어리석음은 범하지 말아야 한다. 30대의 열정이 언제까지 있을 거라 착각하지 말라! 열정은 봄날 눈 녹듯이 사라진다.

왜 40대는 자신과 부모의
기대에 못 미치는 삶을 살까?

40대이고 95학번인 E는 썩은 정치에 분노했다. 그는 대학 졸업 후 자동차 부품 회사에 다닌다. 그는 열심히 일했지만 오르지 않는 박봉과 계속되는 팍팍한 삶에 지치고 화가 났다. 그는 정치가 잘못되어서 자신의 삶이 힘들다고 생각했다. 그러나 서민을 위한 노무현 대통령이 당선되어도 E의 삶은 달라지지 않았다. 그래서 다음에는 경제를 잘 아는 성공한 기업가 출신 이명박 대통령을 뽑았다. 경제를 잘 아는 대통령이 경제를 살리고 일자리를 많이 만들어서 자신을 부유하게 만들어줄 것이라고 기대했다. 그러나 E의 삶은 여전히 힘들었다. 이후에도 그는 선거 때마다 자신을 잘살게 해줄 것 같은 대통령 후보에게 한 표를 행사했다. 그러던 와중에 박근혜 대통령의 국정 농단 사건이 터졌다. 그는 화가 나서 광화문으로 달려가 촛불을 들었다. 그리고 촛불정권이 들어섰다.

촛불정권은 기득권 세력의 반칙과 특권을 없앨 것이라고 공약했다. 촛불정권은 과정은 공정하고 결과는 정의로울 것이라고 약속했다. 촛불정권은 사회적 약자와 노동자를 위한 정치를 하겠다고 공약했다. E는 기대와 꿈에 부풀었다. 기득권 세력의 낡고 썩은 정치를 갈아엎는다면 자신도 지금보다 더 잘살게 될 것이라고 굳게 믿었기 때문이다. 그러나 그의 삶은 별로 달라진 게 없다. 오히려 치솟는 집값과 주식가격을 바라보면 자신만 벼락 거지가 된 느낌을 지울 수 없다. 무엇인가 잘못된 것 같다. 자신이 원하고 기대했던 세상과 달리 현실은 전혀 다르게 펼쳐졌다. 그러나 그는 여전히 자신의 삶이 개선되지 못하는 문제의 근원은 잘못된 국내 정치 때문이라고 믿는다.

___ **결과가 반드시 노력과 재능에 비례하는 것은 아니다**

E는 왜 자신의 기대보다 못한 삶을 살고 있을까? 내 생각을 짧게 말하자면 이게 다 리카르도 때문이다. 이게 다 200년 전 경제학자 리카르도 때문이라고? 그렇다. 내 말이 좀 해괴하고 황당하게 들릴 수 있지만 차분하게 살펴보자.

나는 엄청 운이 좋은 세대다. 소위 말하는 386 꼰대 세대다. 내가 대학을 졸업할 때는 취직이 너무나 쉬웠다. 나는 연봉을 많이 준다는 대기업만 골라서 지원했는데 다섯 군데에 합격했다. 나뿐만이 아니고 그때는 대학생 모두가 취업이 쉬웠다. 왜 386세대는 취직이 잘되었을까? 실력이 좋아서? 아니다! 노력을 많이 해서? 절대로 아니다! 그냥 운이 좋아서다. 인생은 '운칠기삼'이다. 노력과 재능보다 운이 더 중요하다. 그래서 줄을 잘 서야 한다. 우리 세대는 글로벌 여건상 취업이 쉬울 수밖에 없었던, 취업 운을 타고난 세대였다. 1980년대까지만 해도 중국과 베트남, 인도 노동자들이 자유시장경제에 편입되지 않았기 때문이다.

리카르도의 세계화가 진행된 과정을 간략히 살펴보자. 제2차 세계대전이 끝나고 세계는 이데올로기에 따라서 미국과 소련으로 양극화되었다. 냉전 시대가 펼쳐졌다. 미국은 자유서방세계를 공동체로 묶어서 소련에 대항했다. 미국은 해군의 압도적인 군사력으로 원유와 무역 수송로를 지키고 자유서방세계의 교역을 활성화시키려고 했다. 자유서방세계 블록 내의 무역과 경제를 활성화시키기 위해서 '관세 및 무역에 관한 일반 협정(GATT)'을 23개국이 체결하도록 했다. 우리나라도 여기에 가입했다. 자유서방세계 블록 내에서 우리나라 노동자는 경쟁력이 있었다. 꼰대 세대가 실력이 있어서가 아니라 경쟁자에 비해 임금이 저렴했기 때문이다. 그래서 386세대는 취업이 쉬웠다.

내가 대학 다닐 때 선배들은 더 날탕이었다. 선배들은 우리를 보면 불쌍하다고 말했다. 자신들은 수업도 잔디밭에서 놀 듯이 하고 철철이 놀러 다니느라 바빴는데 너희들은 무슨 공부를 그리 많이 하냐며 웃곤 했다. 요즘 대학생들 기준으로 보면 우리도 완전

날탕이겠지만 선배들 눈에는 우리가 불쌍해 보였던 것이다. 세상은 원래 불공평하다. 성과와 결과는 반드시 노력과 재능에 비례하지 않는다. 그게 인생이고 세상이다.

그럼 E의 세대는 취업이 왜 그렇게 힘들었나? 2가지 이유가 있다. 하나는 글로벌 환경 변화고 또 하나는 국내 환경 변화다.

글로벌 환경 변화부터 먼저 살펴보자. 등소평이 개혁 개방을 외치면서 중국이 자유시장경제로 편입되었고 1991년 소련이 붕괴하면서 공산국가 또한 자유시장경제에 많이 편입되었다. 우리는 체코, 폴란드 노동자와도 경쟁해야 하는 상황이 되었다. 인도도 30년간 이어 온 네루의 사회주의 경제정책을 버리고 자유시장경제로 뛰어들었다. 베트남도 도이머이 개혁 개방 정책으로 자유시장경제로 들어왔다. 졸지에 자유시장경제에 값싼 노동자들이 넘쳐났고 임금 덤핑이 시작되었다. 95학번 E는 꼰대 세대와 달라진 글로벌 환경에 놓인 것이다. 특히나 2002년 중국이 WTO에 가입하여 중국산 제품이 본격적으로 자유시장경제에 쏟아지기 시작하자 한국의 경제성장률은 뚝 떨어지기 시작했고 이후로 계속 세계 경제성장률의 평균을 하회했다. 그래서 취업이 힘들고 임금 인상이 어려워졌다.

E의 세대가 취업이 어렵게 된 국내 환경 변화는 무엇일까? 대학 진학률 변화에 가장 큰 원인이 있다. 우리나라는 1990년 전까지만 해도 대학 진학률이 30퍼센트가 안 되었다. 꼰대 세대에서는 고졸 10명 중에 대학을 간 사람이 3명도 채 안 되었다. 즉 당시에는 대학 졸업생이 귀했다. 그래서 졸업식이 끝나기 전에 기업에서 학교로 찾아와 취업 설명회를 열고 서로 모셔 가려고 했다. 그러나 노태우, 김영삼 대통령 시절부터 대학 진학률이 급증했다. 대학이 우후죽순으로 신설되었다. 그 결과 지금은 대학 진학률이 약 80퍼센트 수준에 이른다. 꼰대 세대에 비해서 대학 진학률이 2배가 넘는다. 예전 같으면 고졸이었을 사람도 대학 졸업장을 가지게 된 것이다. 모든 건 수요 공급에 따른다. 흔해진 대학 졸업장은 예전만큼 가치가 없다.

정치 탓 그만두고 글로벌 경쟁력을 키워라

대졸자가 많아지는 현상을 우려한 경제학자가 있다. 바로 슘페터다. 대졸자가 취업하지 못하거나 자신의 기대보다 낮은 직업을 가지게 되면 좌파가 되기 쉽다고 그는 경고했다. 원래 인간 본성이 자기 탓보다 남 탓을 하기 마련이다. 특별히 나쁜 사람이어서가 아니라 누구라도 그렇다. 실제로 우리나라 진보 지지자들은 30대와 40대에 가장 많다고 하니 슘페터의 경고를 떠올릴 수밖에 없다.

그러나 이런 세계화 흐름은 누구도 막을 수 없다. 세계화 흐름은 리카르도의 비교우위론에 입각하여 품질 좋고 값싼 물건을 사고자 하는 사람들의 이기심으로 작동하기 때문이다.

우리는 우리가 당면한 모든 문제의 탓을 정치에서 찾으려는 경향이 있다. 물론 대통령, 정치인, 장관이 잘못하는 게 없다고 말하려는 게 아니다. 내가 말하고 싶은 포인트는 오늘날 대통령과 장관이 당신의 삶과 경제에 미칠 수 있는 영향력의 범위는 과거와 달리 상당히 축소되고 제한되어 있다는 것이다. 세계화 현상 때문이다. 1970년대 냉전 시대의 글로벌 환경에서는 각국이 독립적인 경제정책을 펼 수 있었지만 지금은 전혀 그렇지 않다. 이렇게 세상이 변했음에도 불구하고 여전히 1970년대 사고방식에 사로잡혀서 모든 문제의 원인을 국내 정치와 정치인에게서 찾는다면 올바른 해답을 찾을 수 없다. 계속 헛된 바람을 갖고 정치권에 기대한다면 결국에는 실망하고 분노하는 일만 반복할 뿐이다. 우리가 당면한 현상과 문제의 원인을 제대로 정확히 알려면 부분이 아닌 글로벌 관점에서 세상을 바라보아야 한다. 내가 항상 글로벌 경쟁력을 가져야 한다고 말하는 것은 바로 이 때문이다.

결혼을 통해
우리가 얻을 수 있는 것들

일류대 졸업 후 대기업에 다니며 열심히 살고 있는 40대 초반 미혼 여성 F. 아파트와 주식 등 투자도 잘하고 있다. 그런데 맞선을 보러 나가면 기대에 미치지 못하는 상대방 때문에 실망하곤 한다. 결혼 생각은 간절한데 오랫동안 인연을 못 만나다 보니 자신에게 문제가 있는 건 아닌가 하는 생각도 하게 되었다. 답답한 마음을 내게 털어놓고 조언을 구했다. 나는 평소에 한 번도 생각해보지 못한 질문이라 대답을 망설였다. F는 그냥 편하게 동생이라고 생각하고 아무 이야기라도 좀 해달라 해서 용기를 내 내 생각을 전했다.

F는 자기 관리가 철저한 사람이다. 그래서 명문 대학을 졸업하고 대기업에 취업했고 또 사내의 치열한 경쟁 속에서도 자기 자리를 지킬 수 있었다. 일과 커리어, 재테크까지 거의 완벽하게 잘 해내는, 확률적으로 드문 뛰어난 사람이기에 자기와 비슷한 짝을 찾

기가 어려운 것이다. 남들은 눈을 낮추어서 마음에 썩 들지 않는 남자라도 적당히 맞춰 결혼하라고 하지만 내가 행복해지려고 결혼하는 건데 굳이 마음에 들지 않는 남자와 결혼을 해서 무엇하겠는가? 결혼 자체가 목적이 아니고 행복이 목적이라 생각하고 좋은 인연을 지금까지 기다린 것이라는 데 십분 공감하고 또 찬성한다.

이상형과 결혼하게 될 확률

방향을 조금 바꾸어서 생각해보자. F가 찾는 남자를 만날 확률은 어느 정도일까? F는 명문대를 졸업했으니 똑같은 명문대는 아니더라도 '인 서울'을 졸업한 남자, 자기 집 정도는 있어야 하고 직장도 대기업 정도, 외모도 너무 못생기지는 않고 키도 너무 작지 않아야 하고 성격도 아주 나쁘지만 않으면 된다. 그리고 미혼이어야 한다. 자, 확률 계산 들어갑니다!

1. 명문대 졸업 확률은 1.5퍼센트지만 5퍼센트로 가정한다.
2. 대기업에 다닐 대략의 확률은 1/5이다.
3. 외모가 못생기지 않을 확률은 1/2이다.
4. 키가 평균 이상 될 확률은 1/2이다.
5. 성격이 아주 나쁘지 않을 확률은 1/2이다.
6. 40대이면서 미혼인 남자의 확률도 약 8퍼센트 정도다.

1에서 6까지 확률을 계산하면 $5\% \times 1/5 \times 1/2 \times 1/2 \times 1/2 \times 8\% = 0.0001$이다. 즉 1만 명에 한 명 정도 된다는 이야기다. 다른 조건을 더 추가하면 확률은 더욱더 낮아질 것이다. 그러면 더 찾기 힘들어진다. 게다가 낮은 확률을 확 낮출 요인이 아직 하나 더 남았다. F가 찾은 이상형의 남자가 F를 마음에 들어 할 확률이다. 그 남자도 F처럼 이성을 고를 때 여러 가지 기준이나 범주가 있을 테니 말이다.

___ **이상형 뒤에 숨겨진 유전자의 본능**

진화 심리학자들은 대부분의 남자들이 여성을 만날 때 중요한 한 가지 기준을 가지고 있다고 말한다. 바로 여성의 출산력이다. 명랑하고 활기차다, 건강하다, 피부가 좋다, 머리카락이 윤기난다, 얼굴이 동안이다, 얼굴 혈색이 좋다, 허리와 엉덩이 비율이 0.7이다, 치아가 고르다, 얼굴이 좌우대칭이다, 목소리 톤이 소프라노 같다 등 이 모든 것은 여성의 출산력을 나타내는 지표다. 이런 것들은 여성호르몬의 영향을 받아 나타나는 신체적 특징이며 강한 출산력을 암시한다. 그래서 남자들은 이런 여성에게 강하게 끌리는 것이 본능적이다. 세상에 자신의 유전자를 잘 퍼트려줄 수 있을 것 같은 여성을 좋아하는 것이다.

그런데 여성은 나이가 듦에 따라서 출산력이 저하된다. 출산력은 20대에 정점을 찍고 점점 하강하며 대략 50대가 되면 0으로 떨어진다. 쇼펜하우어의 말대로 자연은 낭비를 하지 않기 때문에 출산력과 함께 아름다움도 사라진다. 따라서 여성은 나이가 들수록 사랑받을 가능성이 낮아진다. 이 때문에 여성은 신체의 가장 많은 에너지와 자원을 아름다움을 유지하기 위해서 소비한다. 자연의 법칙이라는 관점에서 보면 여성이 아름다움을 유지하는 것은 가장 사치스러운 행위다. 물론 여성의 출산력과 상관없이 지성과 다정함, 착한 품성과 덕성 같은 가치를 더 사랑하는 남자들도 분명히 존재한다. 그러나 그런 남자들은 진화 과정에서 자신의 후손을 잘 남기지 못했기에 매우 드물다.

나는 가끔 한 차원 위에서 나를 내려다보려 노력한다. 내가 왜 이런 생각을 하지? 내가 왜 이런 감정이 들지? 지금 내 행동은 유전자의 지시는 아닐까? 나는 유전자의 계획과 지시를 따르는 꼭두각시를 뛰어넘어 진정 자유로운 인간이 될 수 없나? 니체가 말하는 유전자의 지시와 본능을 뛰어넘는 초인이 될 수도 있지 않을까?

결혼을 하려는 진짜 이유는 무엇인가?

다시 F의 질문으로 돌아가자. 내가 만약 F의 입장이라면 스스로에게 이렇게 물어볼 것 같다. 내가 결혼을 하려는 진짜 이유는 무엇일까? 내 유전자를 남기려는 본능 때문일까? 여성이 똑똑한 남자를 원하는 것은 아이가 똑똑해서 살아남을 가능성이 높기 때문이고, 재산을 많이 가진 남자를 원하는 것은 아이를 잘 보호하고 양육할 수 있기 때문이다. 그런데 내가 좋아하는 남자의 기준을 따지고 보면 내 행복이 아니라 내 유전자가 살아남는 데 유리한 조건이다. 이런 조건을 따지는 것은 유전자의 생존과 번식을 위한 유전자의 음모 때문이다. 그런데 대다수의 사람들은 별생각 없이 그냥 유전자의 지시에 따라 생각하고 행동한다.

자, 이제 이렇게 자문해 보자. 나는 내 유전자의 영생을 위해서 결혼을 원하는 걸까? 아니면 사랑의 감정과 정서적 안정감을 느끼기 위해서 결혼을 원하는 걸까? 내가 진짜 원하는 것은 무엇일까? 만약에 내가 유전자의 영생을 위해 결혼을 원한다면 나는 보통 여성들의 남자 고르는 기준과 별반 다르지 않은 기준을 고집하게 될 것이다. 그러나 내가 사랑의 감정과 정서적 안정감을 얻기 위해서 결혼을 하려고 한다면 보통 여성들이 남자 고르는 기준을 고집해야 할 이유가 있을까?

F의 질문에 대한 나의 대답은 간단하다. 만약에 당신이 유전자의 영생을 위해서 결혼을 원하는 게 아니라면 유전자의 음모에서 벗어나라. 까다로운 조건에 얽매이지 말고 그냥 곁에 있으면 느낌이 좋고 서로 좋은 감정을 교류할 수 있는 사람을 만나 사랑을 해 보라. 그러다 좋은 감정이 계속되면 결혼하는 것이다.

주식투자 실패로
이혼 위기에 선 사람들

안녕하세요, 우석 님. 저는 결혼 3년 차 여성입니다. 몇 달 전에 남편이 저 몰래 4억 원이라는 빚을 졌다는 청천벽력 같은 사실을 알게 되었습니다. 그날 이후 우리 부부는 지옥 같은 시간을 보내고 있습니다. 빚도 문제지만 가장 큰 문제는 남편이 절 원망하고 있다는 겁니다. 너 때문에 내가 이렇게 망가졌다며 이혼을 요구합니다. 남편은 회사를 잘 다니고 있었는데 언젠가부터 제가 주식 공부를 해야 이 시대에 벼락 거지를 면할 수 있다고 말하곤 했거든요. 남편이 똑똑한 사람이었기에 조금만 주식 공부를 하면 투자에 성공할 수 있을 거라 생각했기 때문입니다. 하지만 결과는 실패로 돌아갔고 남편은 이제 저를 원망합니다. 저는 또 저대로 저를 탓하는 남편이 원망스럽고 비겁하다고 생각합니다. 그러면서도 본인은 얼마나 괴로울까 싶은 마음에 측은하기도 하고 복잡한 심정입니다. 이 고통스러운 시간을 어떻게 보내야 할까요? 우석 님, 저희 부부는 회복이 가능할까요?

___ **배우자의 바보 같은 짓을 들여다보는 방법**

솔직히 주식투자 실패를 투자를 권유한 아내 탓으로 돌리며 이혼을 요구하는 남편을 이해하기는 어렵다. 그러나 남편의 진짜 속마음도 헤아려 볼 필요가 있다. 세상 모든 남편은 아내에게 인정받고 싶어 한다. 세상 모든 가장은 최소한 자기 집에서는, 무엇보다 아내로부터 자랑스러운 남편으로 인정받고 싶어 한다. 설령 자신이 객관적으로 그렇지 않다고 해도 아내에게는 멋진 남편으로 보이고 싶어 한다. 나도 그렇다. 이분의 남편이 주식투자 실패로 빚을 지고 있다는 사실을 솔직하게 털어놓지 못한 것도 이 때문일 수 있다.

남편은 아내를 실망시키는 무능하고 못난 남편으로 비난받을 걱정과 두려움 속에서 떨며 살았을 것이다. 그동안 주가가 회복되어서 악몽이 해결되기를 매일매일 마음 졸이며 지냈을 것이다. 아내에게 자신의 실패와 무능을 자인하는 것이 죽기보다 싫어서 빚진 것을 털어놓지 못했을 것이다. 아마도 그래서 말도 안 되는 억지를 부리는 것 같다. 이 모든 불행이 자신의 잘못이 아닌 아내 탓이라고 말이다. 남편이 바보가 아니라면 본인 잘못이라는 것을 그 누구보다 잘 알고 있다.

그런데 왜 그렇게 행동할까? 무능한 남편이 되기보다는 차라리 억지 부리는 남편이 되는 게 낫다고 생각했을 수 있다. 세상 모든 남편은 아내에게 무능해 보이기를 죽기보다 싫어한다. 정말 그렇다. 게다가 평소에 아내가 투자 성공에 대한 기대와 바람이 크다는 사실을 안다면 더욱더 억지를 부릴 수도 있다. 그런데 내가 살아보니 있다가도 없고 없다가도 생기는 게 돈이다. 그러니 투자 실패로 부부가 인연을 끊는 것은 현명한 결정이 아니다. 남편에게 먼저 이렇게 말해 보면 어떨까? 그의 마음을 있는 그대로 읽고 다독여 주는 것만으로도 마음의 매듭이 스르르 풀리지 않을까?

"내가 주식투자를 하라고 권유해서 미안해. 그렇지만 당신을 힘들게 하려고 한 것은 아니었어. 우리 부부가 함께 잘살기를 원해서 그랬던 거야. 당신이 주식투자로 스트레스 받았다면 미안해. 그런데 처음부터 잘하는 사람은 없다고 생각해. 누구나 넘어질 수 있어. 그동안 빚이 있다는 사실을 털어놓지 못하고 끙끙대고 고민했을 당신에게 미안해. 그동안 마음 한 켠에 납덩어리를 달고 힘들게 살았을 것을 생각하니 내가 미안해. 빚이 있어도 난 괜찮아. 우린 젊고 다시 시작할 수 있어. 어쩌면 이번의 실패가 큰 도약이 될 수 있어. 난 당신이 건강하고 내 곁에 있어주기만 바라. 다음번에는 잘할 수 있을 거야. 이번 어려움도 잘 극복할 수 있을 거야. 돈 걱정 너무 하지 마."

언제나 배움이 먼저고 성공은 뒤에 온다

내 경험에 비추어 보면 사회 초년생이나 신혼일 때 빚을 지면 크게 좌절한다. 하지만 살다 보면 훨씬 더 많은 부를 얻게 된다. 젊은 시절 나는 개털이었다. 전세 보증금 500만 원에 월세 20만 원으로 시작했다. 도대체 나는 언제 집을 살 수 있을까, 살 수나 있을까 하고 걱정한 날이 많았다. 그러면서 알뜰살뜰 모은 돈을 주식에 투자해 7,000만 원을 날렸다. 억장이 무너지고 심장이 벌렁거려 밤에 잠이 안 왔다. 그러나 지금은 얼마 전 KT 통신 장애로 하루에 1억 원 손실을 봤는데도 잠은 잘 온다.

이 부부는 지금 사회 초년생이고 가진 게 별로 없어서 4억 원이 크게 느껴지겠지만 인생을 길게 살다 보면 내 말을 이해하게 되는 날이 반드시 올 것이다. 다른 이유 때문이라면 모르겠지만 4억 원 때문이라면 이혼하지 말라. 4억 원 정도는 월급으로 천천히 갚아 나갈 수 있다.

최근에 주식과 부동산 투자 실패로 많은 사람들이 힘들어 하고 자책하는 것을 본다. 당혹감, 후회, 자책, 우울, 분노를 벗어나지 못한다. 그 심정을 왜 내가 모르겠는가? 나도 한 방에 10억 원을 잃고 크게 낙담한 적이 있다. 비싸게 산 집을 돈이 없어 헐값에 손해 보고 처분한 적도 있다. 그때마다 아내는 나에게 이렇게 말했다. "돈이야 또 벌면 되고 건강만 안 잃으면 되지, 뭐!" 그 말이 정말 위로가 되고 위안이 되었다. 그 말에 자책하지 않고 다시 용기를 낼 수 있었다.

남편이 실패했다면 남편에게 용기를 불어넣어 주어야 할 때다. 예기치 않은 큰 투자 실패로 어쩔 줄 몰라 당황하고 자책하고 또 무능한 가장으로 낙인찍힐까 두려움에 떨 남편을 사랑으로 감싸 주어야 할 때다. 그러면 문제를 해결하고 앞으로 나아갈 길이 나타난다.

이번 실패로 교훈을 얻었다면 다 잃은 게 아니다. 중요한 것은 실패에서 배움과 교훈을 얻는 것이다. 당신이 이번에 주식과 부동산 가격이 어떻게 움직이는지 배웠다면 다음번에는 잘할 수 있다. 언제나 배움이 먼저고 성공은 뒤에 온다. 한 번도 실패하지 않고 성공하는 사람은 없다. 직장이 있고 건강하고 사랑하는 사람이 있으니 극복할 수 있다. 두 사람은 장미를 얻으려다 가시에 찔린 것뿐이다. 길 가다 돌부리에 걸려 넘어진 것뿐이다. 툭툭 털고 다시 가던 길 가면 된다.

___ **투자에 실패한 당신을 용서하라**

어떤 사람들은 투자의 중요성을 뒤늦게 깨닫고 예전에 그렇지 못했던 날을 후회하고 자책하기도 한다. 그러나 이렇게 한 번 생각해보자. 당신은 돈은 조금 못 벌었지만 돈보다 더 소중한 것에 관심을 기울이고 잘 살았다. 돈으로 살 수 없는 사랑, 꿈, 추억, 여행을 더 많이 경험하고 가졌다. 즐거운 추억을 많이 가진 사람은 부자다. 추억을 되새기며 살아가는 것이 인간이니까 말이다.

인생은 마라톤과 같다. 인생은 생각보다 길다. 그리고 원래 인간은 완벽하지 않다. 당신은 인간이기에 실수한 것이다. 당신이 인간이기에 좋은 기회를 놓쳤을 수 있다. 누구나 실수와 실패를 통해서 배우고 성장한다. 무조건 잘해야 한다고 생각하고 잘하지 못한 자신을 미워하고 자책해서는 안 된다. 안 그래도 당신은 그동안 숨죽이며 힘들게 살았다. 그러니 자신을 너무 책하지 말라.

나 역시도 지금까지 많은 우여곡절과 부침을 겪었다. 그러니 너무 자책하지 말라. 자신을 위로해도 된다. 당신은 그동안 잘 살았다. 지금도 잘 살고 있다. 당신은 정말 괜찮은 사람이다. 이번에 실수한 당신을 용서하라. 용서란 기회를 주는 것이다. 그래야 편안한 마음으로 도망치지 않고 내일을 더 잘 살아갈 수 있다. 당신은 지금도 충분히 괜찮은 사람이다.

자기 자신을 알면
인생 문제가 술술 풀린다

내게 상담을 원하는 사람들이 종종 연락한다. 상담 내용은 각양각색으로 다양하다. 투자 외에 다음과 같은 질문도 많이 한다.

- 남편이 경제적으로 무능하고 한심해요. 이혼을 해야 할까요?
- 계속 빚을 내는 부모님의 부채를 대신 갚아 드려야 하나요?
- 현재 만나는 남자 친구는 제 마음을 잘 알고 말이 통하지만 조건이 별로예요. 직장과 조건은 좋은데 말은 잘 안 통하는 남자 중에 누구를 선택하는 게 좋을까요?
- 지금 다니는 직장이 정신적으로 너무 힘들고 저랑 안 맞는 것 같아요. 제 사업을 하는 게 좋을까요?

상담 사연을 보내는 사람들은 내가 나이도 좀 있고 인생 경험이 많으니 어쩌면 정답을 알고 있을 것이라고 믿는 듯하다. 만약에 그렇다면 내 대답은 이렇다. "아니, 내가 그걸 어떻게 알아요! 내 앞가림도 벅찬데…." 이게 진실이다.

사람은 모두 다른 가치 체계를 가지고 있다

내게 상담을 청하는 사람이 왜 이렇게 많을까? 나는 이들이 한 가지를 혼동하기 때문이라고 생각한다. 이들은 모든 사람들이 똑같은 가치 체계를 가지고 있을 것이라고 잘못 생각하고 있기에 나에게 이런 상담을 하는 것이다. 세상에는 가치 체계가 하나만 있는 게 아니다. 사람마다 모두 다른 가치 체계를 가지고 있다. 만약에 세상이 한 가지 가치 체계로만 이루어져 있다면 나도 정답을 이야기할 수 있다. 좀 더 쉬운 말로 풀어 설명한다.

어떤 사람은 카푸치노보다 아메리카노를 더 좋아한다. 어떤 사람은 사과보다 배를 더 좋아한다. 즉 사람마다 선호도가 모두 다르다. 그런데 어떤 사람이 내게 와서 이렇게 묻는다. "우석 님, 제가 사과를 먹는 게 좋을까요, 배를 먹는 게 좋을까요?" 그러면 내 대답은 이렇다. "아니, 내가 그걸 어떻게 압니까? 당신이 좋아하는 걸 당신이 선택해야지." 맞는 말 아닌가? 그런데 사람들은 자신이 대답해야 할 질문을 왜 나에게 물어볼까? 그 이유는 자기도 자기 자신을 잘 모르기 때문이다. 하지만 세상에서 자기와 제일 오래 같이 산 사람은 자신이 아닌가? 그렇게 오래 같이 살아온 자신도 모르는 자기를 나에게 물어보면 내가 어떻게 알겠는가?

자신의 가치 체계를 모르는 사람들

사람들은 의외로 자기 자신을 잘 모른다. 자기가 진짜 무엇을 좋아하는지를 모른다. 정확하게 말하자면 자신의 가치 체계를 모른다. 다른 말로 하면 자신의 선호도 체계를 모른다. 자신이 무엇을 무엇보다 더 좋아하는지 모른다. 이는 자기 성찰이 충분하지 못하기 때문이다. 그래서 다른 사람에게 이런 질문을 던진다. 그래도 굳이 내 생각이 궁금하다면 나의 가치 체계에서 나온 대답은 다음과 같다.

▸ **남편이 경제적으로 무능하고 한심해요. 이혼을 해야 할까요?**
나는 도리어 질문자에게 이렇게 물어보고 싶다. 당신은 남편이 없어도 돈만 많으면 행복하게 살 수 있는 사람인가요? 아니면 돈이 아무리 많아도 남편 없이는 행복하지 않은 사람인가요? 당신은 어떤 사람인가요?

▸ **계속 빚을 내는 부모님의 부채를 대신 갚아 드려야 하나요?**
나는 도리어 질문자에게 이렇게 물어보고 싶다. 당신은 부모님과 사이가 좀 나빠져도 돈이 더 많은 게 행복한가요? 아니면 돈을 좀 잃어도 부모님이 편안한 것에 행복을 느끼는 사람인가요? 당신은 어떤 사람인가요?

▸ **현재 만나는 남자 친구는 제 마음을 잘 알고 말이 통하지만 조건이 별로예요. 직장과 조건은 좋은데 말은 잘 안 통하는 남자 중에 누구를 선택하는 게 좋을까요?**

나는 도리어 질문자에게 이렇게 물어보고 싶다. 당신은 사랑이 좀 없어도 좋은 집에 살고 좋은 차 타고 좋은 옷 입고 살면 더 행복을 느끼는 사람인가요? 아니면 그 반대인가요? 당신은 어떤 사람인가요?

▸ **지금 다니는 직장이 정신적으로 너무 힘들고 저랑 안 맞는 것 같아요. 제 사업을 하는 게 좋을까요?**

나는 도리어 질문자에게 이렇게 물어보고 싶다. 당신은 돈을 좀 못 벌어도 자신이 하고 싶은 것을 하면 더 행복을 느끼는 사람인가요? 아니면 내가 하기 싫어도 돈을 더 많이 벌 수 있다면 행복을 느끼는 사람인가요? 당신은 어떤 사람인가요?

자, 나의 대답을 들으니 어떤가? 어떤 생각이 드는가? 내게 질문을 한 사람들은 사실 자신을 잘 모르기 때문에 내게 물어본 것이다. 하지만 자신을 제일 잘 아는 사람은 바로 자기 자신이다. 그래서 소크라테스가 이렇게 말했다. "너 자신을 알라." 사람은 자신을 알아야 불행을 피하고 행복할 수 있다. 행복한 삶을 살기 위해서는 먼저 자기 성찰이 필요하다. 고대 철학자의 일갈은 오늘의 현실에도 정확하게 맞아떨어진다.

조기은퇴를 고민 중인 당신에게
필요한 것

한 카페 회원이 나에게 상담 메일을 보냈다. 요점은 아파트 2채를 보유 중인 직장인인데 지금 다니는 직장에서 그럭저럭 버틸 수는 있지만 일이 재미 없고 실적 스트레스가 있어 그만두고 싶은 마음이 간절하다. 재산이 어느 정도 되어야 은퇴할 수 있는지 그 외 조기은퇴 시 고려해야 할 점을 조언해 달라는 것이었다.

예상 밖의 폭락장을 견딜 수 있는 자산 규모인가?

많은 사람들이 조기은퇴를 소망한다. 하루빨리 부자가 되어서 일을 그만두고 인생을 즐기고 싶다는, 어쩌면 참 순진한 생각이다. 하지만 은퇴 이후의 삶은 현실이다. 정확하고 현실적인 계산

없이 은퇴를 감행했다가는 오도 가도 못하는 상황에 발목 잡힐 수가 있다.

퇴사를 결정하려면 어느 정도 재산이 뒷받침되어야 한다. 은퇴 전에 나는 이렇게 생각했다. 재산은 매년 5퍼센트 정도는 늘어나지 않을까? 5퍼센트 정도는 늘릴 수 있지 않을까? 예를 들어 자산이 50억이라면 연 5퍼센트만 증가해도 연간 2억 5,000만 원씩 늘어난다. 만약에 연간 생활비가 2억 5,000만 원 이하면 자산은 계속 늘어나게 된다. 그래서 은퇴해도 되겠다고 생각했다. 그런데 막상 살아 보니 재산은 그런 식으로 늘지 않았다. 예상보다 변동성이 훨씬 더 컸다. 특히나 자산 시장이 장기 침체에 빠지면 정말 힘들어진다. 예를 들면 부동산 시장은 서울 기준으로 2007년부터 2014년까지 약 7년 정도 하락했다. 7년간 자산이 줄어드는 걸 버틸 수 있어야 한다. 또 부동산의 경우는 처분하더라도 세금을 내고 나면 실제로 손에 쥘 수 있는 돈은 예상보다 적다. 주식투자도 장세에 상관없이 매년 이익을 내기란 결코 쉬운 일이 아니다. 몇 년에 한 번씩은 항상 폭락장이 온다. 이런 폭락장을 견딜 수 있을 정도의 자산 규모여야 한다. 근래의 자산 시장 상승장이 계속되거나 유지될 것이라는 예상으로 은퇴를 결정하면 안 된다.

나의 빠른 은퇴 결정에는 자녀 교육도 중요한 동기 중 하나였다. 우리 부부는 아이가 영어를 자유롭게 구사하고 더 넓은 세상에서 자유롭게 살기를 바라는 마음이 컸다. 그래서 아이가 최고의 교육을 받을 수 있도록 내 기준으로는 정말 많은 자원을 쏟아부었다.

그래서 교육비로 생각보다 많은 돈이 들어갔다.

_____ 자신이 어떤 유형의 사람인지 알아야 한다

또 하나 고려해야 할 점이 있다. 은퇴 후에 친구나 동료들이 사회적으로 성취하는 걸 옆에서 지켜볼 때 후회나 상실감을 느끼지 않을 정도로 자신의 선택에 흔들림이 없어야 한다. 조직 생활을 계속하는 동료와 친구들은 계속해서 사회적 지위가 올라가는 반면 은퇴를 하면 아무런 사회적 지위가 없다. 이런 사회적 격차 앞에서도 평정심을 유지할 수 있어야 한다. 이건 가치관이 뚜렷하고 자존감이 강해야 가능한 일이다.

자신을 잘 아는 것도 조기은퇴 결정에 중요한 요건이다. 나는 혼자 있어도 외로움을 잘 느끼지 않는다. 어떤 단체나 조직에 속하고 싶은 욕구도 낮다. 그리고 권력 욕구도 낮다. 사람마다 타고난 욕구 수준이 다르다. 다행히도 나는 조기은퇴를 해도 잘 적응할 수 있는 유형의 사람이다.

조기은퇴를 하려면 부부의 가치관도 어느 정도 일치해야 한다. 은퇴를 하면 둘이 같이 보내는 시간이 많아진다. 아내가 남편의 사회적 지위와 성취를 중요하게 생각한다면 은퇴 후 트러블이 생길수도 있다. 나는 그런 생각을 전혀 못하고 살았는데 다른 집을 보니 모든 아내가 남편의 은퇴에 너그러운 것은 아닌 것 같다. 은퇴

후에는 많은 시간을 아내와 함께 보내게 된다. 이때 일상을 아내에게 의존하게 되면 아내 입장에서는 날마다 삼시 세끼 챙기는 것부터 부담스러워 하고 함께 있는 것을 힘들어 할 수도 있다. 은퇴를 준비할 때는 아내에게 의존하지 않고 스스로 독립적인 일상을 유지할 수 있도록 마음의 준비를 하는 것이 좋다.

직장은 월급 받으면서 독립할 역량과 스킬을 키울 수 있는 곳

직장에 다니는 현실이 힘들다는 것은 충분히 공감하고 이해한다. 그러나 충분한 자산과 시장 경쟁력을 갖추기 전에는 직장을 다니는 것이 좋다. 그냥 돈을 벌기 위해서 일한다고 생각하지 말고 내가 맡은 분야에서, 시장에서 1등이 되어 보자. 언젠가는 독립해서 내가 지금 하는 분야에서 회사를 차려야겠다 하는 마음가짐으로 일하라. 그러면 일이 다르게 보일 수 있다. 어쩌면 일이 재미있어질 수도 있다.

나는 아이에게도 항상 주어진 환경과 자원을 자신이 잘 활용할 수 있는 방법을 배울 기회로 삼으라고 조언한다. 주어진 업무에서 나중에 독립해서 하고 싶은 일을 할 때 도움이 될 만한 스킬을 배우고 능력을 키우는 기회로 삼으라고 조언한다. 직장에 다니면서도 시장에서 자신만의 경쟁력을 가지려고 노력하라.

나는 항상 시장에서 경쟁력을 갖춘 사람이 되어야겠다고 마음속으로 생각한다. 직장이 나를 먹여 살려야 한다고 생각한 적은 결코, 한 번도 없었다. 내가 스스로의 힘으로 시장에서 돈을 벌 수 있는 능력을 갖추어야 한다고 생각했다. 어쩌면 그렇게 살았기에 직장을 그만두는 것도 쉬웠던 것 같다. 은퇴 후 독립을 생각한다면 자신이 하는 일에서 자신의 시장 경쟁력이 어느 정도인지 스스로 점검해보라.

머릿속 생각기계를
가동하라

내가 고수하는 투자 원칙

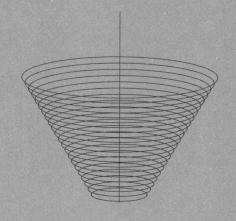

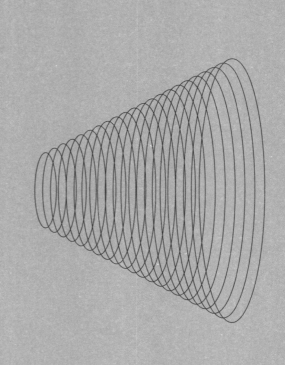

철학은 어떻게
투자의 무기가 되는가?

데이비드 흄은 내가 가장 좋아하는 철학자 중 한 명이다. 칸트는 흄에 대해서 이렇게 찬양했다. "흄은 나를 독단의 잠에서 깨어나게 만들었다." 칸트는 흄의 저작을 읽고 그의 어깨 위에 올라서서 자신의 대작 『순수이성비판』을 완성했다.

흄의 사상은 주식투자에도 적용할 수 있다. 흄의 철학에서 내가 얻은 통찰 중 주식투자에 적용할 만한 것을 정리해 보자.

___ 과거의 경험을 맹신하는 투자자의 말로

다음에 소개하는 재미난 이야기는 흄의 철학에 보다 가까이 다가갈 수 있게 한다.

한 농부가 거위를 키웠다네. 농부는 눈이 오나 비가 오나 매일 아침에 종을 흔들었어. 그리고 거위에게 먹이를 주었지. 거위는 종소리만 들으면 주인에게 달려갔어. 먹이를 먹으러 간 거지. 그런데…. 그날도 여느 날과 다르지 않았어. 아침에 주인의 종소리가 들렸지. 그래서 거위는 아침을 먹으러 달려갔다네. 그런데 그날은 거위가 먹이를 먹을 수 없었어. 왠지 아나? 그날은 추수감사절이었다네. 거위가 식탁 위에 요리로 올라왔다네.

이 이야기는 과거의 경험을 맹신하는 투자자에게 경종을 울린다. 주식투자의 예를 들어 보자. 코로나19 팬데믹으로 주가가 바닥을 찍고 다시 상승하던 2020년의 일이다. 이때 많은 투자자들이 주가가 바닥을 찍고 상승하는 것을 바라만 볼 뿐 동참하지 못했다. 왜 그랬을까? 2가지 이유가 있다. 과거의 사례를 보면 외국인이 팔고 개인이 사는 경우 주가가 계속 오른 경우가 없었다는 것이 하나고, 주가가 통상 '외바닥'이 아닌 '쌍바닥'을 만들고 오른다는 과거의 경험적 통계를 믿어서였다. 이런 사실을 맹신한 투자자는 주식을 살 수가 없었다.

하지만 2020년 3월 이후 주가는 과거의 통계를 모두 무시한 채로 계속 올랐다.

또 다른 투자의 예를 들어 보자. 3개월물 국채 금리와 10년물 국채 금리가 역전될 때, 즉 채권의 장·단기 수익률이 역전되는 경우 항상 예외 없이 경기 침체를 보였다는 통계가 있다. 이러한 사례가 발견된 과거 8번의 경우 모두 경기 침체가 뒤따랐다. 그런데 이번에 우리는 또 3개월물과 10년물 국채 수익률 역전 현상을 목격하고 있다. 이번에도 경기 침체를 겪을까? 그래서 자신 있게 주식에 "숏을 쳐야 한다"고 주장할 수 있을까?

흄은 숏을 쳐야 한다고 주장한 투자자의 주장에 회의적이었다. 왜? 흄의 설명을 예로 들어 보자. 흄은 당구를 예로 들었다. 갑이 당구공 C를 큐로 쳐서 당구공 D를 맞춘 경우다. 갑이 당구공을 큐로 친 행동이 당구공 C가 당구공 D를 맞추는 결과로 이어졌는데 이때 우리가 목격한 것은 갑이 당구공을 쳤다는 현상(흄의 표현에 따르면 인상)과 당구공 C가 당구공 D와 부딪쳤다는 현상(인상)뿐이다. 당구공 C가 당구공 D와 부딪쳐야 하는 필연성(인과관계)을 목격한 것은 아니라는 이야기다. 필연성을 확인하지 못했다면 우연일 수도 있다는 말이 된다. 그래서 흄은 반드시 다음에도 당구공 C가 당구공 D를 맞히게 될지는 알 수 없다고 했다.

흄의 설명은 우리가 과거에 목격한 장·단기 수익률 곡선의 역전 후 나타난 경기 침체도 필연성을 확인한 게 아니므로 반드시 같은 현상이 발생한다고 장담할 수 없다는 것이다. 그냥 우연히 나타난 것일 수도 있다. 최근에 3개월물 국채와 10년물 국채 금리 역전 후 경기 침체 가설을 만든 미국 교수가 스스로 이 모형의 한계를 지적하며 이번에는 이 가설이 틀릴 수 있음을 인정하기도 했다.

주식투자에서 우리가 사용하는 과거의 통계는 매우 기간이 짧고 표본이 작기에 이를 통해서 얻은 결론이 미래에도 반드시 발생할 것이라고 확신하기 어렵다. 예를 들면 1월 효과, 대통령 재임 주기에 따른 주가 상승률 등이 여기 해당한다. 과거의 통계는 그냥 참고 정보에 불과하며 미래를 환하게 보여주는 수정 구슬이 아니다.

지금 진리라고 믿는 명제는 아직 기각되지 않은 것일 뿐

과거의 통계에 목매는 투자자는 다음과 같은 어처구니없는 결론에 도달할 수도 있다. "내가 레이건을 매일 관찰했어. 무려 10년간 3만 6,500번을 직접 관찰했지. 그런데 그는 그때마다 살아 있었어. 그는 불사조가 틀림없는 것 같아."

흄의 사상을 가장 잘 승계한 철학자가 바로 칼 포퍼다. 칼 포퍼는 우리가 현재 진리라고 믿는 모든 명제는 아직까지 기각되지 않은(반대 사례가 발견되지 않은) 명제일 뿐이라고 주장한다. 18세기까지만 해도 유럽인은 백조는 모두 희다고 생각했다. 그런데 어느 날 호주에서 검은 백조가 발견되었다. 그래서 '백조는 희다'라는 명제는 순식간에 거짓이 되었다.

이처럼 우리가 현재 믿고 있는 진리도 아직까지는 반증되지 않은 명제에 불과하다는 게 칼 포퍼의 사상이다. 칼 포퍼는 인간은 불완전한 인식능력을 가지고 있어 세상을 온전히, 정확하게 알 수 없고 그래서 언제나 세상을 부분적으로 왜곡되게 바라볼 수밖에 없다고 보았다. 이러한 칼 포퍼의 사상은 그의 제자 조지 소로스에게 큰 영향을 주었다. 조지 소로스는 칼 포퍼의 사상 토대 위에 자신의 재귀성이론을 구축하여 큰돈을 벌었다.

칼 포퍼가 조지 소로스의 재귀성이론에 어떻게 구체적으로 영향을 주었는지는 졸저 『부의 인문학』에 자세히 설명했다. 흄의 사상은 칼 포퍼에게 영향을 주었고 칼 포퍼는 다시 재귀성이론으로 유명한 조지 소로스와 『블랙스완』, 『행운에 속지 마라』의 저자로 유명한 나심 탈레브에게 큰 영향을 주었다. 결국 따지고 거슬러 올라가면 조지 소로스와 나심 탈레브 둘은 철학자 흄 덕분에 주식시장에서 큰돈을 번 셈이다. 철학이 투자의 무기가 될 수 있다는 것을 보여주는 증인이다.

노예의 도덕에 사로잡히면
사회는 퇴보한다

동창회에 갔다가 동창이 강남에 아파트를 샀다는 이야기를 듣거나 자기보다 공부를 못했는데도 결혼을 잘해서 잘살고 있다는 것을 알게 되면 기분이 어떨까? 앞에서는 축하하겠지만(물론 이것도 자기 절제와 교양 있는 사람에 한해서만 가능하다) 집으로 돌아오는 길은 패배감과 열등감에 정신을 가누기가 힘들다. 그런데 왜 그럴까? 그 이유는 당신도 강남 아파트와 부가 좋다는 걸 마음속으로 인정하기 때문이다. 겉으로는 강남, 별것 아니라고 말하지만 그런 패배감과 질투심이 생긴 것은 마음 깊은 곳에 강남이 성공과 부를 나타낸다는 걸 인정하고 있기 때문이다. 그렇다. 그래서 당신이 우울했다. 패배감이 느껴지기 때문이다. 이건 인간의 본능이다. 인간은 언제나 그래 왔다.

현대 자본주의사회에서는 자기보다 잘사는 부자를 보았을 때 느끼는 상대적 박탈감과 열등감이 그 어떤 시대보다 강하다. 신분제 사회에서는 노예나 천민으로 태어나면 방법이 없다. 그러니 못 살아도 핑계를 댈 수 있다. 가난이 자기 탓이 아닌 시대였다. 그런데 자본주의사회에서는 누구라도 노력하고 재능이 있고 또 운이 따른다면 성공하고 부자가 될 수 있다. 자신의 가난을 핑계 대기 쉽지 않은 사회다.

당신이 그렇게 똑똑하고 재능이 있다면, 또 돈을 좋아한다면 왜 부자가 못 되었는지에 대해서 필사적으로 해명해야 하는 사회가 자본주의사회다. 자본주의사회에서 가난하게 사는 것은 인류 역사상 그 어떤 사회에서보다 정신적으로 고통스럽다. 가난 그 자체가 가져다주는 고통보다 패배자로 낙인찍는 타인의 눈초리가 더 고통스럽다.

이런 괴로운 상황에서 부자가 아닌 대중은 어떻게 행동할까? 이제 나의 거인 니체가 등장해서 예언해줄 타이밍이다. 니체는 '르상티망(ressentiment)'을 말했다. 르상티망이 무엇인가? '원한 감정'이다. 다수의 패배자는 소수의 성공자에 대해서 원한, 시기심, 질투심, 증오심을 가진다고 니체는 말했다. 니체는 이런 감정을 르상티망이라고 칭했다. 니체는 르상티망을 가진 열등한 다수가 '가치 전복'을 꾀한다고 주장한다. 가치 전복(價値顚覆)은 열등한 다수가 가치를 뒤집는다는 것이다. 좋은 것을 나쁜 것으로 만들고, 나쁜 것을 좋은 것으로 뒤집는다는 것이다. 이것은 정말 놀라운 통찰력이 아닌가? 그래서 우리는 니체를 망치를 든 철학자라고 부른다. 니체는 우리가 가지고 있던 기존의 관념을 사정없이 망치로 때려 부순다.

____ 노예의 도덕이 초래하는 사회적 타락

니체는 열등한 다수의 무리가 가치 전복을 통해서 '노예의 도덕'을 창조하고 이를 통해서 정신 승리를 한다고 했다. 조금 더 쉬운 예를 들어 보자. 아름다운 것, 강한 것, 부유한 것, 풍요로운 것은 원래 좋은 가치다. 그런데 아름다운 사람, 강한 사람, 부유한 사람은 소수다. 다수의 무리는 아름답지 못하고, 약하고, 가난하다. 이들 다수의 무리는 기존 가치 체계 안에서는 열등감에 시달리면서 살아야 하니까 괴롭다. 그래서 다수의 열등한 무리는 가치 전복을 시도한다.

그들은 이렇게 말한다. "예쁜 것이 다가 아니다." "부자는 탐욕스럽고 지독하다." "부자는 지옥 간다." "가난한 사람이 천국 간다." "겸손해야 한다." "양보해야 한다." 이것이 바로 니체가 말하는 노예의 도덕이다. 다수의 패배자인 대중은 노예의 도덕인 겸손, 양보, 청렴 같은 덕목을 내세우며 정신 승리를 한다. 성공한 사람에게 트집 잡을 게 없으면 겸손하라는 충고를 한다. 이런 게 바로 가치 전복이고 노예의 도덕이라고 니체는 말한다.

노예의 도덕은 무엇이 문제인가? 니체는 노예의 도덕이 횡행하는 사회는 타락하면서 곧 망한다고 보았다. 원래 강하고 고귀한 것이 박해받기 때문이다. 엘리트, 강함, 고귀함, 아름다움을 추구하는 사회는 발전하지만 노예의 도덕을 추구하는 사회는 퇴보하고 타락할 것이라고 니체는 주장했다.

노예의 도덕을 강조하는 정치 세력이 바로 좌파 포퓰리즘 정권이다. 그들은 뛰어남보다 평등의 가치를 더 강조한다. 그런 사회는 병들고 퇴보했다. 역사 속에서 세계를 리드했던 나라를 보라! 세계를 리드했던 영국, 미국, 독일, 일본은 모두 엘리트주의 사회다. 이런 나라에서는 학교도 철저히 시험을 봐서 입학하고 경쟁을 통해서 차이를 인정한다. 반면에 공산주의 국가는 평등을 강요하고 경쟁과 차이를 죄악시했다. 이들 국가는 모두 퇴보하고 망했다. 니체는 평등주의자의 진짜 욕망을 다음과 같이 폭로했다.

평등을 주장하는 사람은 2가지 욕망 중에 하나를 숨기고 있다. 하나는 다른 사람을 자기 수준으로 끌어올리려는 욕망이고, 다른 하나는 다른 사람들을 자기 수준으로 끌어내리려는 욕망이다. 따라서 그들이, 빈자들이 부르짖는 평등이 어느 쪽인지 파악하는 게 중요하다.

니체는 평등주의자의 은밀한 욕망을 고발했다.

인간이 복수심을 극복하기란 쉬운 일이 아니다. 복수심을 극복한다는 것은 최고의 희망에 이르는 다리와 폭풍우 끝에 뜨는 무지개처럼 어려운 일이다. 타란툴라 거미 같은 자들은 복수심 때문에 평등을 외친다고 말하는 대신에 다른 식으로 포장할 것이다. 평등을 주장하는 자들은 복수심으로 폭풍우를 일으켜서 세상을 뒤집어 삼키는 것을 정의라고 말할 것이다. 평등을 주장하는 자들은 자신보다 뛰어난 모든 자에게 복수하고 모욕을 줄 것이라고 맹세하며, 평등이 최고의 미덕이 되어야 한다고 주장한다. 평등을 설교하는 자들이여, 당신들은 무력감에 괴로워 폭군의 광기로 평등을 외치지만 사실 자신이 폭군이 되려는 은밀한 욕망을 평등이란 미덕으로 위장하고 있을 뿐이다.

니체는 르상티망 때문에 열등한 다수가 가치 전복을 시도하고 그래서 노예의 도덕이 판치는 세상이 펼쳐질 것이라고 예언했다. 니체의 사상을 이어받은 천재 경제학자가 2명 있다. 그중 한 명이 바로 슘페터다. 슘페터는 자본주의가 사회주의에게 무대를 물려주고 쓸쓸히 퇴장할 것이라고 했다. 슘페터는 자본주의가 인류가 만들어낸 탁월한 시스템이라고 보지만 상대적 박탈감에 시달리는 다수의 패배자를 만들기 때문에 자본주의는 사회주의로 대체될 것이라고 보았다. 니체를 계승한 또 다른 경제학자는 바로 빌프레도 파레토다. 파레토는 사회주의 체제를 경멸했다. 열등한 무리들이 가치 전복을 통해서 정신 승리하는 체제가 사회주의 체제라고 보았다. 파레토는 실패한 다수 대중의 성공한 소수에 대한 원한 감정을 가장 잘 선동한 게 바로 마르크스주의라고 했다.

오늘날 한국 사회를 사는 대중들은 부자에 대해서 어떤 감정을 가지는가? 니체가 말한 르상티망을 가지고 있는가? 그렇다. 나는 그런 르상티망을 너무 많이 목격했다. 한국이 일류 국가가 되기 위해서는 르상티망을 극복해야 한다. 정말 극복할 수 있을까? 안타깝지만 내 추측으로는 니체가 예언한 대로 슘페터가 예언한 대로 실패한 대다수 대중은 정신 승리를 위해서 가치 전복을 선택하게 될 가능성이 높다. 가난이 자신의 잘못이 아니고 제도와 체제 잘못이라고 정신 승리하기가 쉽다. 이러한 태도는 자신의 발전 동력마저도 사라지게 만들어 성장 가능성을 바닥부터 와해시킨다.

_____ **우리 사회의 분노를 줄이려면 어떻게 해야 할까?**

평등을 추구하는 사회주의 실험이 70년 만에 실패로 끝났음에도 불구하고 대중들은 사회주의 가치를 추구할 것이고 노예의 도덕을 팔아서 표를 얻으려는 포퓰리즘 정치인들은 등장할 것이다.

앞으로 포퓰리즘 정권이 점점 더 득세할 것이다. 포퓰리즘 사회로 진행을 막기 위해서는 어떻게 해야 하나? 여러 가지 방안이 있지만 개인적 차원에서 하나를 이야기하자면 부자와 성공한 자들이 실패한 자들의 상대적 박탈감과 참담한 심정을 헤아릴 수 있어야 한다. 성공하고 잘난 사람들이 행동을 조심하고 교양을 갖추어야 한다. 속물근성으로 점철된 자랑질과 갑질을 멈추어야 한다. 그래야 우리 사회의 분노가 줄어들 수 있다.

나는 아파트 경비원에게도 내가 먼저 인사한다. 작은 봉급을 받고 내 아파트를 지켜주니 얼마나 고마운가? 버스를 탈 때도 기사에게 먼저 인사한다. 그분들 덕에 내가 편하게 산다. 그런데 식당에서 종업원에게 하대하는 사람들을 보면 화가 난다. 그게 바로 갑질이다. 만 원짜리 밥 한 그릇 사 먹으면서 갑질하는 걸 보면 정말 참기 힘들다. 우리나라가 일류 국가가 되려면 정신적으로 상처받는 사람을 만들면 안 된다. 누구라도 인간적으로 존중받아야 한다. 그게 바로 사회 전체의 분노를 줄이는 방법이다.

지식인들이 자본주의에 비판적인
진짜 이유

자본주의 체제는 인류 역사상 가장 많은 부와 풍요를 가져다주었다. 최근 250년간의 자본주의 체제를 통해 이룬 물질적 풍요는 그 이전의 인류가 이룬 성취를 모두 합친 것보다 훨씬 크다. 자본주의는 인류를 기아와 빈곤에서 벗어나게 했고 인류의 평균 수명을 3배나 늘렸다. 1820년 평균 수명이 26세에 불과했으니 말 그대로 괄목상대할 발전이다.

자본주의 체제가 들어선 곳에는 번영과 풍요가 있고 자본주의 체제에서 멀어지면 멀어질수록 빈곤과 기아에 허덕인다는 증거는 역사가 똑똑히 보여준다. 자본주의 체제를 벗어나 반자본주의 체제로 선회한 브라질과 베네수엘라는 빈곤과 기아에 허덕이게 되었다. 반대로 공산주의에서 자본주의 시장경제를 받아들인 베트남과 중국은 빈곤에서 탈출하여 눈부신 번영을 이룩하고 있다. 북한과 한국은 가장 가까이에서 극명한 차이를 볼 수 있는 좋은 본보기다. 물론 자본주의 체제가 완벽하고 흠이 없는 것은 아니다. 그러나 자본주의 체제를 대체할 만한 더 나은 체제를 인류는 아직 발견하지 못했다. 그럼에도 불구하고 많이 배운 지식인일수록 자본주의 체제에 비판적인 경향이 있다. 이런 현상은 우리나라뿐만 아니라 서구 세계에서도 똑같다. 역사학자 앨런 케이헌(Alan S. kahan)은 이렇게 말한다.

> 반자본주의는 지식인들 사이에 가장 많이 퍼져 있는 정신적 고백이다. 자본주의를 싫어하는 지식인을 가장 찾기 좋은 곳은 하버드 대학, 옥스퍼드 대학, 콜레주드프랑스 대학의 인문 사회학부다.

그 이유는 무엇일까?

지식인일수록 자본주의 체제에 비판적인 이유

지식인들이 자본주의 체제에 비판적인 이유는 크게 3가지로 설명할 수 있다.

첫째, 자본주의를 비판하는 지식인의 도덕적 우월성이다. 지식인들은 자신의 이익보다 사회적 약자, 노동자, 소수자, 환경 관련 사안에 관심을 가진 사람은 이타주의자라고 생각하는 반면 자본주의자들을 물질적 부를 축적하기 위해서 수단과 방법을 가리지 않는 이기적인 사람이라고 생각하는 경향이 있다. 그래서 반자본주의자를 자처한 지식인들은 자신이 윤리적으로 도덕적으로 더 우월하다고 생각한다.

둘째, 부자들은 부도덕하고 비윤리적이라고 비판한다. 지식인들은 부자들이 부도덕하거나 비윤리적인 방법으로 수단과 방법을 가리지 않고 부를 얻는다고 폄하하는 경향이 있다. 지식인 자신이 부자가 되지 못한 이유를 윤리적으로 의심스러운 방법을 취하지 않았기 때문이라고 자신에게 변명하기도 쉽다. 지식인은 자신이 도덕적으로 우월하기에 부자가 아니라고 말하는 경향이 있다.

셋째, 시장이 불공평하다고 생각한다. 지식인들은 더 많은 교육을 받을수록 더 좋은 수입과 더 좋은 일자리가 보장되어야 마땅하다고 생각한다. 그러나 그렇지 못한 자본주의 세상은 지식인들에게 불공정하게 보이기 쉽다. 박사 학위는커녕 대학 졸업장도 없고 지적으로 자신보다 열등해 보이는 사업가나 장사꾼이 지식인보다 소득이 많고 더 좋은 집에서 사는 현실을 받아들이기 어렵다. 그래서 그들은 자본주의 시장은 불공평하다고 생각한다.

실제로 지식인들은 도덕적으로 우월한가?

자본주의에 비판적인 지식인들의 3가지 근거에는 허점이 많다.

차례대로 간단히 살펴보자.

첫째, 자본주의를 비판하는 지식인들은 실제로 도덕적으로 우월한가? 나는 자본주의에 비판적인 지인을 유심히 관찰했다. 왜냐하면 그들은 내가 감히 실천할 수 없을 것 같은 이타심과 공동체 의식을 내세우기 때문이다.

자본주의를 비판하는 모든 지식인이 다 그런 것은 아니겠지만 내가 관찰한 바로는 자신의 불만과 불평을 평등이라는 미덕으로 포장하여 체제를 비난하는 사람들이 제법 많다. 그들은 자신의 채워지지 않은 욕망을 자본주의에 대한 비판으로 스스로를 달래며 변명하는 듯했다. 그들은 평등, 차별 금지, 약자 보호를 외쳤고 언제나 유토피아를 상정하고 현실의 자본주의를 비판했지만 자본주의 체제의 대안을 제시하지는 못했다. 그들의 실제 삶 또한 도덕적 윤리적 측면에서 관찰했을 때 특별히 타인보다 더 나은 면이 관찰되지 않았고 오히려 더 나쁜 사람도 있었다.

나의 지인 G를 보자. 그는 배우자와 자녀와의 관계가 좋지 않고 친구들로부터도 좋은 평을 받지 못하지만 자본주의를 비판하는 데는 주저함이 없다. 하지만 내 눈에 그는 그저 자신의 불평과 분노를 체제 비판으로 돌리고 변명하는 것처럼 보인다. 물론 실제 삶에서 도덕적이고 윤리적이며 자본주의를 비판하는 일에 흠잡을 데 없는 인품을 갖춘 사람이 드물지만 있다. 그러나 나는 자본주의를 비판하는 지식인들이 부자들보다 항상 도덕적으로 우월하다는 증거는 발견하지 못했다.

부자들은 모두 부도덕하고 비윤리적인가?

둘째, 부자들은 모두 부도덕하고 비윤리적인가? 반면 가난한 사람들은 피해자이고 착한가? 현실을 살펴보면 그렇지 않다는 것을 알 수 있다. 하지만 이러한 깨달음은 부자가 아닌 지식인에게는 쉽게 인정하기 어려울 만큼 충격적인 사실이다.

박찬욱 감독의 고백을 들어 보자. 그는 영화 〈공동경비구역 JSA〉 흥행 직후 여기저기서 초청을 많이 받았는데 한 번은 교수, 의사, 재벌 2세 등 본인보다 조금 젊은 사람들의 스페셜 조찬 모임에 초청을 받았다. 박 감독은 그 모임에 가는 것이 썩 내키지 않았다. 어떤 분위기일지 상상이 갔던 것이다. 그런데 그 자리에 간 지 얼마 되지 않아 그의 선입견은 완전히 무너졌다. 그들은 모두 매너 좋고 겸손하고 지적인 사람들이었고 박 감독을 진심으로 환대했다. 하지만 그는 어쩐지 화가 나고 슬펐다고 한다. 그들이 맨손으로 자신의 자리를 일군 게 아니라 부유한 환경에서 부족함 없이 성장해 잘 배우고 부모의 부를 세습했으니 성격이 나빠질 일이 없지 않냐는 생각이 들었다는 것이다.

맨바닥에서 부를 일군 세대는 천민자본주의라고 손가락질 받기도 하지만 그들의 2, 3세는 상류사회에서 성장했으니 나쁜 것을 경험할 일이 없다. 반대로 가난한 사람들은 욕망은 많은데 채워지지 않으니 삐뚤어질 수밖에 없다. 그런 식으로 계급이 정착되고 벗어나기 어려워지는 것이다. 개천에서 용 나듯 성공해봐야 상류사회의 매너나 교양을 얻을 수는 없다. 세상에는 한없이 착하지만 부자라는 이유만으로 욕먹는 사람도 많다. 봉준호 감독의 영화 〈기생충〉 속에도 이런 대사가 등장한다. "부자인데 착하기까지 하다." "부자니까 착한 거야. 돈이 다리미야. 구김살을 쫙 펴줘." 부자는 무조건 나쁘고 빈자는 착하다는 이분법적 구도는 더는 영화에서조차 통하지 않는다.

____ 시장은 정말 불공평하게 돌아가는 것일까?

셋째, 시장이 불공평하다고 생각하는 지식인의 주장은 올바른가? 더 많은 책을 읽고 더 많이 배우고 더 많은 지식을 가지고 있는 지식인이 무식한 기업인보다 더 많이 벌고 재산도 더 많이 가져야 한다는 생각이 옳은 것일까? 지식인이 기업인보다 더 똑똑하다는 판단은 옳은 것인가? 반드시 그렇지는 않다.

지식에는 2가지가 있다. 명시적 지식과 암시적 지식이다. 명시적 지식이란 책을 읽고 논리적으로 사유함으로써 얻을 수 있는 지식을 말한다. 박사 학위는 명시적 지식을 가졌다는 증거다. 그러나 책을 통하지 않고 배우는 암시적 지식도 있다. 예를 들면 자전거 잘 타는 법, 농구 잘하는 법은 말과 글로 표현하여 전달하는 지식이 아니다. 책을 많이 읽었다고 자전거를 잘 타고 농구를 잘하게 되는 것은 아니다. 능숙하게 자전거를 타는 실력은 자전거 이론을 배운다고 얻을 수 있는 것이 아니다. 농구 잘하는 법도 인체의 생리학을 잘 안다고 배울 수 있는 것이 아니다.

성공한 사업가들은 성공하는 법을 책과 대학이 아니라 인생 학교에서 배운다. 영업 능력, 창의력, 커뮤니케이션 능력, 스트레스 극복법, 자기 모티베이션 등은 성공에 큰 역할을 하지만 이것은 모두 대학이나 책보다는 삶 속에서 배운다. 이러한 암시적 지식의 배움에는 자격증이나 졸업장이 주어지지 않는다.

학교 다닐 때 공부를 잘한 지식인들은 자기처럼 우수하고 똑똑한 사람이 사회적으로 더 많은 보상을 받을 것이라고 기대한다. 하지만 막상 학교를 나와서 자본주의 시장을 경험하면 학교에서 배운 것과는 전혀 다른 법칙이 사회를 지배하고, 자신의 우수한 명시적 지식이 최고의 소득을 보장하지 않는다는 사실을 깨닫고 좌절한다. 이런 좌절을 경험한 지식인들은 자본주의 시장이 잘못되었다고 비판하기 쉽다. 그러나 자본주의 세상에서 부자는 타인에게 더 많은 만족과 행복을 준 사람이다. 그 반대급부로 돈을 획득하기 때문이다. 그것도 치열한 경쟁 속에서 다수로부터 인정받은 결과다. 지식인들이 장사꾼과 사업가에 대해서 지적인 우월감을 가져도 좋다는 근거는 그들의 생각만큼 크지 않다. 그리고 무엇보다 부는 성적순이 아니다.

머릿속 생각기계를
끝없이 업그레이드하라

원시인들의 사망 원인 1위는 맹수의 공격이 아니라 굶어 죽는 아사였다. 굶어 죽지 않으려면 에너지를 최대한 아껴야 한다. 에너지를 가장 많이 쓰는 부위는 어딘가? 바로 두뇌다. 두뇌는 전체 몸무게에서 약 2퍼센트도 안 되는 비중이지만 사용하는 에너지는 전체의 약 25퍼센트를 소비한다. 생각하는데 엄청나게 많은 에너지가 소모되는 것이다. 그래서 인간은 본능적으로 생각 없이 살도록 진화되었다.

___ 인간은 본능적으로 생각 없이 살도록 진화되었다

인간의 행동은 대부분 무의식적으로 행해진다. 생각이 필요한 판단의 경우도 남의 생각을 외워서 사용하면 쉽다. 남의 생각을 외워서 앵무새처럼 살면 에너지 소비를 줄일 수 있다는 이득이 있다. 그래서 앵무새처럼 사는 사람들이 많다. 앵무새처럼 살아도 일상생활을 영위하는 데는 별 어려움이 없다. 맛있는 식당을 선택해야 하는 경우를 생각해보자. 직접 어느 식당이 맛있는지 알아내려면 엄청난 조사가 필요하다. 시간과 비용이 든다. 그리고 생각을 많이 해야 한다. 즉 많은 에너지를 소비해야 한다. 그런데 간단하게 고르는 방법이 있다. 다른 사람들이 좋다는 식당을 따라 선택하는 것이다. 그저 사람이 많이 붐비는 식당이나 리뷰가 좋은 식당을 선택하면 된다. 얼마나 쉽고 간편한가? 생각이 필요 없다.

이처럼 아무 생각 없이 사는 앵무새 작전은 대부분의 경우에는 성공적으로 잘 작동한다. 그래서 대체적으로 인간은 앵무새 작전을 모든 영역에 적용하며 살아간다. 그런데 앵무새 작전이 안 통하는 곳이 있다. 그게 어딘가? 주식시장, 부동산 시장이다. 자산 시장에서 앵무새 작전은 깡통으로 직진하는 지름길이다. 이 사실을 모르면 당신은 주식시장에서 깡통 찬 앵무새가 되는 것이다. 일찍이 케인스는 이렇게 설파했다. "모든 이의 동의를 구해서는 싸게 살 수 없다." 그러니 투자에서 성공하려면 독자적으로 생각할 수 있어야 한다. 앵무새처럼 남의 생각을 따라 해서는 투자에 성공하기 어렵다. 무소의 뿔처럼 혼자 가야 하는 것이 자산 시장이다.

자기 내면의 기준에 맞추어 살아라

나는 상당히 고지식한 사람이다. 아내의 평가가 그렇다. 내가 생각해도 그런 듯하다. 나는 남의 주장을 아무 생각 없이 받아들이지 않는다. 아내 표현에 따르면 같은 말이라도 책에 있어야 믿는다고 한다. 나는 밑도 끝도 없는 주장은 잘 믿지 못하고 차근차근 논리적으로 설명되어야 믿는다.

나는 이해력이 부족한 듯하다. 예를 들어 불교나 주역 같은 동양 사상에 대한 이해가 그렇다. 동양 사상은 주로 직관적인 비유로 설명하는데 내 귀에는 이런 애매모호하고 뜬구름 잡는 소리가 도통 들어오지 않는다. 오히려 서양 학자들은 논리적으로 차근차근 접근하여 설명하기 때문에 이해가 더 잘된다.

나는 타인의 기준보다 내 내면의 기준을 더 중시하는 사람이다. 그래서 타인의 기준과 유행에 대해서도 관심이 없다. 특히 옷이나 시계 같은 데 신경 쓰는 것은 귀찮기만 하다. 백화점도 웬만해서는 갈 일이 없다. 친구가 롤렉스 시계를 차고 자랑하면서 나에게도 하나 사라고 하는데 나는 진심으로, 하나도 부럽지 않다. 스마트폰에 시간이 잘 나오는데 귀찮게 그런 걸 왜 차고 다니나 싶다. 영화도 1,000만 명이 봤다고 해도 내 스타일이 아니면 안 본다. 내 내면의 기준선 밖에 있으면 아예 관심이 없다. 나는 그렇게 내 기준에 맞추어 사는 게 편하다.

생각기계를 발전시켜 자신만의 투자법을 찾아라

지인이나 친구들과 나의 투자를 비교하면 나는 느리지만 시행착오를 통해서 계속 발전했다. 반면 그들은 투자를 20년, 30년 해도 별로 변한 게 없는 것 같다. 바로 나만의 투자 방법과 기준을 계속 찾으려고 노력한 데서 차이가 난다. 나는 성격적으로 남의 말을 잘 안 듣는 편이고 죽이 되든 밥이 되든 독립적으로 훈련했는데 그게 바로 내공이 된 것이다. 종목도 나 혼자 찾고 매매도 나 혼자 하고 방법과 기준도 시행착오를 거치며 나만의 방식으로 만들었다. 그러면서 머릿속 생각기계를 계속 발전시켰다.

누가 잘한다고 따라 하는 것은 장기적으로 본인의 발전에 독이 된다. 그리고 100퍼센트 맞추는 사람은 없다. 잘 맞추어도 70퍼센트나 될까? 올해도 월스트리트 전문가들이 주가가 5퍼센트 이상 오른다고 했는데 박살 났다. 세계적인 전문가들의 예측도 얼마든지 틀릴 수 있다.

카페 댓글을 보면 나를 따라 하겠다고 하는 회원들이 종종 있다. 참 부담스럽다. 내 투자 방식이 누군가에게 도움이 된다면 당연히 말릴 일이 아니지만 전혀 그렇지가 않다. 예를 들면 나는 금요일 시초가에 선물매도와 풋옵션을 전부 청산했다. 단기 반등을 예상한 것이다. 그런데 하루 전까지만 해도 내가 그렇게 할 것이라고는 전혀 생각하지 못했다. 나는 항상 시시각각 들어오는 새로운 정보를 바탕으로 수정되는 새로운 전망에 적응하려는 사람이다.

그러다 보니 나도 내가 언제 포지션을 바꿀지 모른다. 아마도 나는 다시 주가 하락에 대비해서 선물매도를 치게 될 것이다. 그날이 월요일이 될 수도, 화요일이 될 수도 있다. 모든 것은 그때 가 봐야 알 수 있다. 이런 걸 내가 매번 실시간으로 공지할 수도 없고 또 예상이 맞다는 보장도 없다.

투자에 있어서 남을 따라 한다는 것은 거의 불가능하다. 그래서 투자자는 스스로 자신의 생각기계를 향상시키고 자신만의 방법을 찾아야 한다고 말하는 것이다. 소크라테스의 말로 마무리를 한다. "권위나 명성이나 관습이나 전통을 무조건 따르지 말고 오직 진리 그 자체만을 추구하라."

스트레스 없는 화목한 가정의
경제적 가치

엘리엇은 두통에 시달렸다. 검사를 받으니 뇌종양이 자라고 있었다. 그래서 뇌종양 제거 수술을 받았다. 그는 원래 성실한 가장으로 독실한 기독교 신자로 삶을 살던 사람이었다. 하지만 작은 종양 제거 수술 이후로 그의 삶은 완전히 바뀌었다. 엘리엇은 뇌종양 수술 후에 감정을 느끼지 못하게 된 것이다. 감정을 잃어버린 엘리엇에게 불타는 집이나 물에 빠진 사람, 지진으로 부서진 집처럼 비참한 사진을 보여주였지만 그는 아무것도 느끼지 못했다.

그는 완전히 감정이 배제된 사람이 되었다. 그런데 감정을 느끼지 못하자 의사결정에 문제가 생겼다. 엘리엇은 중요한 의사결정과 사소한 의사결정을 구분하지 못하고 이리저리 재기만 하며 시간을 낭비하고 단순한 결정조차 내리지 못했다. 예를 들면 문서 작성에 어떤 색 볼펜을 쓸지 하루 종일 고민하고, 라디오는 무엇을 들을지, 주차는 또 어디에다 할지 고민하며 쉽게 결정을 내리지 못했다. 그는 사소한 결정에 끝없이 매달리며 시간을 낭비했다. 그는 결국 직장에서 해고당하고 이어서 벌인 새로운 사업에서도 실패했다. 또 아내와는 이혼하고 부모님 집에 얹혀 여생을 살게 되었다.

엘리엇은 왜 이렇게 되었을까? 엘리엇의 두뇌에서 제거된 안와전두엽은 감정을 의식(이성)과 연결하는 부위라고 한다. 그런데 그 부분이 망가지니까 더 이상 이성은 감정의 도움을 받지 못하여 의사결정을 내리는 데 어려움을 겪게 된 것이다. 즉 인간은 감정의 도움을 받아야 의사결정의 시급성과 경중을 따질 수 있고 또 적시에 결정을 내릴 수 있다는 것이다. 이는 놀라운 발견이다.

감정이 없으면 이성은 작동을 멈춘다

감정은 이성을 안내하는 이정표다. 감정이 없다면 이성은 어디로 가야 할지 어떤 결정을 내려야 할지 작동하지 않는다. 인간은 현재 느끼는 감정이나 과거의 유사한 상황에서 경험했던 느낌을 근거로 해서 의사결정을 한다. 예를 들면 어떤 이성과 처음 만나 맞선을 볼 때는 상대방의 사회적 경제적 조건보다 상대방으로부터 받은 감정적 느낌이 더 중요한 역할을 한다.

인간은 이성보다는 감정의 지배를 더 많이 받는다. 실제로 인간 두뇌에는 감정 네트워크가 이성 네트워크보다 3배나 많다고 한다.

내가 좋아하는 스코틀랜드의 천재 철학자 흄은 '이성은 감정의 노예'라고 일찍이 갈파했다. 예를 들어 사람은 이성에 대한 감정(욕망)이 있어야 어디서 어떤 이성을 어떻게 만나야 할지를 계산하고 계획하고 작동한다. 사람은 감정(식욕)이 있어야 어디서 무엇을 어떻게 먹을지 이성이 계산하고 작동한다.

감정이 없다면 이성은 방치된 컴퓨터에 불과하다. 오늘날 뇌과학자들은 감정이 이성의 작동 방식에 큰 영향을 준다는 것을 하나둘 밝혀내고 있다. 인간은 감정적으로 스트레스를 받으면 새로운 아이디어를 떠올리는 데 어려움을 겪고 폭넓은 사고를 하기 어렵다. 또 스트레스를 받으면 큰 문제를 보지 못하고 지엽적인 문제에 매달려 반복적으로 사고하는 경향이 있다고 한다.

_____ **감정적인 스트레스가 많으면 부자 되기가 어렵다**

부자가 되려면 새로운 아이디어를 생각해내고 다양하고 폭넓게 사고할 수 있어야 하는데, 감정적으로 스트레스를 받으면 그러한 이성적인 활동이 어렵다. 실제로 가난한 사람들을 조사하면 그들의 사고는 근시안적이고 지엽적인 경우가 상대적으로 더 많다. 인간은 한 번 가난에 빠지면 가난에서 벗어나기가 무척 어렵다. 가난한 동네에 산 사람들의 경험담을 들으면 골목길에 아무렇게나 주차한 차 때문에 주차 문제로 스트레스 받고, 이웃집에서 싸우는 소리에 잠을 깨고, 집 앞에 무단으로 쓰레기를 버리는 것 때문에 골치를 앓고, 예의 없는 이웃 때문에 자주 스트레스를 받는다고 한다.

일상의 이런 자질구레한 화는 감정적 스트레스를 만들고 두뇌가 창의적인 사고나 더 나은 투자 아이디어를 생각할 기회를 없애 버린다. 인간의 두뇌는 감정적인 일을 응급으로 간주하여 우선적으로 처리하게 만들기 때문이다. 인간의 두뇌는 화나고 짜증 나고 성가신 일을 처리하는 데 우선순위를 두고 먼저 신경 쓰게 만든다. 그래서 한 번 가난한 환경에 빠지면 가난에서 벗어나기가 참 힘들다.

물론 항상 예외는 있다. 이렇게 감정이 지속적으로 압박받고 스트레스를 받는 환경 속에서도 자수성가하는 사람들이 나온다. 그들은 불리한 환경에 휘둘리지 않는 강한 독립심과 인내력을 가진 사람들이다.

아내의 사랑이 나를 부자로 만들었다

나는 어떻게 친구나 동료나 지인보다 상대적으로 더 잘살게 되었을까?

첫 번째는 운이 좋았다. 행운이 내 편이었기에 투자로 돈을 벌 수 있었다. 가끔은 우연히 좋은 정보를 얻기도 하고 간발의 차이로 위험한 순간을 비켜 가기도 했다. 실패보다 성공이 많았다는 건 어떤 식으로든 운의 도움을 받았다고 할 수 있다.

두 번째는 아내의 사랑 덕분이다. 나는 아내에게 참 많은 사랑을 받고 산다. 그저 내 생각만은 아니고 친구들이 보기에도 아내가 나를 많이 사랑하는 것 같다고 한다. 나는 아내의 사랑 덕분에 정서적으로 안정감을 얻을 수 있었다. 이러한 정서적 안정감을 바탕으로 한때의 투자 실패에도 불구하고 다시 용기를 내서 투자에 집중할 수 있었다.

부자가 되고 싶다면 우선 가정을 화목하게 만드는 것이 중요하다. 부부 간에 갈등이 심하고 싸움만 한다면 돈이고 뭐고 다 귀찮고 갈등에서 벗어나고자 하는 데만 두뇌의 모든 에너지를 탕진한다. 가정을 화목하게 하고 본인이 가족으로부터 충분히 사랑받고 정서적으로 안정이 된다면 자연히 돈도 벌고 싶고 투자에 집중할 수 있게 된다. 부자가 되고 싶은 사람이 가장 먼저 해야 할 일은 바로 가정을 화목하게 만드는 일이다.

국제 정세를 읽을 줄 아는 사람은
쉽게, 크게 번다

"전체를 알고 부분을 알고, 부분을 알고 전체를 알아야 한다. 그리고 부분이 전체와 어떻게 연결되는지 알아야 한다."

난 지금도 대학 다닐 때 들은 교수님의 말씀이 아직도 생생하게 떠오른다. 내가 좀 살아 보니 교수님의 가르침이 정말 맞는 말씀이라는 생각이 들었다. 그런데 대부분의 사람들은 그렇게 생각하지 않는다. 대다수 사람들은 전체를 보지 않고 우물 안 개구리처럼 생각한다.

IMF는 대통령이 무능해서 온 것이 아니다

IMF 사태에 대한 잘못된 원인 해석과 비난이 그 증거다. IMF

사태로 김영삼 대통령은 가장 무능한 대통령으로 낙인찍혔으며 그의 지지율은 6퍼센트까지 떨어졌다. 많은 사람들이 김영삼 대통령을 IMF 사태를 초래한 무능한 대통령으로 욕했다. 그러나 이런 비난은 하나만 알고 둘은 모르는 사람들이 하는 이야기다. 물론 대통령에게 전혀 책임이 없다는 주장은 아니다. 대통령의 무능은 진실의 아주 미미한 일부일 뿐이다. 진짜 원인은 다른 데 있다.

IMF 사태를 글로벌 관점에서 파악해 보자. 1997년 11월 21일, 정부는 국제통화기금(IMF)에 구제금융을 신청했다. 한국은 왜 구제금융을 신청할 수밖에 없었을까? 당시 갚아야 할 외채는 1,500억 달러인데 한국이 가지고 있는 달러는 40억 달러뿐이었다. 파산 직전이었다. 만약에 한국이 파산을 선언하면 어떻게 되었을까? 한국은 식량 자급자족이 안 되는 나라다. 밀과 쌀 등을 수입하여 먹고 산다. 석유도 한 방울 나지 않아서 전량 수입해야 한다. 그런데 식량과 석유는 전부 달러로만 살 수 있다. 한국 돈으로는 살 수가 없다. 달러가 없다면 우리는 굶어 죽고 엄동설한에 얼어 죽을 수밖에 없다. "외국에서 돈이 안 들어오면 기름을 살 수가 없으니 모든 빌딩의 난방이 멈출 것이다. 게다가 수도도 안 들어오고 전기도 쓸 수 없게 되는데 이 추운 날씨에 우리가 어떻게 견딜 것이냐…" 1998년 재정경제부 장관직을 맡아 외환 위기 극복에 앞장섰던 이규성 전 장관은 20년 전 당시의 아찔한 상황을 이같이 회상했다.

의외로 사람들은 우리에게 달러가 없으면 죽는다는 것을 잘 모르는 듯하다. IMF 때 왜 금 모으기 운동을 벌였을까? 외국에서는 한국 돈을 받지 않기 때문이었다. 갚을 달러가 없으니 대신에 금을 모아서 주었던 것이다. 금은 달러와 같이 국제적으로 통용된다. 달러에 우리의 생존권이 달렸다는 것을 기억해야 한다.

＿＿＿ 글로벌 환율 변화와 연쇄적인 동아시아 금융 위기

IMF에 구제금융을 신청하고 난 뒤에 우리나라는 어떻게 되었나? 30대 재벌 기업 중에 17개가 망했다. 은행 26개 중에 16개가 망했다. 왜 재벌과 은행은 망할 수밖에 없었을까? 당시에 은행은 단기로 달러 자금을 빌려서 장기로 기업에 대출을 했다. 금융기관은 외국에서 거액을 빌려서 철강 공장, 자동차 공장 등을 짓는 기업에게 시설 자금을 빌려주었다. 예를 들면 금융기관은 해외에서 단기자금을 2퍼센트에 빌려서 기업에게 장기 대출로 약 7퍼센트의 이자를 받고 대출해 주었다. 금융기관은 앉아서 5퍼센트의 예대 마진을 챙길 수 있었다. 그래서 많은 금융기관이 이런 식으로 외자를 조달하여 국내 기업에게 빌려주었다.

그런데 갑자기 환율이 치솟았다. 환율이 900원대에서 1,962원까지 치솟았다. 기업이 갚아야 할 이자와 원금이 배로 늘어났다. 기업이 2배로 늘어난 이자와 원금을 제때 갚지 못하니 기업은 파산하고 이들에게 돈을 빌려준 금융기관도 연쇄적으로 파산할 수밖에 없었던 것이다. 결국 환율 변동 때문에 IMF를 맞이했다.

그렇다면 원화가 폭락한 이유는 무엇일까? 최초의 원인은 태국에서 시작되었다. 태국 밧화는 달러화에 고정되어 있었다. 그런데 태국 경제가 좋지 않다는 의심이 들자 전 세계 투자자들이 태국 밧화를 내던지기 시작했다. 결국 태국 정부는 고정 환율을 지킬 수 없게 되었고 밧화는 30퍼센트나 폭락했다. 태국은 1997년 7월에 IMF에 구제금융을 신청했다. 이어서 10월에는 인도네시아가 IMF에 구제금융을 신청했다. 동남아시아에서의 외국자본 탈출은 이웃 다른 나라로 퍼져 나갔다. 한국에 대한 외국 투자자의 불신도 높아져서 외국자본이 일제히 빠져나갔다. 결국 한국도 11월에 IMF에 구제금융을 신청하게 되었다. 1997년 태국, 인도네시아, 한국, 말레이시아의 통화가치가 다 함께 무너져 내린 사태를 동아시아 외환 위기라고 부르고 한국에서는 IMF 사태라고 부른다.

당시에 외국인 투자자들은 한국에서 왜 돈을 뺐을까? 당시 한국의 30대 재벌 평균 부채비율이 350퍼센트였다. 빚이 너무 많았다. 더욱이 일본 엔화와 중국 위안화가 동시에 약세를 보여서 한국의 수출이 어려웠다. IMF를 초래한 진짜 원인인 글로벌 환율 변화를 좀 더 자세히 살펴보자. 일본 엔화는 1995년 역플라자 협정으로 약세를 보였다. 일본 엔화가 약세를 보이자 이와 경쟁하는 아시아 국가의 수출이 어려워졌다. 게다가 1994년에 중국은 위안화를 1달러에 5.76위안에서 8.63위안으로 33퍼센트 대폭 절하했다. 위안화의 대폭 절하는 동남아시아 수출 경쟁국인 태국, 인도네시아, 말레이시아에 큰 타격을 주었다. 결국 엔화와 위안화 동시 약세로 동아시아 국가는 수출 경쟁력이 약화되고 경상수지 적자가 생기자 글로벌 자금이 서둘러 빠져나간 것이다. 글로벌 금융자본이 앞다투어 빠져나가니 환율이 치솟고 결국 연쇄적인 동아시아 금융 위기가 터졌다.

<hr>

부분과 전체 모두를 보는 부자의 눈

IMF 사태에서 얻을 수 있는 교훈은 무엇일까? 내가 직장에서 열심히 일한다고 해서 내 일자리가 무조건 보장되는 것은 아니라는 것이다. 글로벌 환경이 어떻게 바뀌느냐에 따라서 개개인의 운명도 바뀐다. 당신은 잘못이 없고 유능하여도 글로벌 환경의 변화에 휩쓸려 순식간에 파산할 수도 있다. 결국 나무를 보는 것보다 숲을 보는 것이 더 중요하다.

또 다른 예를 들어 보자. 한국은 1985년부터 1988년까지 3년 동안 1인당 GDP가 폭발적으로 증가했다. 단군 이래로 우리가 가장 돈을 잘 번 시기였다. 그래서 주식과 부동산 가격이 폭등했다. 그때 우리가 그렇게 돈을 잘 벌 수 있었던 이유는 무엇일까? 우리가 잘해서? 물론 그런 부분도 있겠지만 진짜 원인은 따로 있다. 미국이 일본을 손보기 위해서 플라자 협정으로 엔화를 대폭 절상시켰다. 갑자기 일본 대비 수출 경쟁력이 생긴 한국이 반사이익을 얻어서 호황을 누린 것이다. 이처럼 글로벌 시장의 변화는 우리 삶에 큰 영향을 미친다.

　당신이 돈을 벌어 부자가 되려면 전체를 보는 눈을 길러야 한다. 글로벌 시장을 보아야 주식과 부동산이 언제 오르고 내릴지를 잘 파악할 수 있다. 그래서 내가 글로벌 시장을 강조하고 외신을 자주 소개하는 것이다. 제갈공명처럼 천하의 흐름을 보려고 해야 한다. 전체를 알고 부분을 알고, 부분을 알고 전체를 알아야 한다.

혼자만 뒤처진 것 같아
우울한가?

인스타그램을 둘러보면 모두 상위 1퍼센트처럼 행복해 보인다. 페이스북 친구들도 모두 근사한 레스토랑이나 해외 관광지에서 행복한 웃음을 짓고 있다. 주변 사람 모두 집을 사서 집값이 올랐다고 행복해 한다. 하지만 나는 무주택자로 남아 상대적 박탈감에 시달린다. 생각만 해도 화가 치밀고 우울하다. 자존감은 바닥까지 떨어지고 아침에 눈뜨자마자 의기소침해져서 하루 종일 처진 기분이 올라오질 않는다. 동창회도 나가기 싫고 친구도 만나고 싶지 않다. 누가 집에 대해서 화제를 꺼낼까 무섭기까지 하다. 나만 뒤처지는 것 같고 패배자 같다. 행복은커녕 우울증 안 걸린 게 다행이다 싶다. 이런 상황에서 돈이 행복을 가져다주지 않는다고 외치며 혼자서 정신 승리를 하기란 거의 불가능하다. 요즘은 밥 굶는 사람이 거의 없다. 어떻게든 먹고는 산다. 하지만 상대적인 빈곤감에서 벗어나는 건 말처럼 쉬운 일이 아니다. 대다수의 사람이 영혼의 허기에 시달린다.

상대적 빈곤감도 육체적 고통과 다를 바 없다

인간은 원래 부정적인 사건에 더 강하게 반응하도록 만들어져 있다. 긍정적인 사건보다 부정적인 사건에 3배나 더 민감하게 반응한다고 한다. 비난을 한 번 받았다면 세 번의 칭찬을 받아야 기분이 풀린다는 이야기다. 인간은 행복해지기보다는 불행해지기 쉬운 존재다. 그래서 우리는 우울해지기 쉽다.

더 놀라운 것은 우울감이 그냥 기분이 아니고 육체적 고통과 같다는 사실이 입증되었다는 사실이다. 우리가 육체적으로 다치거나 상처받았을 때 고통을 느끼는 뇌 부위가 상대적 빈곤감을 느낄 때도 똑같이 반응한다는 것이 MRI를 통해서 확인되었다. 상대적 빈곤감과 박탈감은 실제 고통인 것이다. 그럼 어떻게 해야 상대적 빈곤감에서 벗어나서 행복해질 수 있을까? 나는 객관적 사실을 정확히 알면 상대적 빈곤감을 줄이거나 없앨 수 있다고 생각한다. 먼저 상대적 빈곤감이 어떻게 느껴지는지 알아보자.

1949년, 미국의 사회학자 사무엘 스토퍼(Samuel Stouffer)는 미군의 태도와 사기를 조사하기 위해 50만 명의 군인을 대상으로 연구를 진행했다. 헌병대에 근무하는 사병은 전군에서 진급률이 가장 낮은 곳 중 하나다. 반면 항공대에 근무하는 사병은 전군에서 진급률이 가장 높다. 그런데 이상하게도 헌병대에 근무하는 사병의 만족도가 훨씬 높다는 조사 결과가 나왔다. 결과를 이상하게 여긴 연구팀은 더 심도 깊은 연구를 진행해 이유를 알아냈다.

헌병대에서 근무하는 병사는 자신이 진급하지 못해도 주변의 대다수가 똑같이 진급하지 못했기에 크게 불행하다고 느끼지 않았다. 그러다 진급하면 큰 행복을 느꼈다. 그러나 항공대에서 근무하는 병사의 경우 장교 진급 확률이 50퍼센트를 상회했기에 진급을 해도 크게 행복을 느끼지 않았다. 오히려 주변의 상당수가 진급했는데 자신은 진급하지 못했다면 큰 불행을 느꼈다. 즉 우리가 느끼는 박탈감은 우리가 속한 집단 내에서 상대적으로 조정된다는 것이다.

그렇다! 누구와 비교하느냐가 중요하다. 잘나가는 사람들을 피상적으로 바라보며 좌절감을 느끼는 것보다는 서로의 상황과 입장을 객관적으로 비교해보면 생각이 바뀔 수 있다. 당신이 지금 상대적 박탈감에 고통받고 있다면 전 세계인과 비교해보면 도움이 된다. 진짜 객관적인 사실을 아는 것만으로도 기분이 달라질 수 있다.

다음은 도넬라 메도즈(Donella H. Meadows) 박사가 쓴 '지구가

100명의 마을이라면'이라는 글 중 일부다.

지구가 100명의 마을이라면 20명은 영양실조이고 1명은 굶어 죽기 직전인데 15명은 비만입니다. 75명은 먹을 양식을 비축해 놓았고 비와 이슬을 피할 집이 있지만 나머지 25명은 그렇지 못합니다. 17명은 깨끗하고 안전한 물조차 마실 수 없습니다.

은행에 예금이 있고 지갑에 돈이 들어 있고 집 안 어딘가에 잔돈이 굴러다니는 사람은 마을에서 가장 부유한 8명 안에 드는 사람 중 하나입니다. 자가용을 소유한 사람은 100명 중 7명 안에 드는 사람입니다. 마을 사람들 중 1명은 대학 교육을 받았고 2명은 컴퓨터를 가지고 있습니다. 그러나 14명은 글도 읽지 못합니다.

지구 전체에서 당신의 수준을 알게 되었으니 이제 조금은 기분이 좋아졌을 것이다. 당신은 당신이 생각하는 것보다 훨씬 더 부유하다. 전 세계 기준으로 보면 그렇다는 것이다.

당신의 연봉이 1,200만 원이면 전 세계 상위 11.36퍼센트에 속한다.
당신의 연봉이 2,400만 원이면 전 세계 상위 1.76퍼센트에 속한다.
당신의 연봉이 3,000만 원이면 전 세계 상위 0.97퍼센트에 속한다.
당신의 재산이 5,000만 원이면 전 세계 상위 15퍼센트에 속한다.
당신의 재산이 1억 원이면 전 세계 상위 7.7퍼센트에 속한다.
당신의 재산이 2억 원이면 전 세계 상위 4.8퍼센트에 속한다.

당신의 재산이 3억 원이면 전 세계 상위 3.66퍼센트에 속한다.

당신의 재산이 4억 원이면 전 세계 상위 3퍼센트에 속한다.

당신의 재산이 5억 원이면 전 세계 상위 2.59퍼센트에 속한다.

당신의 재산이 7억 원이면 전 세계 상위 1퍼센트에 속한다.

이제 당신은 당신이 생각했던 것보다 실제로는 훨씬 더 부자라는 것을 알게 되었다. 아직도 상대적인 박탈감으로 괴로운가? 단지 돈을 남보다 적게 가졌다고 해서 상대적인 박탈감을 느끼고 불행해 할 필요는 없다. 왜냐하면 사람들은 저마다 추구하는 가치가 다르기 때문이다. 당신이 어떻게 생각할지 모르겠지만 나는 돈보다 자유가 더 중요하다고 믿는다. 그래서 자유롭게 산다. 당신은 그저 돈보다는 더 나은 인간관계, 예술, 영혼의 풍요에 초점을 맞추고 살아서 돈을 모으지 못한 것뿐일 수도 있다.

돈은 목표가 아니라 수단일 뿐이다

인생의 최종 목표는 행복 아닌가? 돈은 행복을 얻기 위한 여러 수단 가운데 하나일 뿐이다. 게다가 행복은 돈보다는 인간관계에 더 큰 영향을 받는다. 인간은 그렇게 만들어졌고 진화해왔다. 돈이 많아도 불행한 삶은 많다. 부모의 유산 때문에 싸우고 의절한 형제가 얼마나 많은가? 진정한 부란 모든 게 풍요로운 상태를 의미한다. 돈 외에도 친절, 호기심, 감수성, 지성 면에서도 풍족해서 다른 사람으로부터 사랑과 존중을 받을 수 있어야 진정 부유하다고 할 수 있다. 당신은 어떤가? 당신이 추구하는 진정한 가치는 무엇인가? 당신은 단지 많은 돈을 가지고 싶은 것이 아니라 그것으로 무언가를 사거나 이루거나 하고 싶은 일이 있을 것이 분명하다. 우선은 그것이 무엇인지 분명히 해야 한다. 그것이 목표다. 돈이 목표가 되어서는 안 된다. 돈은 당신이 이루고자 하는 것의 수단일 뿐이다.

제대로 된 목표를 갖지 못한 채 돈만 쫓는 사람들은 돈을 얻은 뒤 길을 잃는다. 우리 주변에는 이런 경우가 너무나 많다. 오히려 돈 때문에 관계를 망치고 돈 때문에 인생을 망치는 사람들은 얼마든지 찾아볼 수 있다. 사람들은 그의 부를 칭송하거나 그를 롤 모델로 삼기보다 졸부라고 손가락질하며 그의 부를 이용하려 든다. 이런 사람들에게 돈은 축복이 아니라 저주다.

인생의 목표가 분명해야 진짜 부자가 될 수 있다. 내가 바라는 행복은 어떤 모습인지 분명히 하는 것이야말로 부자가 되는 길의 이정표를 세우는 일이다. 이미 당신이 가진 것, 당신이 진정으로 가지고 싶은 것을 먼저 확인하고 자신의 마음을 먼저 챙겨야 부자가 될 수 있다. 그것이 바로 돈의 철학을 세우는 일이다. 부자 되기는 바로 거기에서 시작된다.

감정적으로 타인을 비난하는
사람에 대한 니체의 평가

H는 항상 시시비비를 따지고 참지를 못한다. 그 자신의 행실도 항상 바르다고 할 수 없으면서 타인의 행동에 대해서 대수롭지 않은 것까지 꼬투리를 잡아 문제를 확대하고 분개했다. 그런데 어느 날 H는 자신이 운영하던 유치원에서 돈을 횡령한 게 밝혀져서 유치원 사업을 그만두었다.

I는 입만 열만 부자를 욕하고 자본주의에 대해 반감을 드러내고 비판한다. 세상이 썩었고 권력자들을 바꾸어야 한다고 목소리를 높였다. 또 부자들의 투기를 비난했다. 그런데 나중에 알고 보니 I 자신도 재개발 딱지까지 투기하고 있었다.

J는 새로 들어온 싹싹한 신입 여직원을 싫어한다. J를 제외한 직장 동료들은 신입 여직원이 예의 바르고 친절하고 센스 있다고 모두 좋아한다. 그렇지만 J는 신입 여직원이 남자들에게 꼬리 치며

내숭 떨고 상사에게 아부하고 비위를 맞춘다고 비난했다. 또 신입 여직원이 비굴하고 얍삽하다고 비난했다. 실제로는 J 자신이 상사와 동료 앞에서는 아부하고 뒤로는 욕하는 사람이었다.

___ **타인을 비난하는 사람들의 무의식 속에 숨겨진 것**

니체는 사람들이 자신의 인격 중에 받아들이기 힘든 부분을 억압하고 이를 외부의 대상에게 투사하여 그를 악마라고 칭하며 싸운다고 했다.

누군가를 책망하는 사람, 누군가가 나쁘다고 강하게 주장하는 사람이 있다. 그들은 타인을 고발함으로써 스스로 자신의 결함을 무심결에 드러내는 경우가 많다. 제3자가 보면 추잡할 정도로 거센 비난에 고발한 사람이 오히려 나쁜 것이 아닐까 하는 생각이 들 정도로 비열한 성격을 드러낸다. 그래서 심하게 타인을 비난하는 사람일수록 평소에 주변 사람들로부터 미움을 받는 경우가 많다.

나는 이 글을 읽고 무릎을 탁 쳤다. 니체는 정말 심리학의 대가다. 니체의 이러한 주장을 융이 그대로 수용하고 만든 게 바로 그림자 개념이다. 융에 따르면 사람은 공격성, 성욕, 증오심처럼 남에게 들키기 싫고 자신이 받아들이기 힘든 욕망이나 감정을 억누르고 있다고 한다. 융은 이것을 '그림자'라고 칭했다. 그리고 그런 욕구와 감정을 자신이 아닌 타인이 가지고 있다고 비난하는데 이것을 심리학 용어로 '투사'라고 한다.

투사(投射)란 무엇인가? 던지고 쏜다는 말이다. 무엇을 던지고 쏘나? 자신의 그림자를 타인에게 던지고 쏜다는 말이다. 투사라는 심리 방어기제는 무의식 차원에서 발동하기에 본인은 의식하지 못하는 경우가 많다. 자 이제 이해가 가는가? 이제 당신은 그동안 의아했던 당신 주변인들의 행동이 이해가 갈 것이다.

돼지 눈에는 모두가 돼지로 보인다

투사에 대한 개념을 니체보다 먼저 언급한 한국인이 있다. 바로 이성계를 도와서 조선을 개국한 무학 대사다. 신하들의 지나친 아부에 싫증이 난 이성계는 어느 날 무학 대사에게 편하게 농을 하자고 제안한다. 요즘 말로 하면 야자 타임을 갖자고 한 것이다. 이성계가 먼저 무학 대사에게 농을 던졌다. "대사는 꼭 돼지처럼 생겼다." 그러자 무학 대사는 "전하는 부처님처럼 생기셨습니다"라고 응답했다. 이성계는 농을 농으로 받아주지 않는 무학 대사에게 실망하여 왜 그러는지 물었다. 그러자 무학 대사는 이렇게 대답했다. "부처님 눈에는 모두가 부처로 보이고, 돼지 눈에는 모두가 돼지로 보입니다." 그리하여 두 사람이 같이 웃었다고 한다.

　정말 맞는 말이다. 부처 눈에는 모두가 부처로 보이고 돼지 눈에는 모두가 돼지로 보인다. 이게 바로 투사다. 심리학에 이런 말이 있다. "타인은 자신을 비추는 거울이다." 악플을 다는 사람은 악플을 통해서 자신이 어떤 사람임을 무의식적으로 드러낼 뿐이다.

　K는 인터넷상에서 심한 인신공격과 악의적인 추측성 비난의 댓글을 올린다. 그가 쓴 글을 조회하면 남에게 도움이 될 만한 정보 글을 올린 적이 거의 없다. 댓글은 거의 다 감정적인 욕설에 가까운 비난과 인신공격성 악플뿐이다. 그는 댓글을 통해서 자신의 그림자를 타인에게 투사하고 있다. 그래서 나는 댓글을 보면 그 사람이 어떤 인격을 가진 사람인지 대충 알 수 있다.

─── 타인은 나를 비추는 거울이다

　부처님은 인생은 고(괴로움)라고 하셨다. 맞다. 누구나 자신의 인생 무게를 짊어지고 산다. 그런데 인생의 무게가 고통으로 다가올 때 사람은 이를 방어하는 전략을 편다. 프로이트는 이것을 방어기제라고 말했고 그중에 하나가 바로 투사다. 내 안의 결함을 타인이 가졌다고 남을 탓하고 세상을 원망하는 것이다. 그들은 언제나 불평불만이 많고 원망이 가득한 뾰쪽한 사람이다.

　옛날부터 내려오는 이야기가 있다. 다른 마을에서 새로 이사 온 사람이 옆집 사람에게 이 마을 사람 인심이 어떤지 물었다. 그러자 옆집 사람이 되레 그에게 전에 살던 마을 사람들은 어땠는지 반문했다. 새로 이사 온 사람은 전에 살던 동네 사람들은 모두 좋았다고 대답했다. 옆집 사람은 그에게 "그렇다면 당신은 이 동네 사람들을 좋아하게 될 것"이라고 대답했다.

정말 맞는 말이다. 나는 시시비비를 너무 따지고 타인에게 분개하고 분쟁을 좋아하는 뾰쪽한 사람치고 가정이 화목하고 인생을 올바르게 사는 사람을 거의 보지 못했다. 그들은 왜 그렇게 되었을까? 그들은 한 번도 자신의 내면을 진지하게 성찰하지 않고 자신의 그림자를 직시하지 못한 사람들이다. 나약한 자존감 때문에 자신의 모습을 있는 그대로 바라보지 못하는 것이다. 한마디로 그들은 자존감이 낮은 불쌍한 사람들이다. 타인에게서 눈에 띄는 모든 문제는 바로 나 자신의 문제일 때가 많다. 타인은 나를 비추는 거울이기 때문이다.

제대로 된 투자 조언이
빛을 보지 못하는 이유

대다수의 사람들은 자신이 듣고 싶어 하는 말을 하는 사람을 반기고 칭송한다. 유주택자는 집값이 상승한다는 상승론자에게 박수 치고 찬사를 보낸다. 무주택자는 집값이 하락한다는 하락론자에게 박수 치고 칭송한다. 그런데 무주택자가 집을 사서 유주택자가 되면 갑자기 폭락론자에서 상승론자로 돌변한다. 웃기는 이야기지만 인간은 그렇게 만들어졌다. 주식이나 비트코인을 보유 중인데 누군가 하락을 전망한다면 그는 불길하고 재수 없고 또 잘 알지도 못하는 형편없는 놈이라고 폄하하는 것이 인간의 본성이다.

사람들은 그냥 자신에게 유리한 말을 듣는 것을 좋아한다. 그래서 좋은 투자 조언을 하는 것은 무척 어렵다. 때때로 상대방이 듣기 싫어하는 이야기를 해야 하기 때문이다. 그래서 한비자는 올바른 조언과 설득을 하는 것은 매우 위험한 행동이라고 경고했다. 수

많은 정직하고 충성스러운 신하들이 왕에게 조언하다 죽임을 당했다는 많은 사례를 들며 설득의 위험을 경고했다. 한비자는 설난편(說難篇)에서 설득의 어려움을 이렇게 말했다.

왜 설득이 어려운가? 남을 설득할 만큼 풍부한 지식을 갖기 어려워서인가? 아니다. 자신의 의사를 정확히 전달할 만한 언변이 부족해서인가? 아니다. 자신의 말을 자유자재로 할 수 있는 자유가 없어서인가? 아니다. 그럼 왜 설득이 어려운가? 설득은 상대방의 비위에 맞추어야 하기 때문에 어렵다.

쇼펜하우어는 설득이란 아예 불가능한 것이라고 했다.

만일 남이 차마 귀로 들을 수 없는 전혀 이치에 맞지 않는 말을 하더라도 그냥 내버려 두라. 단지 그가 엉터리 연극을 하고 있다는 것을 알기만 하면 된다. 이 세상에서 진리나 교훈을 전달하려던 사람이 설득에 성공했다면 그건 행운이다. 대다수는 오해와 푸대접을 받거나 아니면 저항과 학대에 시달리게 될 것이다.

쇼펜하우어는 타인을 불합리한 생각과 허망에서 벗어나게 하려는 시도는 구약성서에 나오는 므두셀라처럼 969세까지 살아도 성공하지 못할 것이라고 말했다. 설득은 미션 임파서블이다.

성공 투자를 방해하는
카산드라 콤플렉스

인간은 본능적으로 자신의 처지와 입장에서 유리한 이야기를 듣고 싶어 한다. 그래서 사람은 누구나 자신에게 유리한 신념과 관점에 매몰되기 쉬우며 자신에게 불리한 견해에는 거부감을 느낀다. 자신에게 불리한 전망을 거부하고 믿고 싶어 하지 않는 현상을 카산드라 콤플렉스라고 말한다. 이는 위험에 처한 꿩의 행동과 비슷하다. "꿩은 머리만 풀에 감춘다"는 속담처럼, 꿩은 위험한 순간 풀숲에 머리를 파묻고는 움직이지 않는다. 자기 눈에 안 보이면 남의 눈에도 자기가 보이지 않아 위기를 벗어날 수 있다고 여기는 것이다. 이처럼 다가오는 위험신호를 외면하고 문제를 해결할 의지도 없이, 단지 부인하려는 본능은 꿩뿐만 아니라 인간도 가지고 있다.

트로이의 멸망을 예견한 카산드라

카산드라는 고대 그리스신화에 등장하는 트로이의 공주다. 카산드라는 트로이의 프리아모스 왕과 헤카베 왕비 사이에서 태어난 딸이며 헬레노스와는 쌍둥이 남매다. 이들 남매가 아직 어렸을 때 어른들의 부주의로 두 아이만 아폴론 신전에 남겨진 일이 있었다. 다음날 아침 사람들이 남매를 발견했을 때 아폴론 신의 명을 받은 뱀들이 아이들의 귀를 깊숙이 핥고 있었다고 한다. 이 일로 귀가 정화된 카산드라와 헬레노스는 자연과 신들이 들려주는 신성한 말을 이해할 수 있고 앞날도 미리 볼 수 있게 되었다.

훗날 성장한 카산드라가 홀로 아폴론 신전에서 밤을 보내는 일이 있었다. 아폴론 신은 다가가 그녀를 안으려고 하였으나 카산드라는 완강히 저항했다. 화가 난 아폴론 신은 크게 진노하여 그녀의 입안에 침을 뱉었다. 그 뒤로 카산드라가 하는 예언을 아무도 믿지 않게 되었다. 하지만 카산드라는 남다른 예지력의 소유자였다. 카산드라는 파리스가 최고의 미녀 헬레네를 데려올 때 트로이가 멸망할 것이라고 예언했다. 하지만 카산드라의 말을 귀담아듣는 사람은 아무도 없었다. 또 카산드라는 트로이 목마에 적이 숨어 있다고 말했다. 그러나 이때도 그녀의 말을 믿는 사람은 없었다. 사람들은 오히려 카산드라가 미쳤다고 여겼다. 결국은 트로이 목마 속에 숨어 있던 적에 의해 트로이는 멸망했다. 카산드라의 불길한 경고를 무시한 대가는 비극이었다.

트로이 사람들뿐만 아니라 현대인도 자신의 처지와 입장에서 불리하고 불길한 전망은 무시하려는 본능을 가지고 있다. 인간은 자신에게 유리한 것만 바라보고 싶어 하는 결함 있는 본능을 가지고 태어났기 때문이다. 무주택자가 집을 사면 폭락론자에서 폭등론자로 급변하는 이유도 이런 본능 때문이다. 이런 본능 덕분에 인간은 온갖 어려움과 역경 속에서도 자신의 처지와 입장을 비관하지 않고 좌절하지 않으며 희망을 가지고 삶을 지탱하고 생존할 수 있었다. 이런 본능은 생존에 도움을 주는 긍정적인 효과를 발휘하기 때문에 생존에는 유리한 본능이라고 할 수 있다.

그러나 이러한 본능이 투자의 세계에서는 우리를 가혹한 실패로 이끌 수 있다는 점을 숙지하고 있어야 한다. 당신의 포지션과 반대되는 견해와 당신의 포지션을 위협하는 주장에 대해서는 타고난 본능을 억제해 신중하게 경청하고 대비해야 치명적인 실패를 피할 수 있다. 주식의 신이라고 불린 고레카와 긴조는 긴가민가할 경우 보유 주식의 3분의 1을 먼저 팔고 다시 생각한다고 했다. 그러면 자기가 보유한 주식에 대해서 좀 더 객관적으로 바라볼 수 있다고 말한다.

시장에서 자기가 취한 포지션에 대해서 위안과 위로를 구하려고 하지 말라. 시장은 당신의 포지션에 전혀 상관하지 않고 시장이 가야 할 방향으로만 갈 뿐이다. 기도하는 포지션은 청산하라는 격언이 있다. 실패를 줄이고 성공 투자자가 되려면 인간의 결함 있는 본능을 극복하고 자신의 처지와 입장에 불리한 전망도 열린 마음으로 직시해 면밀히 따져 보고 대비해야 한다. 타고난 본능을 극복해야 투자에 성공하기 쉽다.

일상을 단순화하여
체력을 비축하라

나이가 들면 어떻게 되는가? 일상의 무게가 무거워진다. 세금 신고와 납부, 각종 공과금 처리, 자동차 검사와 보험 재가입, 세입자 관리 등 젊은 시절에는 약간 번거롭게 여겼던 일상이 나이가 들면서 너무너무 귀찮고 성가시고 힘든 일로 느껴진다. 주변 지인들을 관찰한 결과, 나이가 들면 참을성도 없어진다. 나이가 들면 더 유하고 부드럽게 될 것 같지만 오히려 그 반대인 경우가 더 많다.

____ 체력이 약화되면 정신력도 약화된다

나이가 들면 왜 그렇게 될까? 내가 찾은 이유는 다음과 같다. 나이가 들면 체력이 약화된다. 체력이 약화된다는 것은 정신력도 약화된다는 말과 같다. 심신이 약화되면 약간의 공격에도 타격을 받을 수 있기 때문에 약한 공격에도 화를 내게 되고 방어적으로 된다. 작은 불만에도 화를 잘 내고 조금만 성가신 일이 생겨도 짜증을 낸다. 그래서 마음에 안 들거나 불편하게 만드는 지인은 자연스럽게 피한다. 나와 다른 남을 이해하고 받아줄 만한 체력과 마음의 여력이 없으니 그런 것이다. 한마디로 내 몸 하나 건사하기도 벅차다.

젊은 시절에 나는 부자가 되려 한다는 것은 더 많은 일을 하겠다고 결심하는 것이라고 생각했다. 더 많은 골치 아프고 힘든 일을 찾아서 해결하는 게 부자가 되는 길이라고 생각했다. "그것도 안 하면 어떻게 돈을 벌겠어? 그 정도는 즐거운 마음으로 기꺼이 해야지." 아내에게 그렇게 말하곤 했었다. 그런데 나이가 드니까 이제는 못 하겠다. 아니 하기 싫어졌다. 일상의 무게도 젊은 시절보다 무겁다. 자고 나면 바뀌는 각종 세금 정책을 따라잡기도 버겁다. 나이가 들면 확실히 체력이나 기억력도 예전 같지 않다.

젊은 시절에는 돈 버는 데 열정을 쏟아 부어라

젊은 시절에는 아이디어도 많고 세상이 느리게 흐르는 것 같았다. 그러나 나이가 드니 단순한 세상의 흐름도 따라잡기가 힘들다. 최근에 맥북을 샀다. 윈도우만 사용하다 맥북에 적응하려니 짜증이 밀려왔고 산 걸 후회했다. 나이가 드니 모든 걸 단순화해야 할 필요성을 느낀다. 일상조차도 단순화해야 할 필요성을 절감한다. 그래서 누가 돈을 준다고 해도 각종 인터뷰, 기고, 강연 요청을 모두 거절한다. 새로운 만남도 거절한다. 요즘도 제법 많은 상담 요청 메일이나 쪽지가 오는데 그것을 일일이 답할 체력과 열정이 없다. 어쩌다 한 번 답장 쓰는 것도 내 딴에는 용을 쓰며 최선을 다한 것이다.

나이가 들면 경쟁력도 떨어지고 만사 귀찮다. 그래서 젊은 사람들이 조언을 청하면 "나이가 들면 저절로 욜로가 되니 젊을 때는 노는 것보다 열심히 돈을 버는 데 집중하라"고 한다. 경쟁력 있고 돈 벌기 좋은 젊은 시절을 흥청망청 욜로로 허송세월하면 나이 들어서 답이 없다. 젊은 시절의 열정은 언제까지 있는 게 아니다. 세월과 함께 봄날 눈 녹듯이 사라진다.

돈보다 사랑을 선택하게 하는 힘은
어디에서 오는가?

돈이 많다고 해서 가난한 사람을 멸시하고 무시할 자격을 가질 수 있는 것은 아니다. 또 가난하다고 해서 열등감과 수치심을 가질 일도 아니다. 돈은 인생에 필요한 여러 가지 중 하나일 뿐이다. 사람은 저마다 추구하는 가치관과 행복의 형태가 다르다. 여행을 좋아하는 사람도 있고 친구나 인간관계를 중시하는 사람도 있고 로맨스를 추구하는 사람도 있다. 술과 유흥을 즐기는 사람도 있고 문학과 예술을 좋아하는 사람도 있고 봉사 활동에서 행복을 느끼는 사람도 있다. 돈이 아닌 다른 가치를 추구하는 사람들이 정말 많다. 그러니 돈으로 인생의 성공 여부를 논하는 것은 참 어리석은 일이다.

인생에는 돈보다 더 소중한 것이 많다. 그렇기에 돈으로 타인의 가치를 평가하는 사람은 돈벌레다. 자유시장경제의 가장 큰 적은

프롤레타리아 혁명가가 아니라 갑질하는 천민자본가다. 내가 천민
자본가의 갑질에 분개하는 것은 이 때문이다.

길상사의 독특한 역사와 숨겨진 이야기

돈보다 소중한 것이 많다는 것을 두 눈으로 직접 볼 수 있는 곳
이 있다. 서울 성북동에 있는 길상사다. 길상사는 원래 대원각이라
는 이름의 요정이었다. 대원각의 주인인 김영한이 법정 스님에게
시주해서 길상사라는 절로 다시 태어났다.

대원각은 당시 시가 1,000억 원에 달하는 당대 최고의 요정이
었다. 법정 스님의 무소유에 감동한 김영한은 대원각을 통째로 시
주하려 했지만 법정 스님은 일언지하에 거절했다. 하지만 김영한
은 뜻을 꺾지 않고 거듭 의사를 전했다. 그렇게 10년의 시간이 흐
른 뒤, 결국 법정 스님 개인이 아니라 조계종 송광사 분원으로 받
아들여졌다.

이후 1997년 10월 길상사가 개원하고 김영한은 길상화라는 법
명을 받았다. 창건 법회에서 김영한은 "나는 죄가 많은 여자입니
다. 나는 불교를 잘 모릅니다. 저기 보이는 저 팔각정은 여인들이
옷을 갈아입는 곳이었습니다. 제 소원은 저기에서 맑고 장엄한 범
종 소리가 울려 퍼지는 것입니다"라고 소회를 밝혔다.

당시 인터뷰에서 1,000억 원이나 되는 재산을 시주한 것이 혹

아깝지는 않은지, 어떤 마음으로 시주한 것인지 묻자 "없는 것을 만들어 드려야 큰일을 한 것인데 있는 것을 드렸으니 별일 아니다"라며 "내 가진 모든 것이 그이(백석) 시 한 수만 못 하다"라고 말했다. 김영한은 시인 백석을 사랑했고 평생 그를 그리워했다. 그녀는 창작과비평사에 2억 원을 기부하여 백석문학상을 만들기도 했다.

시인 백석과 김영한의 안타까운 사랑

시인 백석은 평안북도 정주 출신이다. 본명은 백기행이고 같은 소학교 출신 시인인 김소월을 존경했으며 그 역시 모더니즘 시대를 연 천재 시인으로 이름을 알렸다. 19세 때 〈조선일보〉에 소설로 등단하고 〈조선일보〉 장학생으로 선발되어 일본 유학을 떠나 영문학을 전공했다. 남북 분단 뒤에는 북한에서 활동했기에 우리나라에는 덜 알려진 시인이다.

일반인들이 가장 좋아하는 시인은 김소월, 윤동주지만 시인들이 가장 좋아하는 시인으로는 백석이 꼽힌다고 한다. 백석을 연구한 논문만 600여 편이라고 하니 그에 대한 주목도를 짐작할 만하다. 백석은 미남이었다. 시대를 앞서가는 헤어스타일은 지금도 화제가 되는 당대 최고 모던 보이였다. 백석이 김영한을 만나기 전 영생고보 교사로 학교에서 하숙을 했는데 그 학교 여학생들이 서로 백석의 방을 청소하겠다고 다투었을 정도라고 한다.

김영한은 어떤 여성이었을까? 가세가 기울어 15세에 병약한 남편에게 시집가서 힘든 시집살이를 했는데 김영한이 빨래를 할 때 남편이 우물에 몸을 던져 빠져 죽었다고 한다. 청상과부가 된 김영한은 기생의 길로 들어서게 되었다.

백석이 〈조선일보〉를 그만두고 고등학교 교사로 재직 중일 때 교사 회식이 있었는데 그때 백석의 옆자리에 김영한이 앉으면서 두 사람은 운명적인 사랑에 빠진다. 당시 두 사람의 나이는 26세, 22세였다. 백석은 "오늘부터 당신은 내 영원한 마누라야. 죽기 전에 우리 사이에 이별은 없어요"라고 하면서 자야(子夜)라는 아호를 지어줬다고 한다. 그리고 서울로 올라와 청진동 자야의 집에서 지내면서 시를 썼다. 김영한이 이때를 회상하기를 다 늙은 지금도 눈을 감으면 "여보, 나 왔어" 하며 문을 열고 들어오는 백석이 보인다고 했다.

그러나 백석의 부모는 기생 출신인 자야를 인정하지 않았다. 백석은 둘이 함께 만주로 도망가자고 했으나 자야는 백석의 앞날을 막을 수 없다는 생각에 서울로 혼자 떠난다. 서울로 돌아와 혼자 조용히 지내는데 나중에 백석이 찾아와 변함없는 미소를 지으며 김영한을 안아주었다고 한다. 하지만 백석은 학교 때문에 다시 함흥으로 떠나는데 그때 백석이 남긴 시가 〈나와 나타샤와 흰 당나귀〉라고 한다.

이후 남북이 분단되면서 두 사람은 완전히 다른 삶을 산다. 김영한은 백석을 그리며 사업을 하고, 백석이 공부했던 영문학을 공부하며 재물과 지식을 쌓았는데 혹시라도 백석이 돌아오면 그가 편히 살 수 있도록 하기 위해서였다고 한다. 하지만 두 사람은 결국 다시 만나지 못했고 김영한은 자신의 유해를 '눈이 푹푹 나리는 날' 길상사 뒤뜰에 뿌려달라는 유언을 남기고 세상을 떠났다. 눈 오는 날, 흰 당나귀를 타고 백석에게로 가고 싶은 마음이었을 것이다. 실제로 1999년 11월 길상사에서 마지막 밤을 보낸 김영한의 유해는 흰 눈이 내리는 날 길상사 뒤뜰에 뿌려졌다.

백석은 북한에서 조만식 선생의 통역관으로 일했고 북한 창작예술단에서 러시아문학을 번역하여 소개하는 일을 했다. 최고인민대회 대의원까지 지냈지만 당성이 부족하다는 이유로 협동조합으로 쫓겨나 양치기로 일하다가 1995년에 생을 마감했다고 한다.

_____ **평생 이룬 재산보다 소중한 것**

길상사에는 법정 스님이 생전에 거처하던 진영각이 있다. 이 진영각에는 나무로 만든 의자가 하나 있는데 법정 스님이 손수 만든 의자라고 한다. 이 투박한 의자를 보면 나는 우리의 인생에 그렇게 많은 돈이 필요하지 않다고 느낀다.

길상사에는 예사롭지 않은 관음상이 있는데 멀리서 보면 꼭 성모마리아상처럼 보인다. 그도 그럴 것이 가톨릭 미술의 대부 최종태 교수의 작품이다. 원로 조각가이자 예술원 회원인 최종태 서울대 명예교수는 2000년 길상사 관음상을 제작하며 김수환 추기경, 법정 스님과 각별한 인연을 맺었다. 종교를 넘어선 작업에 대해 최종태 교수는 이렇게 말했다. "길상사 관음상을 작업할 때 김수환 추기경께 '불교 작업으로 파문당하는 거 아니냐'고 물었다. 그랬더니 '400년 전 일본 나가사키에서는 관음상 놓고 천주교 신자들이 기도했다. 그럴 리 없다'며 웃으셨다."

길상사에 가면 존경하는 김수환 추기경과 법정 스님의 이야기가 있고 예술이 있고 문학이 있고 백석과 김영한의 러브 스토리가 있다. 1,000억 원이라는 큰돈이 백석의 시 한 편보다 못하다던 김영한이다. 평생 이룬 재산보다 젊은 시절 한때의 사랑을 더 소중히 여긴 김영한의 마음을 거듭 되새긴다.

마르크스가 경제학 교과서에서
추방된 이유

마르크스는 1818년 독일의 라인강 근처 작은 도시 트리어에서 변호사의 아들로 태어났다. 아버지의 직업에 영향을 받은 마르크스는 본 대학에 입학하여 법학을 전공하는 대학생이 되었다. 그러나 마르크스는 모범적인 학생은 아니었다. 대학을 다니는 동안에 술을 너무 많이 마셨고 주사가 심해서 대학 당국에 구속되어 감금당하기까지 했다. 게다가 낭비벽도 심했다. 마르크스의 낭비벽에 대해서 그의 아버지는 이렇게 한탄했다. "우리 집이 무슨 황금으로 만들어진 것도 아닌데 내 아들 마르크스는 한 달에 700탈러(15세기 보헤미아 및 유럽에서 쓰이던 화폐의 단위)씩 썼다. 그 어떤 갑부도 500탈러 이상 쓰지 않는데 말이다."

이후 마르크스는 베를린 대학으로 학교를 옮긴다. 베를린 대학생 시절에 마르크스는 남에게 돈을 빌리고 갚지 않는 바람에 여러 차례 고소를 당했는데 이 때문에 5년 동안 10번이나 이사를 했다고 한다. 그뿐만이 아니었다. 과음과 주사에 이어 낭비벽과 방탕함이 도를 넘어섰으며 매우 지저분했던 것으로 전한다. 거무튀튀한 피부, 덥수룩한 수염, 길고 윤기 없는 머리카락 때문에 영락없는 거지꼴이었다고 한다. 마르크스의 별명이 무어인(아랍인과 베르베르인의 혼혈족, 거무튀튀한 피부와 덥수룩한 수염이 특징)이었던 것도 그의 지저분한 외모 때문이었다.

마르크스는 어머니와도 사이가 좋지 않았다. 그는 어머니를 단지 인색한 돈주머니 정도로 여겼다고 한다. 그의 어머니는 마르크스에게 "네가 자본에 대해 책을 쓰는 것보다 '자본'을 벌기를 바란다"라고 충고했는데 어머니의 조언을 받아들이기는커녕 어머니의 장례식에도 참석하지 않았다고 한다.

마르크스는 동료의 고통을 공감하는 데도 서툴렀다. 자신을 재정적으로 지원한 후원자이자 동지인 엥겔스가 사랑하는 여인이 죽어 괴롭다는 편지를 마르크스에게 보냈다. 이때 답장을 쓰면서 그는 유감이나 슬픔을 전하기는커녕 돈 좀 부쳐달라는 철면피한 부탁을 했다. 이런 인정머리 없는 답장을 받은 엥겔스는 격분하여 마르크스에게 절교 선언을 했다. 당황한 마르크스는 생애 처음이자 마지막으로 사과 편지를 써 보냈다고 한다.

마르크스는 런던에 살 때 가장 못사는 빈민굴의 좁고 어두운 집에서 살았다. 당시 그는 종기로 고생했지만 돈이 없어서 치료도 받지 못했다고 한다. 신문 살 돈도 없고 빵과 감자만 먹으면서 『자본론』을 집필했다고 한다. 당시에 마르크스 집에 잠입한 정보 경찰은 다음과 같은 관찰기록을 남겼다.

마르크스는 격렬하고 조급한 성격의 소유자지만 아버지와 남편으로는 대단히 다정하고 온화한 사람이다. 마르크스가 사는 곳은 런던에서도 제일 지독한 빈민가여서 생활비가 가장 적게 드는 곳이다. 방 안을 둘러보아도 번듯한 가구는 하나도 없다. 하나같이 삐걱거리고 낡고 헐어 빠진 것들이다. 도처에 먼지가 쌓여 있고 가재도구는 아무 데나 굴러다녔다. 마르크스의 방에 들어서면 지독한 담배 연기와 냄새 때문에 눈이 따가워 한동안 동굴 속을 손으로 더듬는 기분이고 눈이 익숙해져야 물건 모양이 안개 속에서 떠오르는 느낌이었다. 모든 곳이 더럽고 먼지가 앉아 있어 무심코 앉으면 위험천만할 지경이다.

관찰기록에 따르면 마르크스는 더럽고 지저분하게 살았으며 정리 정돈을 하지 못했다. 마르크스는 런던 빈민굴에 살 때 6명의 자녀 중에 3명을 병으로 잃었다. 하지만 비극은 거기서 끝났지 않았다. 죽은 아이를 묻기 위한 2파운드짜리 관조차도 구할 수 없어 마르크스는 깊은 우울증에 빠졌다고 한다.

마르크스가 겪은 비극은 모두 가난 때문이었을까? 후대 역사가들은 그렇지 않다고 말한다. 마르크스가 겪은 비극의 진짜 원인은 돈을 적절하게 관리하지 못하고 엉망으로 다루었기 때문이라고 한다. 당시에 마르크스가 받았던 원고료 수입은 중·하류층의 평균 수입보다 더 많았다. 가장 살기 어려웠을 때의 수입조차도 막일꾼 품삯의 3배는 되었다고 한다. 마르크스와 같이 독일에서 추방된 한 과격파 시인은 그 정도 수입이면 비프스테이크 망명 생활을 즐길 수 있을 정도라고 말했다. 그럼 적지 않았던 마르크스의 수입은 도대체 어디로 사라진 것일까? 마르크스는 그 돈을 자식들의 피아노, 음악, 댄스 레슨비로 탕진했다. 그의 아내도 항상 '폰 베스트팔렌 남작부인'이라는 금박이 박힌 편지지를 사용했다. 마르크스는 절제와 절약을 몰랐던 것이다. 마르크스는 대학생 시절에 시작한 방탕한 삶을 평생 이어 갔다.

마르크스는 평생에 걸쳐 자신을 내조하고 충실했던 아내에게도 죄를 지었다. 아내가 잠시 병상에 누워 있는 동안에 자기 집 하녀를 임신시켰다. 그런데 더 놀라운 것은 마르크스는 자신이 아니고 엥겔스의 짓이라고 거짓말을 했다. 하녀는 불룩한 배를 안고 잠시 집을 떠났다가 마르크스를 닮은 거무튀튀한 아이 하나를 데리고 다시 찾아왔다. 엥겔스는 어쩔 수 없이 사생아를 자신의 아이인 것처럼 거짓 서류를 꾸민 다음에 다른 노동자의 양자로 보냈다고 한다. 아내를 배신하고 자신의 자식마저 남의 집에 입양시킨 마르크스의 무책임한 행동은 어떤 이유에서건 좋게 보기 어렵다. 그러나 마르크스는 한 번도 자신을 탓한 적이 없었다고 한다. 그는 모든 걸 부르주아의 탓으로 돌렸다. 마르크스는 언젠가는 자신의 비극에 대한 대가를 부르주아가 치르게 하겠다고 다짐하곤 했다.

마르크스가 자본주의의 종식을 예언한 진짜 이유

마르크스는 대영제국 박물관을 들락거리며 경제학과 관련된 모든 책을 읽고 15년간의 긴 연구 끝에 마침내 『자본론』을 출간했다. 애덤 스미스가 10년 만에 『국부론』을 완성한 것과 비교된다. 『자본론』은 인용문만 1,500개이고 총 2,500페이지에 달하는 아주 방대한 책이다. 보통 단행본 기준으로 약 9권 분량에 해당하니 얼마나 두꺼운 책인지 짐작할 수 있다. 마르크스는 『자본론』에서 자신이 마침내 자본주의의 비밀스런 법칙을 발견했으며 자본주의는 그 법칙에 따라서 스스로 망할 수밖에 없다고 사망 선고를 내렸다.

그렇다면 마르크스가 말한 자본주의 법칙은 무엇일까? 마르크스는 시간이 갈수록 자본가의 이윤율이 떨어질 수밖에 없고 종국에는 제로로 수렴하게 되어 자본주의는 망할 것이라고 보았다. 이것이 바로 '이윤율의 경향적 저하 법칙'이다. 여기서 마르크스가 말하는 이윤율이 무엇인지부터 살펴보자. 이윤율의 분자는 이익을 말하고 분모는 투자한 자본을 말한다. 예를 들어서 1억 원으로 장사를 시작하여 1,000만 원의 이익을 냈다면 이윤율은 10퍼센트가 된다. 요즘 주식투자자들에게 익숙한 용어로 표현하자면 자본이익률과 같다. 즉 마르크스가 말한 이윤율은 자본의 투자수익률이라고 생각하면 된다.

그러면 왜 시간이 갈수록 자본의 이윤율이 떨어질 수밖에 없다는 것일까? 마르크스는 이윤(이익)의 원천은 노동에 있다고 보았다. 마르크스는 자본가가 노동자에게 마땅히 주어야 할 임금을 다 주지 않고 일부를 떼어먹는데 그게 바로 이윤(이익)의 원천이라고 믿었다. 그래서 노동가치설을 믿은 마르크스는 이윤율을 다음과 같이 표현했다.

이윤율 = 이익 / (임금 + 기계 투자비)

분모인 투자금을 노동자에게 주는 임금과 기계를 사는 데 드는 기계 투자비로 구분했다. 일단 마르크스가 정의한 대로 '이윤율 = 이익 / (임금 + 기계 투자비)'라고 정의한 다음에 생각을 이어 나가자. 이런 상황에서 자본가가 이윤율을 높이려면 어떻게 해야 할까? 분모를 줄이면 된다. 분모는 임금과 기계 투자비로 구성되는데 이 중에서 줄일 수 있는 것은 임금뿐이다. 왜냐하면 기계 투자비는 줄일 수가 없기 때문이다. 기계는 시장에서 남과 똑같은 가격으로 사 올 수밖에 없다. 결국 자본가가 분모에서 줄일 수 있는 것은 임금뿐이다. 그래서 마르크스는 자본가들이 이윤율을 높이기 위해서 노동자의 임금을 착취할 수밖에 없다고 보았다. 이쯤 되면 마르크스는 자본가를 자신의 이익을 위해서 노동자를 착취하는 악당으로 비난했어야 마땅하다. 그런데 마르크스는 자본가를 비난하지 않았다. 왜 마르크스는 자본가를 한 번도 비난하지 않았을까? 마르크스는 자본가 역시도 자본주의 시스템의 희생자로 보았기 때문이다.

마르크스는 자본가를 스크루지 같은 구두쇠와는 전혀 다르다고 보았다. 스크루지는 자발적으로 수전노가 되었지만 자본가는 스크루지와 달리 자본주의 체제에서 톱니바퀴 역할을 할 뿐이고, 자본가 역시도 무한 경쟁에 내몰려 살아남기 위해서 어쩔 수 없이 노동자를 착취하는 불쌍한 존재라고 보았다. 그래서 마르크스는 자본가를 피도 눈물도 없는 흡혈귀라고 비난하는 대신에 불쌍한 돈가방(money bag)이라고 불렀다.

자본주의의 미래에 대한 마르크스의 시나리오

자본가는 경쟁에서 살아남기 위해서 어떻게 해야 할까? 자본가는 경쟁에서 살아남기 위해서 공장의 규모를 더 키워야 한다. 공장이 더 커지고 대량생산을 할수록 생산 단가가 낮아져서 생존에 유리하기 때문이다. 그런데 자본가가 경쟁에서 살아남기 위해서 더 큰 공장을 지으려면 더 많은 자본이 필요하다. 그래서 자본가는 더 많은 자본을 축적해야 한다. 더 많은 자본을 축적하기 위해서 자본가는 노동자를 더 쥐어짤 수밖에 없다.

왜 마르크스는 자본가의 이윤율이 경향적으로 하락할 수밖에 없다고 보았을까? 자본가가 경쟁에서 살아남으려면 최신 기계를 들여와야 한다. 최신 기계를 들여서 생산하면 훨씬 싼값으로 상품을 만들 수 있기 때문이다. 그런데 문제는 다른 자본가도 똑같이 최신 기계를 도입한다는 것이다. 최신 기계 도입은 살아남기 위해서 자본가의 피할 수 없는 선택이 되었다.

이렇게 경쟁적으로 자본가가 최신 기계를 도입하면 어떤 현상이 벌어질까? 여기서 다시 마르크스의 이윤율 공식을 떠올려 보자. '이윤율 = 이익 / (임금 + 기계 투자비)'라고 했는데 기계 투자비가 늘어날수록 이윤율은 어떻게 변하나? 분모가 커지니까 이윤율은 떨어질 수밖에 없다. 자본가는 경쟁적으로 설비투자를 할 수밖에 없고 그 때문에 자본가의 이윤율은 계속해서 떨어질 수밖에 없다고 본 것이다. 이제 왜 마르크스가 자본주의가 발전할수록 이윤율은 반드시 떨어질 수밖에 없다고 말했는지 충분히 이해되었을 것 같다.

자본가가 경쟁적으로 최신 기계 설비를 도입함에 따라 생산에 필요한 노동자 수가 줄어든다. 노동자는 기계 도입으로 실업자가 되거나 고용이 유지된다고 해도 임금이 깎이고 겨우 입에 풀칠할 정도의 최저임금만 받는다. 노동자들은 소비할 여윳돈이 없다. 자본가가 생산한 상품은 진열대에 쌓이지만 이를 소비해야 할 노동자에게는 그것을 살 돈이 없는 것이다. 그래서 상품 진열대에는 파리만 날린다. 상품이 팔리지 않아서 자본가가 운영하는 공장도 줄줄이 도산할 수밖에 없다. 이런 식으로 자본주의 체제는 주기적으로 경기 침체와 공황을 맞이할 수밖에 없다는 것이 마르크스의 시나리오다.

일단 공황이나 경기 침체가 발생하면 작은 기업이 먼저 도산한다. 그러면 대기업은 경기 침체기에 합병과 인수를 통해서 더욱더 커진다. 자본은 대기업으로 집중되고 독점화되는 반면 노동자의 협상력은 더욱더 떨어져서 더 낮은 임금을 받아들일 수밖에 없다. 결국 더욱더 비참한 상태로 전락하게 될 것이라는 게 마르크스의 주장이다.

이렇게 모든 이익을 독점하고 수탈하는 몇몇 대자본가만 생존함에 따라서 노동자는 더욱더 곤궁해지고 핍박받고 착취당한다. 노동자의 노동시간은 연장되고 휴가는 줄어들고 임금도 줄어들어 노동자의 삶은 더욱더 비참해진다. 절대다수를 차지하는 무산계급 노동자는 실업자가 되거나 감내하기 힘든 절망과 고통을 겪으면서 자신의 처지를 드디어 깨닫는다. 그리고 마침내 노동자는 소수의 자본가를 쓰러뜨리고 자신의 권리를 찾기 위해서 혁명의 깃발을 올린다. 그것이 바로 프롤레타리아혁명이다. 공산당 선언을 통해서 마르크스는 이렇게 선동했다.

지배계급이여 공산혁명 앞에 전율할지어다. 프롤레타리아들이여, 그대들이 잃을 것이라고는 억압의 쇠사슬뿐 성공하면 그대들의 세상을 얻을 수 있다. 만국의 노동자들이여, 단결하라!

붉은 박사 마르크스의 예언은 얼마나 적중했을까? 결론부터 말하자면 적중한 게 거의 없다. 그나마 맞춘 게 있다면 자본주의는 주기적으로 경기 침체를 겪는다는 정도다. 하지만 이 이야기는 이미 맬서스가 알려준 사실이다. 결국 마르크스가 경제학에 남긴 공로는 거의 없다. 요즘 경제학자들은 마르크스를 읽지도 않는다. 왜? 불온해서? 아니다. 하나도 맞는 게 없기 때문이다. 우리가 대학교에서 배우는 경제학 책에 마르크스가 한 줄도 안 나오는 이유는 그의 사상이 불온해서가 절대로 아니다. 경제학적으로 이치에 맞는 게 거의 없기 때문이다.

마르크스에게서 배울 수 있는
투자 아이디어

마르크스가 자본주의 사망을 선고한 핵심적인 이유는 '이윤율의 경향적 저하'였는데 이것 또한 사실이 아니다. 자본가는 마르크스가 미처 생각하지 못한 방법으로 이윤율을 올렸다. 토마 피케티가 쓴 화제의 책 『21세기 자본』에 따르면 자본이익률은 역사적으로 4퍼센트 이하로 떨어진 적이 없다.

"노동자들은 산업 발달과 더불어서 잘살게 되기는커녕 마침내 거지가 되고 만다"라고 한 마르크스의 예언 역시 실제로는 전혀 이루어지지 않았다. 오늘날 일반 노동자의 삶은 19세기 부르주아 계급의 생활수준을 능가한다. 오늘날 일반 노동자의 삶은 과거 몇 백 년 전 왕의 삶보다 더 나은 면도 있다.

____ 노동자인 동시에 자본가인 현대의 직장인들

마르크스가 생존했던 시기조차도 노동자의 삶은 개선되었다. 공산당선언 이후 10년 동안 농업 임금이 40퍼센트나 올랐다. 움직일 수 없는 증거 앞에서 마르크스는 노동자가 자본가에 비해서 상대적으로 더 가난해진다고 말을 바꾸었다. 부자도 더 부자가 되고 빈자도 더 부자가 된다는 것이다. 다만 부자가 더 빨리 부자가 된다고 말했다. 그런데 이게 비난받을 일인가? 부자가 더 부자가 되건 말건 빈자가 더 부유해지면 좋은 것이 아닌가? 존 롤스는 『정의론』을 통해 "빈자가 부유해질 때만 부자가 더 부유해져야 한다"고 설파한 바 있다.

오늘날 마르크스주의자들은 노동자의 절대적 빈곤을 말하지 않는다. 대신에 노동자의 상대적 박탈감이라는 심리적 고통을 주장한다. 갑자기 설득력이 뚝 떨어지는 것을 막을 수가 없다. 자본가들이 생산수단을 독점한다는 주장도 고개를 갸웃거리게 만든다. 오늘날에는 노동자도 주식을 소유할 수 있기 때문이다. 요즘은 노동자인 직장인이 주식투자를 많이 한다. 주식투자를 하는 직장인은 노동자인 동시에 자본가인 셈이다. 또 오늘날 자본주의사회에서는 퇴직연금제도를 통해서 노동자도 간접적으로 주식을 보유하였다. 자본가가 생산수단을 독점한다는 마르크스의 주장은 틀린 말이다. 케인스는 『자본론』을 읽고 나서 이렇게 말했다고 한다.

저는 마르크스와 엥겔스 둘 중에 선택하라면 차라리 엥겔스를 선호합니다. 그 둘이 독특한 엉터리 논리 전개 방식과 천박한 문체를 하나 개발했다는 사실은 잘 알겠습니다만 그들이 경제학적 수수께끼에 대한 실마리를 제공했느냐고 묻는다면 제 대답은 전과 같습니다. 전혀 모르겠습니다.

천재 케인스도 모르겠다고 하는데 다른 경제학자들이야 말해 뭐하겠는가? 마르크스는 경제학자로서는 실패했지만 증오심과 시기심을 과학적으로 포장하여 정치사회학적 투쟁에서는 가장 크게 성공했다. 마르크스의 증오와 시기심이 깃든 사상은 한때 지구상 절반을 붉게 물들였기 때문이다. 붉은 박사가 전파한 이데올로기 때문에 죽은 사망자를 다 합치면 1억 명 이상이며 이는 두 번의 세계대전 때 죽은 사망자를 합친 것보다 50퍼센트나 더 많다.

마르크스의 저주에서 벗어날 수 있는 사업 아이템

마르크스는 자본주의가 발전하면 할수록 자본이익률이 0이 되어서 망할 것이라고 예상했다. 그러나 피케티는 『21세기 자본』에서 지난 200년간 자본주의 국가의 자본이익률을 조사하니 한 번도 4퍼센트 아래로 내려간 적이 없다고 밝혔다. 즉 자본이익률은 계속 안정적인 수익률을 보여주었다. 마르크스의 주장과 달리 긴 세월 동안 자본가의 수익률에는 문제가 없었다.

노동집약적이거나 설비투자가 많이 필요한 전통 산업의 경우 마르크스의 주장대로 자본의 이윤율은 경향적으로 저하되는 성향을 보인다. 그런데 자본가들은 이윤율이 떨어지지 않는 방법을 찾아냈다. 바로 여기서 투자 아이디어를 찾을 수 있다. 다시 마르크스의 이윤율 공식을 상기해보자. 자본가들이 이윤율을 높이는 방법을 다시 생각해보자.

첫째, 자본가는 분모의 임금을 줄이려 노력한다. 저임금을 찾아서 공장을 옮긴다. 삼성전자가 베트남으로 스마트폰 공장을 옮기는 이유다. 현대자동차가 자동차 공장을 중국과 멕시코에 짓는 이유다. 특히 우리나라의 노동집약적 기업은 대부분 중국과 베트남, 인도로 생산 기지를 옮길 수밖에 없다. 그래야 이윤율이 떨어지는 걸 막을 수 있기 때문이다.

둘째, 기계 투자비를 줄이는 방법을 고안한다. 마르크스는 자본가가 경쟁에서 살아남기 위해 지속적으로 설비투자를 늘려야 하기 때문에 어쩔 수 없이 이윤율이 떨어진다고 보았지만 자본가들은 기계 투자비를 늘리지 않아도 되는 사업을 찾았다! 즉 설비투자가 계속 필요 없는 사업을 하면 자본이윤율 저하 법칙에서 벗어나 돈을 계속 많이 벌 수 있다. 바로 이런 사업에 투자해야 유리하다.

먼저 기계 설비투자를 지속적으로 늘려야 하는 사업이 왜 불리한지부터 알아보자. 설비투자를 계속해야만 하는 사업의 경우 매년 이익이 남아도 그게 진짜 자기 마음대로 처분할 수 있는 이익이라고 할 수 없다. 이익을 다시 설비투자에 지출하지 않으면 경쟁에서 뒤처지고 망하는 지름길로 들어선다. 그래서 설비투자를 계속해야 하는 사업은 마치 달리는 자전거와 같다. 넘어지지 않으려면 계속 달려야 하는 자전거처럼 살아남기 위해서 설비투자를 계속해야 한다. 설비투자를 멈추는 순간 그동안 투자한 돈은 순식간에 공중으로 날아간다. 이런 사업은 내일 벌기 위해서 오늘 굶고, 내일이 오면 또 다음 날을 위해서 굶어야 하는 것과 다를 바 없다.

그래서 자본가들은 지속적으로 설비투자를 하지 않아도 되는 사업을 찾았다. 이러한 사업은 계속 높은 수익률로 돈을 벌고 번 돈도 자유롭게 쓸 수 있다. 설비투자가 필요 없는 비즈니스는 어떤 것이 있나? 게임이 대표적인 예다. 게임은 이용자가 늘어난다고 해서 그에 비례해서 설비투자를 늘릴 필요가 없다. 게임 사업은 공장이 필요 없다. 중요한 건 아이디어와 기획력이다. 이 글을 쓰고 있는 2020년 5월 3일 현재 게임 회사 넷마블의 시가총액은 8조 원이다. 이를 두산중공업 1조 원, 삼성중공업 2.7조 원과 비교해보라. 설비투자를 지속적으로 해야 하는 기업에 비해서 게임주의 시가총액이 상대적으로 얼마나 큰지 알 수 있다. 시장에서 이런 게임주의 가치를 높이 치는 이유는 지속적인 설비투자가 필요 없어 높은 이윤율을 계속 유지할 수 있기 때문이다.

기술, 아이디어, 지식 중심 사업에 주목하라

현재 미국에서 가장 시가총액이 크고 잘나가는 FANG(Facebook, Amazon, Netflix, Google) 기업을 보라! 이들 기업의 특징이 무엇인가? 설비투자를 해야 하는 공장이 없다. 그러다 보니 해마다 회사에 막대한 현금이 쌓인다. 애플을 보라. 애플도 설비투자가 필요한 공장이 없다. 애플은 대만과 중국에 공장을 가진 기업에게 하청을 준다.

이제 어떤 기업에 투자해야 할지 감이 오는가? 이런 기업이 바로 워런 버핏이 좋아하는 지속적인 설비투자가 필요 없는 기업이다. 이런 기업이 번 돈은 진짜 번 돈이며 마음대로 쓸 수 있는 돈이다. 설비투자가 상대적으로 작거나 필요 없는 사업은 게임, 바이오, 제약, 엔터테인먼트, 디자인, 패션 등 기술과 아이디어로 먹고사는 회사이며 지식 비즈니스인 경우가 대부분이다. 우리는 기계설비보다 지식과 아이디어에서 더 많은 부가 나오는 세상을 살고 있다. 그래서 설비투자를 계속해야 하는 기업만 있는 세상을 가정했던 마르크스의 예언은 빗나갔다. 마르크스의 예언은 투자 아이디어의 반면교사다. 마르크스의 저주인 '자본이윤율의 경향적 저하 법칙'을 벗어날 수 있는 기술, 아이디어, 지식 중심 사업에 주목해야 한다.

투자의 승패는
생각기계에 따라 달라진다

주식이나 부동산이나 오를지 내릴지 방향만 잘 맞추면 부자가 되지 않는가? 어떻게 보면 확률이 1/2인 것 같은데 막상 해보면 이상하게도 판판이 깨진다. 주식도 부동산도 장기적으로 보면 약 연 8퍼센트 수익률로 올랐다. 하지만 이렇게 많이 오르는 대상에 투자해도 돈을 잃는 경우가 많다. 왜 그럴까? 왜 장기적으로 오르는 자산에 투자했음에도 돈을 잃을까? 그건 바로 우리의 두뇌, 즉 생각기계가 엉터리이기 때문이다. 우리는 엉터리 생각기계를 가지고 태어났기에 지속적으로 생각기계를 수리하고 개선하지 않으면 투자에서 판판이 깨지게 되어 있다.

인간은 누구나 자신이 똑똑하다고 믿고 싶어 한다. 그래서 자신의 머리를 의심하기란 결코 쉬운 일이 아니다. 그러나 계속 깨지면 그제야 자신의 머리에 의심을 가진다. 가진 걸 전부 잃기 전에 빨리 생각기계를 고쳐야 한다.

투자의 승패는 생각기계의 차이에 따라서 갈라진다. 제법 오랫동안 노력했음에도 불구하고 당신이 투자에 성공하지 못하고 돈이 없다면 당신의 생각기계가 엉터리일 가능성이 높다. 결국 당신의 생각기계를 고쳐야만 돈을 벌 수 있다. 그런데 생각기계는 다른 사람이 고쳐줄 수 없다. 스스로 고쳐야 한다. 그래서 많은 사람들이 투자에 성공하기 어려운 것이다. 그럼 스스로 어떻게 생각기계를 고칠 수 있을까?

내가 경험적으로 깨달은 방법은 시행착오와 독서뿐이다. 실전을 통해서 시행착오를, 스스로 부딪히고 깨지면서 배우는 것이다. 독서만으로 깨달으면 좋으련만 나는 그게 쉽지 않았다. 실제로 부딪히고 깨지는 경험을 해야 책에 왜 그렇게 쓰여 있었는지를 뒤늦게 깨닫는 쪽이었다. 무엇이든 아는 만큼 보이고 아는 만큼 들린다. 이 말의 진정한 의미는 깨달음 직전의 수준은 되어야 타인의 조언이나 독서를 통해 "아하!" 하고 무릎을 칠 수 있다는 말이다. 완벽한 이해를 목전에 두지 않고는 아무리 말해도 아무리 읽어도 깨닫지 못한다는 말이다. 그래서 같은 책이라도 세월이 지나서 다시 읽으면 새롭게 느껴지고 또 몰랐던 것이 뒤늦게 보이기도 한다. 독서가 생각기계를 고치는 데 도움을 주는 이유는 자신의 생각기계가 어디서 잘못되었는지 깨달을 수 있는 실마리를 제공하기 때문이다. 또 독서는 시행착오를 줄이는 가장 좋은 방법이다. 독서의 힘은 바로 거기에 있다.

30대에 3년만 독서에 투자하면 인생이 달라진다

천재도 다른 천재가 쓴 책을 읽고 배운다. 케인스 같은 천재도 리카르도를 읽고 유효수요 이론을 만들었다. 워런 버핏도 케인스를 읽고 케인스의 투자법을 자신의 것으로 만들었다. 이처럼 대가도 대가에게서 배운다. 인간은 평등하다. 하지만 인간의 지성은 결코 평등하지 않다. 그러니 거인에게서 배워야 한다.

케인스는 거인의 아이디어를 배우는 것의 중요성을 이렇게 말했다. "자신은 실용주의자라서 사상 따위에는 영향받지 않는다고 말하는 자도 대부분은 이미 죽은 경제학자의 노예에 불과하다." 이 말을 내 방식으로 표현하면 이렇다. "거인들의 아이디어 따위는 필요 없이 혼자서도 성공적인 투자 방법을 알아낼 수 있다고 생각하겠지만 당신이 혼자서 알아낸 투자 방법도 알고 보면 오래전에 거인들이 말한 아이디어에 불과하다." 그래서 거인들의 책을 읽는 게 중요한 것이다.

내가 게으르게 살면서도 평균 이상의 부를 얻은 것은 모두 거인들 덕분이다. 독서가 가장 효율적이고 시간을 단축할 수 있는 방법이다. 거인들의 어깨 위에 올라서면 보다 멀리, 보다 쉽게 조망할 수 있고 그만큼 시행착오를 줄일 수 있다. 모두가 거인의 어깨에 올라가 모두가 똑똑해지면 어떡하지 이런 걱정은 할 필요가 없다. 대다수의 사람들은 맥주 마시고 치킨 사 먹고 커피랑 케이크 사 먹는 돈은 안 아까워하지만 책 사는 돈은 아까워하기 때문이다.

대다수의 사람들은 책도 읽지 않고 자신의 생각기계를 교정하지 않은 채 투자에 뛰어들어 스스로 호구 노릇하며 자신을 벌주고 괴로워한다. 생각기계는 한 살이라도 젊을 때 고쳐야 고치기 쉽다. 나이가 들수록 유연성이 떨어지고 아집과 고집만 늘어나서 생각기계 고치기가 어렵다. 그래서 30대에는 독서를 많이 해야 한다. 나 역시 30대에 책을 가장 많이 읽었다. 나이가 들면 들수록 눈도 나빠지고 집중력도 떨어져서 책 읽기 어렵다.

직장 다닐 때 존경하던 임원은 이렇게 말하곤 했다. "독서가 취미라고요? 아니, 어떻게 독서가 취미가 될 수 있어요?" 정말 맞는 말이다. 독서란 밥 먹는 것과 같다. 밥 먹는 게 어떻게 취미가 될 수 있겠는가? 나는 많은 글에 부자가 되고 싶다면 월급날마다 서점으로 달려가서 투자 관련 책을 사 읽으라고 신신당부했다. 그렇게 3년만 하면 인생이 달라진다고 말이다. 하지만 아마도 그것을 실행에 옮긴 사람은 드물 것이다. 대다수의 사람들은 책보다 먹고 마시고 삶을 즐기면서 평균 이상의 성과를 얻고 싶어 한다. 이런 바람은 불공정이고 반칙이다. 세상에 그렇게 편한 성공이 있을 리 없지 않은가?

투자에 성공하고 싶다면 당신의 생각기계를 고쳐라. 생각기계를 고치는 가장 쉽고 효율적인 방법은 거인의 책을 읽는 것이다. 조금만 읽어도 효과가 있다. 왜냐하면 경쟁자인 다른 사람들이 정말 책을 안 읽기 때문이다. 어쩌면 당신에게는 참 다행스러운 일이다. 책 몇 권 읽는 것만으로도 쉽게 상대적 우위를 가질 수 있다!

부자가 되려면
스스로 생각할 줄 알아야 한다

나는 우리나라 학교교육이 잘못되었다는 생각을 종종 한다. 중학교, 고등학교, 대학교에서 경제학을 배웠는데도 불구하고 수요공급의 원리를 전혀 이해하지 못하는 사람이 많기 때문이다. 많은 사람들이 그냥 시험 점수를 따기 위해서 정답을 외우고 졸업 후에는 깡그리 잊어버린다. 왜 생각을 하지 않고 외우려고만 할까? 스스로 생각할 줄 아는 사람은 왜 이렇게 드문 것일까?

____ 스스로 올바른 질문을 만들고 정답을 찾는 힘

암기식으로는 인생 문제 해결이 안 된다. 인생 문제에 모범 답안이 있을까? 정답이 있을까? 아니, 문장으로 표현된 문제조차 없다. 자기 혼자 스스로 질문을 만들어야 한다. 정답을 찾는 방법 또한 아무도 알려주지 않는다. 그러니 외워서 해결할 수도 없다.

인생 문제 중 하나인 돈 버는 문제를 예로 들자. 돈을 벌려면 어떻게 해야 할까? 이런 질문을 평생 한 번도 하지 않고 살 수도 있다. 왜냐하면 아무도 이런 질문을 강요하지 않기 때문이다. 그러나 부자가 되려면 스스로 이런 질문을 만들어 자신에게 던져야 한다. 그런 다음 그 질문에 대한 정답을 스스로 찾아야 한다.

정답을 찾는 공식도 가이드라인도 없다. 학교 선생님이 가르쳐 줄 수도 없다. 선생님도 모르기 때문이다. 설령 어떤 선생님이 이를 알고 가르쳐준다고 해도 소용없을 가능성이 높다. 왜냐하면 사람마다 성격, 능력, 재능, 처한 환경 등이 모두 달라서 다른 사람의 성공 방법이 당신에게도 적용된다는 보장이 없다. 그러니 돈 버는 방법을 알고 싶다면 스스로 생각하는 힘을 키워야 한다.

집값 문제로 풀어 보는 주입식 교육의 폐해

주입식 교육의 피해 사례를 하나 들어 보자. 요즘 집값이 문제다. 사실 집값은 가격 문제다. 가격이란 수요 공급에 의해서 결정된다고 학교에서 배웠다. 그런데 내가 볼 때 적지 않은 사람들이 배운 게 아니고 외운 것이다. 그러니까 자신을 죽이는 엉터리 경제 정책에도 박수를 치고 환호를 하며 호구로 산다. 나는 무주택자일 때 분양가 상한제를 반대했다.

"왜 사람들은 분양가 상한제가 집값을 올린다는 것을 이해하지 못할까? 정말 답답하네."

내가 이렇게 말하면 아내가 이렇게 답하곤 했다.

"다행인 줄 알아. 그러니까 당신이 이만큼이라도 사는 거야."

왜 분양가 상한제를 주장하여 주택 공급을 줄이라고 하는 것일까? 왜 다주택자에게 페널티를 주어서 시장에 주택이 공급되는 걸 제한하려고 하는 것일까? 집값이 오르는 것은 시장에 주택 수요에 비해서 주택 공급 물량이 적기 때문이다. 왜 주택 공급이 잘 안 되는 것일까? 재건축초과이익환수제, 분양가 상한제, 고층 층수 제한 등 각종 규제가 주택 공급을 제한하기 때문이다. 모든 공급을 제한하는 조치는 가격을 끌어올린다. 공급이 줄어들면 가격이 오른다. 이제 좀 기억이 나는가? 무주택자가 분양가 상한제를 주장하는 건 스스로 망하게 해달라는 것과 다름없다.

시장에 주택을 공급하는 주체는 누구인가?

다주택자를 때려잡으면 집값이 하락한다고 믿는 사람들에 대해 이야기해보자. 자, 그럼 여기서 질문! 시장에서 주택을 공급하는 사람은 누구인가? 건설사? 이렇게 대답하는 사람은 배운 게 아니고 외운 사람이다. 건설사는 누가 산다고 하면 집을 지어주는 사람들이다. 건설사는 사겠다고 하는 사람이 없다면 집을 공급하지 않는다. 예를 들어 재개발, 재건축을 생각해보라.

다시 질문! 시장에 집을 공급하는 주체는 누구인가? 집주인이다. 집주인이 집을 더 많이 지어서 자신들이 책임지고 인수하겠다는 결정을 한 것이다. 건설사는 그냥 집주인의 요구에 맞추어서 집을 짓고 이익을 챙길 뿐이다. 결국 집을 시장에 공급하는 주체는 건설사가 아니라 집주인이다.

자, 생각을 조금만 더 발전시켜 보자. 시장에 집을 공급하는 집주인은 어떤 사람들인가? 사실 집주인이 어떤 사람인가는 중요하지 않다. 그들이 더 많은 집을 시장에 내놓는다면 집의 공급이 늘어나 집값이 하락한다. 집주인이 집을 한 채 가진 사람이든 100채를 가진 사람이든 상관없이 말이다. 아무튼 시장에 집이 많아지면 그것은 집값 하락 요인이 된다. 무주택자가 집을 공급하든 다주택자가 집을 공급하든 상관없다. 집을 시장에 많이 공급하기만 하면 집값은 하락하게 되어 있다. 다주택자들이 집을 많이 사서 집값이 오른다는 논리는 도대체 어디서 나온 것인지 묻고 싶다.

집은 쌀과 같은 식량과 다르다. 쌀은 100인 분의 쌀을 한 사람이 사서 쟁여 놓고 조금씩 시장에 내놓아 가격을 조정하지만 집은 쌀과 사정이 다르다. 집은 한 채만 자기가 살 수 있고 나머지 집은 무조건 전월세로 시장에 공급한다. 다주택자에 대한 질투와 비난은 부디 접어라. 집주인이 한 채를 가지고 있는지 여러 채를 가지고 있는지 상관하지 말라. 시장에 나온 집이 많아지면 전월세 가격은 하락하고 집값도 하락한다.

　이해를 돕기 위해서 택시 사업에 대해서 생각해보자. 집 문제처럼 택시 소유자가 누구이고 어떤 사람인지는 중요하지 않다. 시장에 택시 공급량이 많아지면 무조건 택시비가 싸진다. 택시 100대를 가진 사람이 택시 사업을 하든 택시를 한 대만 소유한 사람들이 택시 사업을 하든 상관없이 시장에 택시 총 대수가 많아지면 택시비는 하락한다. 이때 택시를 공급하는 주체는 택시를 만드는 자동차 회사가 아니라 택시 사업을 하는 택시 사업자들이다. 이처럼 시장에 공급이 되는 주택의 주인이 누구냐와는 상관없이, 시장에 공급되는 주택이 일주택자의 주택인지 다주택자의 주택인지와 상관없이, 시장에 주택 공급이 늘기만 하면 전셋값과 집값은 하락한다.

─── 생각 없이 휩쓸리면 내 손으로 내 목을 조른다

　그러면 다주택자를 때려잡고도 전세 공급을 늘리는 방법이 있을까? 정부가 임대아파트 공급을 늘리면 된다. 그럼 정부는 임대아파트 공급을 왜 충분히 늘리지 않는 것일까? 돈이 들기 때문이다. 한때 정부가 획기적으로 임대아파트를 늘린 적이 있다. 그 결과, 임대아파트 한 채당 1억 원의 적자가 생기고 주택공사의 빚이 천문학적으로 늘어났다. 결국 IMF가 국가신용등급 강등을 경고하자 할 수 없이 주택공사와 토지공사가 합병하여 대규모 구조 조정을 했고 LH공사가 탄생했다.

물론 장기적으로는 임대아파트를 많이 짓고 늘려야 한다. 그러나 그런 목표는 국가 재정을 고려할 때 장기 목표가 될 수밖에 없다. 당장 전셋값을 낮추는 방법은 전셋집을 시장에 공급하는 사람이 많아지는 것이다. 어느 지방에 가니 건설회사가 아파트를 지었으나 다 분양하지 못해 미분양이 남아 있었다. 다주택자 규제 때문에 집을 사는 사람이 없으니 전세 매물이 없어 건설사는 미분양으로 고통받고 미분양된 집은 전세로 공급이 되지 못해 세입자들은 전세난을 겪고 있었다.

왜 이런 현상이 발생했을까? 정치인이 잘못해서? 그럼 표를 먹고 사는 정치인은 왜 그렇게 했을까? 스스로 생각하지 못하는 사람들이 엉터리 정책을 지지해서 그런 것이다. 생각 없이 남의 의견에 휩쓸리면 내 손으로 내 목을 조르게 된다는 것을 기억하라.

대학생 때 교수님 한 분은 수업 시간에 늘 학생들에게 질문을 던졌다. 그리고 누군가 대답을 하면 장난스럽게 말씀하시곤 했다. "야, 니 생각을 말해봐. 외운 이야기 말고, 니 생각을 듣고 싶다고…. 너 지금 너도 모르고 하는 소리지? 그러니 듣는 친구들은 더 모르지." 그러면 교실이 한바탕 웃음 바다가 되곤 했다. "야, 너희들은 세상 모든 것을 언제 다 외워서 살래? 생각을 할 줄 알아야지, 생각을…." 나이가 들수록 교수님 말씀이 옳았음을 깨닫는다. 스스로 생각할 줄 알아야 인생이 잘 풀린다. 나는 앵무새가 아닌지 스스로 돌아보아야 할 때다.

믿고 사랑하고
응원하라

아이를 부자로 키우는 부모는 어떻게 다른가?

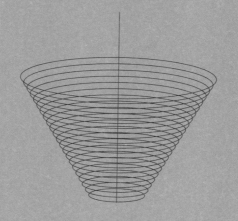

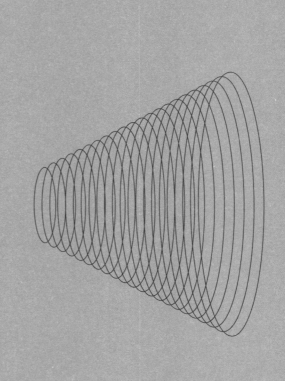

자존감 높은 아이가
부자로 자란다

요즘 SNS 때문에 상대적 박탈감에 시달리는 사람이 적지 않다. 일상 깊이 들어와 있는 SNS가 명품과 여행, 화려한 음식으로 도배되어 있기 때문이다. 이때 느끼는 상대적 빈곤감이나 고통은 사실 가난 때문이 아니라 낮은 자존감 때문이다. 성장기에 자존감을 키울 기회를 가지지 못한 것이다.

____ 아이의 자존감을 짓밟는 부모들

나의 지인 L은 아이가 둘인데 두 아이를 차별하는 게 눈에 띈다. 큰아이는 기가 죽어 있고 작은아이는 버릇없고 안하무인이다. 내 눈에는 큰아이가 착하고 품성이 좋아서 나무랄 데가 없어 보였다.

그런데 L은 큰아이를 못마땅하게 여겼다. 그 이유를 물으니 작은아이는 공부를 잘하는데 큰아이는 공부를 못한다는 것이다. 그 대답을 들으니 참 답답했다. 나는 두 아이를 대하는 L의 잘못된 태도를 지적했다. "네가 큰애를 부를 때랑 작은애를 부를 때 벌써 목소리부터 다르다. 같은 자식을 그렇게 대하면 안 된다."

학벌 좋은 M은 아들이 자기는 SKY 대학을 가기 싫다고 하기에 어찌나 화가 나는지 호되게 야단을 쳤다고 했다. 나는 또 참지 않고 입바른 소리를 했다. "아들이 왜 SKY에 안 가고 싶어 하겠니? 가고 싶은데 안 될까 두려워서 그렇게 말한 거지. 네가 화를 낼 게 아니라 '아들아, SKY 안 가도 된다. 넌 내 아들이니까 그래도 사랑한단다' 이렇게 말했어야지!"

N은 엘리트다. 외국에서 유학도 했고 실제로도 스마트하다. 그런데 아들이 자신의 기대치에 못 미친다고 생각해서 언제나 언짢아했다. 한 번은 두 집 가족이 함께 식사를 했는데 우리 아이 눈에 N의 아들이 걷어차인 강아지처럼 불쌍해 보였단다. 내가 보기에도 N의 아들은 아버지에게 주눅 들어 기가 죽은 것처럼 보였다. N은 아이의 부족함이 자신의 부끄러움이라고 생각하는 듯했다. 그래서 아이를 쥐 잡듯 잡는 것이다. 내 주변에 유독 그런 사람이 많은 것인지는 잘 모르겠지만 사회 지도층 인사라는 사람들 자녀 교육법이 내 생각과 많이 달라 당황스럽다.

조건 없는 사랑이야말로 자존감을 키우는 햇살이다

아이는 생존권이 부모에게 달려 있다는 것을 본능적으로 안다. 즉 아이는 될 수 있는 한 부모의 기대에 부응하려고 필사적으로 노력한다. 아이는 부모가 자기를 어떻게 대하는지를 보고 스스로를 평가한다. 부모가 공부를 잘했을 때만 또는 성공했을 때만 거래하듯 사랑하고 예뻐한다면 아이의 자존감은 높아지기 어렵다. 아무 조건 없이 사랑받는다는 것을 아이가 확신할 때 아이의 자존감은 높아진다.

뮤지션 김태원의 인생 스토리는 매우 인상적이다. 그는 한때 마약에 손을 댔을 만큼 인생의 굴곡이 많았지만 그래도 스스로 길을 바로잡아 음악가로 성공을 거두었다. 그는 어릴 때 항상 반에서 꼴찌였다고 한다. 그런데도 그의 아버지는 한 번도 야단친 적이 없고 "태원아, 너 여자 친구 있니?" 하고 물었다고 한다. 어느 날 학생 한 명이 새로 전학을 오면서 김태원이 꼴등을 면했는데 그날 아버지가 자전거를 선물로 사줬다고 한다. 김태원은 아버지가 자기를 많이 사랑해주어서 감사하다고 말한다.

미국의 고아원 중 유독 성공한 아이들이 많은 곳이 있어 기자들이 원장을 찾아가 물었다. "이 고아원에서 자란 아이들 중에 잘된 경우가 많은데 그 비결이 무엇인가요?" 원장의 대답은 간단했다. "난 아무것도 한 게 없소. 사랑만 많이 해주었소."

사랑받고 자란 아이가 스트레스를 잘 극복한다

나도 아이가 행복하기만을 바란다. 우리 아이는 초등학교 입학할 때까지 한글도 몰랐다. 성적도 신통치 않았다. 산수를 할 때는 손가락을 꼽아서 했다. 아무래도 공부는 아닌가 보다 생각했다. 내가 더 열심히 벌어서 아이가 상처받지 않고 행복하게 살 수 있도록 해주어야겠다는 생각으로 살았다. 그래서 한 번도 공부 못한다고 야단친 적이 없다. 시험을 망쳐서 집에 오면 앞으로 새털같이 많은 시험이 있다, 다음에 잘 치면 된다, 남과 비교하지 말고 어제의 너보다 발전하면 된 거라고 격려했다. 특히 초등학생 때는 공부보다는 예체능에 집중했다. 어릴 때는 관념적이고 추상적인 공부보다는 예체능을 통해서 체력과 몸을 만드는 게 공부라는 장거리 경주에서 유리하다고 생각했다.

우리 부부는 이불을 뒤집어쓰고 남몰래 고민했다. 그러면서도 우리의 불안이 아이에게 전해지지 않게 하려고 노력했다. 그런데 어느 순간부터 공부를 좀 하는가 싶더니 점점 더 잘하게 되었다. 지금은 외국에서 전문직으로 일하고 있다. 하지만 나는 아이의 사회적 성취로 성공을 말하고 싶지는 않다. 중·고등학교 때 선생님들이 우리 아이를 가장 웃음이 많은 아이라고 말해주었고 대학 때는 스마일퀸으로 뽑히기도 했다. 직장에서도 가장 행복한 직원으로 뽑혔는데 한 번은 고객이 우리 아이 손을 꼭 잡고 그 미소를 평생 잃지 말라고 하더란다. 내가 바라는 대로 큰 것이다.

많은 부모들이 단기 성과에 매몰되어서 아이에게 "너는 딴 걱정 말고 공부만 해"라고 밀어붙인다. 자기가 세상을 살아 보니 공부를 못하면 힘들다는 것을 알게 되었고 자기 아이만 낙오될까 두려운 마음에 아이를 몰아붙이는 것이다. 그러면 아이에게 번아웃이 오는 것은 순식간이다. 막상 좋은 대학에 가도 부모의 통제에서 벗어나 방황하는 경우가 많다.

아이들은 사랑받기 위해 이 세상에 온다. 부모가 자신의 아쉬움이나 실패를 보상받기 위해서 자녀를 이용해서는 안 된다. 부모 인생은 부모의 인생이고 아이 인생은 아이의 인생이다. 조건 없이 사랑을 많이 받은 아이는 어려움을 당했을 때 그 스트레스를 잘 극복한다는 최근의 연구 결과가 있다. 사랑을 많이 못 받고 큰 아이는 스트레스 상황에 직면하면 스트레스 수치가 잘 떨어지지 않아서 극복하는 데 어려움을 겪는다고 한다. 조건 없는 사랑을 많이 받고 자란 아이들이 자존감도 높고 인생을 살면서 어려움에 처하거나 유혹에 빠질 때 잠시 흔들릴지라도 이내 올바른 길로 돌아온다는 것을 기억하기 바란다.

함께 노는 동안
저절로 크는 아이들

나는 아내가 임신했다는 말을 처음 들었을 때 기쁨보다 걱정이 앞섰다. 내가 정말 좋은 아빠가 될 수 있을까? 아이를 잘 키울 수 있을까? 뒷바라지를 잘할 수 있을까? 아이가 병이나 장애가 있으면 어떡하지? 걱정이 태산이었다. 그래서인지 TV 드라마에서 아내의 임신 소식에 아빠가 기뻐 날뛰는 장면을 보면 나만 다른가, 나만 별종인가, 하는 생각이 들었다.

_____ **만지고 쓰다듬는 손을 통해 사랑이 전해진다**

나는 아이가 엄마 배 속에 있을 때 딱 2가지만 기원했다. 건강하고 복이 많은 아이로 태어나길 바랐다. 다행히 건강한 복덩이가 태어났다. 나는 아이가 태어난 해부터 성인이 될 때까지 아이 이름으로 기부를 했다. 아이가 잘되게 해달라고 기도하는 마음으로 꾸준히 나눔을 실천했다. 그 덕분인지 아이는 바르게 자랐다.

우리 아이는 젖을 많이 먹고 자랐다. 스킨십도 아주 많이 해주었다. 과학자들에 따르면 아이들의 뇌신경 회로는 90퍼센트 이상이 3세 무렵에 완성되고 전반적인 인성도 완성된다고 한다. 이처럼 중요한 시기에는 스킨십을 많이 해주는 게 좋다고 한다. 이 시기의 아이들은 아직 말을 못 알아듣기 때문에 스킨십을 통해서 사랑받고 있음을 느낀다는 것이다.

그리고 아이의 행동에 부모가 즉각적인 반응을 보여주어야 한다. 축축하다고 울면 바로 기저귀를 갈고 배고프다고 울면 젖을 물리고, 눈을 맞추고 안아주고 웃어주어야 한다. 이렇게 부모가 반응하고 보살피지 않으면 아이의 두뇌 발달과 인격 형성이 원활하게 이루어지지 않는다.

미국 간호사들이 참여한 신생아실 실험도 유명하다. 갓난아이의 등을 매일 10분 정도 쓰다듬었더니 그러지 않은 아이들보다 건강하게 잘 자란다는 걸 확인했다. 나도 우리 아이가 초등학생 때까지는 매일 아침 등을 쓰다듬어주면서 깨웠다. 이 손길을 통해 우리 아이도 부모의 사랑을 쏙쏙 흡수했을지도 모를 일이다.

기대치를 낮추면 모두가 즐겁다

유치원 다닐 때까지도 우리 아이는 좀 어리바리했다. 초등학교를 들어갈 때는 1년 유예시키는 것이 나을지 유치원 원장과 심각하게 의논했다. 아내는 걱정이 되었던지 성당에서 '좋은 부모 되기' 교육 프로그램에 참석하며 내게 가르침을 실어 날랐다. 요점은 '내 아이는 대야도 아니고 종지도 아니고 소주잔이다'라고 생각하라는 것이다. 그릇이 작다고 생각하면 조금만 부어도 채울 수 있으니 금방 만족하고 행복해진다. 즉 아이에 대한 기대치를 낮추라는 이야기다. 아내는 그 교육 프로그램이 도움이 되었다고 한다. 후일 내 선배 한 명도 교회에서 하는 비슷한 교육 프로그램에 참여했는데 좋았다고 말했다. 뻔한 이야기라고 생각하지 말고 기회가 되면 한 번씩 참가하는 것이 좋을 것 같다.

나는 아이와 놀아주는 데 시간을 많이 썼다. 퇴근 후에는 동네 아이들 다 모아서 내가 대장 노릇하며 같이 놀기도 했다. 동네 아이들은 내가 퇴근해서 오는 걸 보면 대장 왔다고 경례를 했다. 나는 그 시간이 좋았다. 아이를 위한 시간이기도 했지만 나를 위한 시간이기도 했다. 그래서인지 지금도 아이와 친구처럼 친하다. 언젠가 성인이 된 아이에게서 편지를 받았다. 자기는 복이 많아서 좋은 부모를 만나 사랑을 많이 받고 컸다고, 아빠랑 권투 하며 놀던 추억이 자주 떠오른다고 했다. 이제는 자기가 엄마 아빠를 보살펴 줄 거라고 쓴 글을 읽는데 나도 모르게 눈물이 흘렀다.

아이를 믿고 기다리는 것이
부모의 일이다

공부를 안 하거나 못하는 자녀를 둔 부모들은 속이 탄다. 안타깝고 답답하고 괴롭다. 친구가 "우리 애는 머리는 좋은데 공부를 안 해서 미치겠다"고 말하면 나는 이렇게 대답하곤 했다. "공장 보내라. 아니면 자기 손으로 돈 벌게 뭘 좀 시켜봐라. 고생해보면 달라진다." 그러면 친구는 참 한가하고 비현실적인 처방이라고 생각한다. 그런데 나는 많이 생각해서 진지하게 한 말이다.

학교 좀 늦게 졸업하면 어떤가? 아이 스스로 생각해서 자신의 태도를 바꾼다면 그보다 소중한 시간이 어디 있겠는가? 인생 전체를 놓고 보면 10대, 20대 때 몇 달, 몇 년 까먹는 건 아무것도 아니다. 중요한 것은 그 시간을 어떻게 성장의 밑거름으로 만드느냐다.

부모의 믿음 크기로 자라는 아이들

영국에 서머힐이란 대안 학교가 있다. 이 학교를 세운 창립자는 '부모는 아이를 믿고 기다리면 된다'는 신념을 가지고 있었다. 이 학교에서는 학생들이 아침에 모여서 자기들끼리 수업에 들어갈지 말지 정하고 놀고 싶은 사람은 논다. 이 학교는 쉽게 말하면 부모들이 포기한 소위 꼴통이 많이 간다고 한다.

그런데 신기한 것은 만날 수업에 안 들어가고 놀던 아이들이 졸업을 2년 정도 앞두고는 자발적으로 수업에 들어간다고 한다. "왜 수업에 들어가니?" 물어보면 "바보로 남으면 안 되잖아요. 이제는 공부 좀 해야지요" 하고 대답한단다. 이렇게 뒤늦게 공부를 시작해도 아이들 대학 수능 성적은 영국 전체 학교 중 중·상위권을 기록했다. 진짜 놀랍지 않은가?

이 학교가 세계적으로 유명해진 사건이 있다. 한 번은 교육청의 장학사들이 학교를 방문해서 보니 수업을 정해진 규정대로 안 하는 것이 아닌가? 교육법에는 일주일에 최소 몇 시간 이상 가르쳐야 한다고 되어 있는데 이 학교는 규정을 지키지 않은 것이다. 교육청은 학교 폐쇄 명령을 내렸다. 이에 반발한 학교는 법원에 소송을 냈다. 이때 학부모들이 전부 학교 편이 되어서 법원에 집단 탄원서를 냈다. 아이들은 믿고 기다려주면 된다는 창립자의 생각이 그들에게도 전파된 것이다.

___ 경험을 통해 스스로 성장하는 아이들

부모는 아이에게 사랑을 줄 수는 있지만 생각까지 줄 수는 없다. 아이도 자기 나름대로 생각을 가지고 있기 때문이다. 그러니 아이 스스로 변할 때까지 부모는 인내심을 가지고 기다려야 한다. 하지만 기다릴 수 없는 부모도 있다. 그러면 어떻게 해야 할까? 아이를 보다 빨리 변화시키고 싶다면 아이가 다양한 체험을 할 수 있게 해야 한다. 체험이 왜 중요할까? 거의 모든 사람들이 위인전을 읽으면서 성장하지만 모두가 성공하고 훌륭한 사람이 되는 것은 아니다. 인간은 책 속의 관념적이고 추상적인 생각만으로는 변화되기 어렵다. 돌아서면 잊어버린다. 작심삼일이다. 감정이 수반되지 않기 때문에 책만으로 변화시키기는 어렵다. 반면 지독한 슬픔이나 고통이 따른 체험과 경험은 죽을 때까지 잊지 못한다. 그리고 그러한 경험은 우리를 변화시킨다. 사람이 무엇인가를 진짜로 배우려면 감정이 수반되는 체험을 해야 한다. 그래야 기억에 오래 남고 행동을 변화시킨다.

『공부가 가장 쉬웠어요』로 잘 알려진 장승수의 이야기를 살펴보자. 막노동으로 생활비와 동생의 학비를 벌어야 했던 그가 책상에 앉아 공부를 해보니 공부야말로 세상에서 가장 쉬운 일이었다. 그러니 스스로 공부를 하게 되고 서울대 법학과에 수석으로 합격해 변호사가 되었다. 선배 한 명도 팽팽 놀다가 군대 가서 죽도록 고생하고 오더니 정신이 번쩍 들어서 공부를 했다. 그는 이전에는 꿈도 못 꿨을 치의대에 진학했다. 주식투자자들도 비슷하다. 큰 실패를 겪고 한강 다리 한 번씩 다녀오는 고통을 겪으면서 그동안 잘못했던 행동이 교정되고 성공 투자자로 거듭나게 된다. 인간은 그렇게 만들어졌다. 그러니까 부모가 아무리 공부하라고 노래 불러도 아이는 안 듣는다. 왜? 아이 입장에서는 절실한 게 없다. 필요성을 절실히 못 느끼는데 스스로 공부할 아이는 흔치 않다.

대부분의 부모들은 아이가 힘들고 고통스러운 일을 겪지 않게 해주려고 한다. 힘든 건 엄마 아빠가 다 할 테니까, 너는 고민할 시간도 아까우니까, 너는 그냥 공부만 하라고 말한다. 다행히 아이가 말을 잘 듣고 잘 따르면 좋겠지만 안 그런 아이들도 많다. 아무래도 안 된다면 모든 걸 내려놓고 아이들에게 봉사 활동이나 돈 버는 일을 시켜보라. 학교 1년 늦게 졸업하는 것은 인생 전체를 놓고 보면 아무것도 아니다.

나도 아이에게 다양한 경험을 시켜주려고 많은 노력을 했다. 가난한 나라에 가서 봉사 활동도 해보고 세차장에서 세차해서 번 돈과 빈 병을 모아서 번 돈을 기부하게도 했다. 일부러 달동네에 데리고 가 가난한 사람들의 사는 모습도 보여주고 노숙인들에게 무료 배식하는 봉사 활동도 몇 년간 같이 했다. 이런 경험이 차곡차곡 쌓여 아이의 성장에 자양분이 되는 것을 지켜보았다. 그리고 아이 스스로도 그때의 경험을 되새길 때가 많다고 한다. 아이를 성장시키고 싶다면 다양한 경험을 제공해야 한다. 부모의 역할은 거기까지다.

정상에 오르는 길은
하나만 있는 게 아니다

　아이가 공부를 못하면 부모는 걱정을 내려놓기 어렵다. 대학은 갈 수 있을지, 취업은 할 수 있을지 일찍부터 걱정한다. 하지만 공부가 인생의 전부는 아니다.

　사회에서 성공하려면 여러 가지 재능이 필요하다. 도전 정신, 리더십, 창의력, 소통과 공감 능력, 사교 능력, 동기부여 능력, 스트레스 극복 능력, 분석력, 이해력 등이 필요하다. 이 많은 능력 중 학교에서 측정하는 것은 분석력과 이해력뿐이다. 잘 분석하고 이해하는 능력만 좋으면 좋은 대학에 들어가는 게 우리나라 학교교육이다. 정작 사회에서 필요한 다양한 능력은 가르쳐주지도 않고 측정도 안 한다.

위로하고 격려하는 것이 부모가 해야 할 일이다

공부만 잘한다고 성공하는 게 아니다. 공부를 못해도 사회에서 성공한 사람은 얼마든지 있다. 이런 사람은 분석력이나 이해력은 부족했지만 다른 능력이 뛰어났기에 성공할 수 있었다. 산의 정상에 오르는 길은 하나만 있는 게 아니다. 여러 갈래의 길이 있다. 나는 인생에서 성공하기 위해서는 공부보다는 앞서 말한 다른 능력이 더 중요하다고 믿는다. 장 자크 루소가 이런 말을 했다. "내게 부잣집 아이와 가난한 집 아이가 있다면 나는 부잣집 아이를 가르치겠다. 가난한 집 아이는 이미 많은 걸 배웠다." 맞는 말이다. 자식이 고생스럽게 살지 않게 하려면 일찍부터 고생을 알게 해야 한다.

또 부모는 인내심을 가지고 기다려야 한다. 아이가 부모의 기대보다 공부를 못한다고 해서 혼을 내거나 몰아붙이면 안 된다. 성적은 몰아붙인다고 나오는 게 아니다. 대신에 아이와 즐겁고 행복한 추억을 만드는 게 현명하다. 공부 잘하는 것보다 부모와 자식과의 좋은 관계를 더 좋게 만드는 게 더 중요하다. 부모가 할 수 있는 건 자녀를 많이 사랑하고 참고 기다려주는 것뿐이다.

나는 우리 아이가 공부를 못했을 때도 늘 칭찬하고 격려했다. 아이가 바보가 아니라면 학교에서 선생님이 자기를 대하는 태도나 친구들 공부하는 것을 보면서 자기가 어느 정도 수준인지 다 알고 있다. 아이를 닦달하고 비난하는 것은 아이에게 상처를 남길 뿐이다.

"오늘도 공부하느라고 힘들었지?" 이런 말로 위로하고 "지금도 충분히 잘하고 있어" 하며 격려해야 한다. 왜냐하면 그렇게 위로하고 격려해줄 사람은 세상에 부모밖에 없기 때문이다. 하루 종일 경쟁에 지치고 시달리다 온 애가 집에서라도 마음 편하게 쉬게 해주어야 한다. 그래야 내일 또 경쟁하러 나갈 힘을 얻는다.

모든 아이들은 공부를 잘하려고 한다. 잘하고 싶어 한다. 부모의 기대에 부응하려고 한다. 그런데 해보니 생각처럼 안 된다. 그래서 공부가 재미없고 싫다. 이런 사정을 고려하지 않고 성적표만 보고 다른 애랑 비교해서 야단치니 아이가 어긋나는 것이다.

___ 자녀 교육이 힘든 것은 부모가 모범을 보여야 하기 때문

부모가 절대 해서는 안 되는 행동이 있다. 말로 자녀를 조종하려는 행동이다. 부모는 만날 술이나 마시고 책 읽는 모습 한 번 보여준 적 없으면서 아이만 보면 공부하라고 닦달한다. 아이가 어떻게 생각하겠는가?

아이들은 절대 말만으로 조종이 안 된다. 아이들은 부모의 말보다 행동을 보고 더 많이 배운다. 그래서 교사나 목사처럼 누군가를 가르치는 직업군 종사자들이 자식 키우기가 더 힘들다. 왜? 만날 남 앞에서 공자 같은 소리를 해야 하는데 부모의 말과 행동이 일치되지 않으면 아이들이 세상을 어떻게 바라보겠는가? 아이들은 부모를 통해서 세상을 바라본다. 언행일치가 안 되는 부모를 바라보며 사는 아이들은 세상이 썩었다고 생각할 것이다. 세상 사람들 모두 위선적이라고 생각할 것이다. 자녀 교육에는 왕도가 없다. 좋은 부모가 되려면 부모 자신이 열심히 살아야 한다. 부모가 열심히 사는 모습을 보여주면 자녀도 자연스럽게 그걸 보고 배운다. 그래서 자녀 교육이 힘든 것이다.

공부 머리는 타고나는 것일까,
부모 하기 나름일까?

자녀 교육과 관련해서 해묵은 논쟁이 하나 있다. 공부를 잘하는 것은 타고나는 것일까 아니면 부모가 하기 나름일까? 과연 어느 쪽이 맞는 이야기일까? 과학과 인문학의 역사를 타고 퍼져 나간 논쟁과 변화를 살펴보면 생각을 정리하는 데 도움이 된다.

영국에서 시작된 우생학과 혈통주의

이 논쟁의 초반에 등장하는 중요한 인물은 프란시스코 골턴이다. 그는 『종의 기원』을 쓴 찰스 다윈의 사촌이며 매우 똑똑하지만 한편으로는 엉뚱한 사람이었다. 그가 얼마나 똑똑하고 엉뚱한지는 그가 진행한 조사에서 드러난다. 그는 영국 어느 지역에 미인이 많은지 계수기를 가지고 관찰, 측정해서 영국 미인 지도를 발표했다. 그는 또 사람마다 지문이 다르기 때문에 지문으로 사람을 인식해야 한다는, 당시에는 말도 안 되는 주장을 펴기도 했다. 또 그는 대중들이 눈대중으로 황소 무게를 적어낸 값을 집계하여 그 평균값을 내보니 실제 황소의 무게랑 거의 비슷하다는 걸 처음 알아내기도 했다. 이는 집단 지성의 개념이다.

프란시스코 골턴의 업적 중 후대에 가장 큰 영향력을 행사한 것은 우생학이란 학문을 창시한 것이다. 프란시스코 골턴이 한 죄수의 가계를 조사한 결과, 집안에 다수의 범죄자가 있다는 것을 알게 되었다. 이 죄수 집안 때문에 영국 정부가 교도소를 만들고 간수를 고용하는 등 엄청난 비용을 사용하고 있다는 사실을 밝혔다. 또 이와는 대조적으로 영국의 뛰어난 학자와 귀족 집안을 조사한 결과, 대부분이 뛰어난 문학가, 장군, 과학자, 예술가들을 많이 배출했음을 확인했다. 이런 조사 결과를 바탕으로 프란시스코 골턴은 다음과 같은 결론을 내렸다. "바보와 천재는 만들어지는 게 아니고 타고나는 것이다."

그의 주장은 영국인들에게 큰 영향을 주었다. 영국인들은 골턴이 만든 우생학을 기초로 해서 개 품종 개량을 시작했다. 그 결과 현존하는 견종 대부분이 영국에서 만들어졌다. 경주용 말도 마찬가지다. 현역으로 뛰는 전 세계 경주용 말들의 조상은 겨우 3마리였다. 현재 뛰는 경주마의 3분의 1은 각각 한 집안이라는 이야기다.

___ 전 세계로 퍼진 우생학의 기형적 발전

영국에서 탄생한 우생학은 당시 유럽과 미국, 일본으로 퍼져 나갔다. 미국도 우생학의 영향을 받아서 정신 질환을 가진 장애인은 강제 거세하여 후손을 낳지 못하게 하는 법을 미국 대부분의 주에서 시행했다. 일본은 군국주의적 입장에서 우생학을 받아들였다. 우수한 일본인이 아시아인을 대표해서 서양 제국주의자들로부터 아시아를 지키고 아시아인끼리 단결해서 잘살기 위해 전쟁을 한다는 주장을 폈다. 태평양전쟁을 일본 군국주의자들이 대동아공영전쟁이라고 부르는 까닭이다.

유럽에서 우생학을 열렬히 숭배하고 받아들인 사람이 바로 히틀러다. 히틀러는 세계에서 가장 우수한 게르만족이 세계를 지배하는 게 당연하다고 믿었다. 그런 히틀러에게 유대인은 눈엣가시였다. 자신들이 신으로부터 선택된 민족이라고 믿는 유대인과 열등한 집시는 모두 없애버려야 한다고 믿었다. 그래서 인종 청소라는 만행을 저질렀다. 그는 게르만인 순수 혈통을 보존하기 위해서 게르만인끼리의 결혼을 장려하고 게르만인이라도 장애인은 국가 차원에서 살해했다. 히틀러 손에 죽은 사람이 무려 20만 명이나 된다고 한다.

우생학은 인간도 동물의 하나이므로 품종개량하듯 개량할 수 있다고 믿었다. 우생학에서는 공부를 잘하는 것이 교육이나 환경 덕분이 아니라 타고나는 게 중요하다고 주장한다. 제2차 세계대전이 끝나고 아우슈비츠의 참상이 알려지자 우생학은 나치의 인종차별 범죄라는 꼬리표를 달고 어둠의 학문으로, 음지의 학문으로 숨어들었다.

___ 행동주의 심리학에서 바라보는 환경의 힘

미국에서는 타고나는 것보다 성장 환경이 더 중요하다는 새로운 이론이 등장했다. 존 왓슨이라는 심리학자가 그 대표 주자다. 그는 이렇게 주장했다. "나에게 12명의 아이가 있다면 과학자, 왕, 상인, 거지 등 원하는 대로 다 만들 수 있다." 정말 놀랍고도 혁명적인 주장이다. 왓슨의 주장은 행동주의 심리학 창시로 이어졌다. 왓슨은 인간의 마음은 보이지도 않고 주관적이며 잘 알 수도 없으니, 헛수고하지 말고 눈에 보이는 인간의 행동을 조작하고 통제할 수 있는 방향으로 심리를 연구해야 한다고 주장했다. 이것이 바로 행동주의 심리학이다.

왓슨이 한 유명한 실험이 하나 있다. 앨버트 아기 실험이라고 알려진 실험이다. 왓슨은 원래 공포심이 없었던 아기에게 자기 마음대로 공포심을 느끼게 만들 수 있다는 것을 증명했다. 아기가 평소에 좋아하고 잘 만지던 강아지를 만지는 순간 엄청나게 큰 굉음을 울려서 아기가 공포에 질리게 만들었다. 같은 행동을 몇 번 하니까 그다음부터는 굉음이 없어도 아기가 강아지만 보면 공포감을 느끼고 울었다. 흔히 말하는 조건화다. 보통 학교에서 배우는 러시아 과학자 파블로프의 개 실험에서 나오는 이야기다. 개에게 먹이를 줄 때마다 종소리를 울리면 나중에는 종소리만 울려도 개에게서 소화액이 분비된다. 개가 종소리와 소화액 분비를 연결하도록 조건화한 것이다. 이걸 인간에게 실험하고 증명한 사람이 바로 왓슨이다. B.F.스키너도 있다. 그는 조건화 방식을 더 연구해서 새로운 조작적 조건화를 주장했다. 레버를 누르면 먹이가 나오게 만든 장치로 비둘기 실험을 한 것으로 유명하다.

　행동주의 심리학자들은 환경 조작을 통해서 인간을 바람직한 방향으로 변화시킬 수 있다고 주장했다. 타고나는 것보다 환경이 더 중요하다는 주장은 공부에 적용하면 유용하게 활용할 수 있다.

IQ가 학업 성취도에
미치는 영향

1994년, 벨 커브(The Bell Curve)라는 논문이 발표되었다. 하버드 대학 심리학자 리처드 헌슈타인과 정치학자 찰스 머레이가 발표한 이 논문은 엄청난 반향을 불러일으켰다. 당시에 〈타임〉지 표지에 벨 커브(종형 곡선)가 등장했을 정도다. 종형 곡선이란 통계학에서 정규분포 곡선보다 더 중앙에 집중된, 위로 볼록 솟은 종 모양의 커브를 말한다. 이 곡선은 IQ 분포도다. IQ가 중앙인 100 근처에 몰려 있고 양 끝으로 갈수록 작아져서 종 모양 분포도를 그린다.

이들의 주장은 다음과 같다. 미국 학생들의 IQ와 학업과 사회적 성취도의 관련성을 조사하니 IQ가 좋은 학생들이 좋은 대학교에 진학하고 사회적 성취도가 높았다. IQ가 낮은 학생들은 대학교 진학률이 낮고 사회적 성취도 낮다는 결과를 얻었다. 그들은 조사 결과를 바탕으로 IQ가 10 정도만 높아져도 인생이 달라진다고 주장했다. 여기서 끝이 아니다. 그들은 인종별 IQ도 조사해서 발표했다. 흑인과 히스패닉의 IQ가 낮다고 발표해 큰 파문을 불러일으켰다. 그들의 주장이 맞으면 소수 인종 특례 입학 제도 같은 것은 없애야 옳다. "흑인들이 못사는 것은 인종적으로 머리가 나빠서 그런 것이니 어쩔 수 없다" 이런 식으로 비약, 발전될 수 있는 주장이라 사회적으로 민감한 논쟁을 촉발했다. 미국의 각종 진보 단체가 들고일어나서 이 두 학자에게 저주를 퍼붓고 나치 인종차별주의자라고 비난했다. 비난에 시달려서인지 두 사람은 일찍 세상을 떠났다고 한다. 미국은 유대인의 영향력이 큰 나라라서 이런 주장은 위험한 도전이 될 수 있다.

타고난 60을 100으로 만드는 환경의 힘

2002년, 양육이냐 환경이냐 하는 논쟁에서 주목할 만한 역작이 발표되었다. 스티븐 핑커가 쓴 『빈 서판』이다. 빈 서판은 아무것도 쓰여 있지 않은 칠판을 말한다. 아이의 머리는 빈 칠판처럼 백지상태기 때문에 무엇을 그리느냐에 따라서 아이의 미래가 결정된다는 주장이다. 스티븐 핑커는 이 빈 서판 이론을 반박했다. 그는 일란성쌍둥이의 사례를 들었다. 일란성쌍둥이가 태어나자마자 각기 다른 집안에 입양되었다가 몇 십 년이 흐른 뒤 다시 만나도 좋아하는 색상, 지지하는 정당, 취미, 성격이 모두 같은 경우가 많다면서 그는 환경보다 타고난 것이 더 중요하다고 주장했다.

스티븐 핑커는 자신의 주장을 한마디로 이렇게 요약했다. "참나무가 되기 위한 모든 것은 이미 도토리 안에 다 들어 있다." 하지만 스티븐 핑커가 환경적 요인을 완전히 무시한 것은 아니다. 도토리가 잘 크기 위해서는 비, 바람, 햇빛, 온도 등 적절한 환경이 주어져야 한다고 말해 환경 역시 결과에 영향을 준다는 점을 확인하고 있다.

환경이냐 타고나느냐의 논쟁은 지금까지도 계속되고 있다. 최근 과학자들은 타고나는 것과 환경 둘 다 영향을 미치며 타고나는 게 대략 60퍼센트, 환경이 40퍼센트 비율로 중요하다고 말한다. 지금까지의 결론은 타고나는 게 더 큰 영향을 미치는 것은 맞지만 환경도 중요하다로 정리되는 듯하다.

달리기 연습을 한다고 해서 누구나 우사인 볼트 같은 인간 탄환이 될 수는 없다. 피아노를 연습한다고 해서 누구나 조성진 같은 피아니스트가 될 수는 없다. 어느 정도까지 성장할 수 있는지에 대한 한계치는 타고날 때 이미 정해져 있다. 좋은 환경과 교육은 타고난 재능을 100퍼센트 개발해 그 한계치까지 도달할 수 있게 하는 역할을 한다. 아무리 뛰어난 재능을 타고나더라도 좋은 교육과 환경이 뒷받침되지 않는다면 잠재력은 빛을 보지 못하고 시들기 마련이다.

두뇌 발달을 위해 초등학교 저학년 때 꼭 시켜야 하는 것

아이들의 두뇌 발달은 만 8세에 매우 중요한, 결정적 시기를 거치는 것 같다. 초등학교 2학년, 3학년을 지나면서 아이는 갑자기 학생이 된 듯한 느낌이 든다. 물론 개인적인 경험과 지인의 사례를 통해 깨달은 것이기에 전문가적 견해는 아니지만 도움이 될지 모르니 몇 가지만 귀띔한다.

악기를 배우면 외국어 듣는 귀가 열린다

초등학교 저학년 때는 악기 하나 정도는 배우는 것이 좋다. 모든 악기가 좋지만 바이올린이나 첼로 같은 현악기가 두뇌 발달에 도움이 된다. 바이올린이나 첼로는 양손을 동시에 사용하여서 음을 만들기 때문에 좌뇌와 우뇌를 함께 써서 두뇌 발달에 도움이 된다. 사람의 두뇌는 좌뇌와 우뇌로 분리되어 있고 이 둘은 뇌량으로 연결되어 있다. 머리가 좋다는 것은 좌뇌와 우뇌의 연결이 원활해서 소통이 잘 된다는 뜻이다. 과학자들에 따르면 현악기를 연주하는 활동이 바로 이 지점을 활성화해 두뇌 발달에 도움이 된다는 것이다.

악기를 배우면 외국어도 쉽게 배울 수 있다. 외국어가 어려운 이유는 어순이 다른 이유도 있지만 음운체계의 상이한 복잡성 때문이다. 예를 들어 내 기준으로 음운이 상대적으로 단순한 언어는 일본어다. 반면 복잡한 음운을 가진 언어는 베트남어를 들 수 있다. 널리 알려진 바와 같이 중국어는 4성이라 같은 소리라도 장단 고저에 따라서 뜻이 달라진다. 그런데 베트남어는 7성이라고 한다. 베트남 사람들이 영어를 쉽게 배우는 것은 이런 배경 때문이다. 그렇지만 일본 사람들은 영어를 배우기 힘들어 한다. 일본에 없는 음운의 소리를 듣고 내야 하기 때문이다. 즉 복잡하고 음역이 넓은 소리에 노출되고 다양한 음운을 구분할 줄 아는 아이는 외국어도 쉽게 배울 수 있다. 실제로 악기를 다루는 아이가 악기 경험이 없는 아이보다 영어를 더 빨리 배우고 정확하게 발음한다.

내 아내의 경우가 좋은 예다. 아내는 평생 영어 공부를 한 적이 없다. 학교를 졸업한 뒤로는 따로 공부한 적이 없어서 단어도 거의 기억이 나지 않는다고 했다. 그런데 외국 공항에 내리자마자 외국인과 프리 토킹을 하는 게 아닌가! 나는 깜짝 놀랐다. 곰곰 생각해보니 듣기 능력 때문이 아닌가 싶다. 아내는 상대적으로 뛰어난 청음 능력을 가지고 있다. 오케스트라 연주를 들으면 어느 파트가 틀렸는지 정확히 잡아내고 지적할 정도다. 나는 아내가 말해주어도 도통 들리지 않는데 말이다. 아내는 어려서부터 음악을 많이 들었다고 한다. 그리고 거의 평생을 매일 같이 클래식을 즐겨 듣는다. 그래서 영어도 남보다 쉽게 정확하게 들을 수 있는 게 아닌가 한다.

외국어를 12세 전에 가르쳐야 하는 이유

외국어는 가능한 12세 전에 가르쳐야 한다. 왜냐하면 인간의 귀는 12세 전후로 화석화되기 때문이다. 다음 경우를 보면 쉽게 이해할 수 있다. 15세 언니와 10세 동생이 미국으로 이민을 가서 똑같이 10년이 지났다. 동생은 원어민처럼 발음하지만 언니는 그렇게 안 되는 경우가 있다. 그 이유가 바로 12세부터 귀가 화석화되기 때문이다. 화석화된다는 말은 무슨 말인가? 12세 이전에는 다양한 음운을 구분할 수 있지만 12세가 넘어가면 주로 사용하는 음만 구분할 수 있도록 기능이 단순화된다는 뜻이다. 예를 들면 일본인 갓난아이는 V와 B 발음을 구분하지만 성인이 된 후에는 구분하지 못한다. 즉 사용하지 않는 불필요한 구분 능력은 성인이 되면서 두뇌가 삭제해버린다.

그래서 12세 이하, 초등학교 저학년 때는 양손을 다 사용하는 현악기를 다루게 해서 두뇌를 개발시키고 음악에 자주 노출시켜서 다양한 음운을 구분하는 능력을 키우면 외국어 학습에 유리하다는 이야기다. 우리 아이는 첼로와 합창을 했는데 음악 자체를 즐기는 것도 좋았지만 교육적으로 이런 효과가 있었을 것으로 생각한다.

_____ 운동을 하면 머리가 좋아진다

초등학교 저학년 때 반드시 시켜야 하는 것 중 다른 하나는 운동이다. 운동을 하면 머리가 좋아진다. 이것도 과학자들이 확인하고 증명한 사실이다. 인생과 마찬가지로 공부도 마라톤이다. 장기적으로 공부를 잘하려면 운동을 해서 머리를 좋게 하고 체력을 만들어야 한다. 저학년 때는 단어 하나 더 외우고 수학 문제 하나 더 푸는 것보다 운동을 통해서 장기적으로 공부를 잘할 수 있는 기초 역량을 키우는 것이 더 중요하다.

저학년 성적은 중요하지 않다. 공부는 마라톤과 같기에 전략적으로 멀리 보고 준비해야 한다. 우리 아이는 초등학교 때는 스피드 스케이팅, 중·고등학교 때는 테니스, 로잉, 달리기를 했다. 대학교 때는 배드민턴도 배웠다. 하나도 뛰어나게 잘하는 것은 없지만 성인이 된 후에도 운동을 즐길 수 있고 친목과 사교 활동에 도움이 된다고 한다.

공부하는 데 도움이 되는 팁을 하나 더 귀띔하자면 우리 아이는 매일 아침에 호두를 먹었다. 호두를 식탁에 준비해 두고 아침 먹고 학교 갈 때 몇 개씩 집어 먹게 했다. 호두가 두뇌 발달에 좋다는 이야기는 다들 알고 있겠지만 문제는 실천이다. 영양제 챙겨 먹듯 꾸준히 먹는 것이 중요하다.

 물론 위의 경험을 무작정 일반화하기는 어렵다. 하지만 많은 전문가를 통해 이미 알려진 내용인 만큼 참고가 되지 않을까 한다. 그리고 나의 글을 읽고 실천해서 효과를 봤다는 분도 있다. 어떤 분의 아이가 1학년 때까지 한글도 모르고 수학도 힘들어 해서 담임이 별도 공부를 제안할 정도였다고 한다. 그런데 내 글을 읽고 꾸준히 바이올린과 수영을 시켰더니 학년이 올라갈수록 점점 똑똑해졌다는 것이다. 3학년 때부터는 학교에서 수학의 신, 국어의 신이라고 불릴 정도로 성장했다고 하니 얼마나 즐거운 일인가! 다니는 학원은 예체능뿐인데 정말로 운동과 악기가 두뇌 발달에 도움이 되는 것 같다며 내게 감사의 말을 전했다.

입장을 바꾸어 생각하면
보이는 것들

나는 자녀 교육에 대해서 남보다 특별히 많이 안다고 생각한 적이 한 번도 없다. 그런데 인터넷 카페에 우리 아이를 키우던 이야기를 올리면 투자에 대한 글보다 반응이 더 좋아 어리둥절할 때가 많다. 자녀 교육법을 따로 배운 적도 없고 아이를 여럿 키운 것도 아닌데 말이다. 하지만 새삼 돌이켜 보면 '지금 내가 알고 있는 자녀 교육법을 내가 어떻게 알게 된 거지?' 하는 의문이 들 때가 있다.

배운 적은 없지만 운 좋게도 올바르게 실천한 일

동창 중에 교사가 있다. 오랜만에 만나서 이런저런 이야기를 나누다가 자연스럽게 아이들 키우는 이야기로 넘어갔다. 그런데 이 친구가 갑자기 자기 학교 학부모를 상대로 자녀 교육에 대한 강의를 해달라고 하는 게 아닌가! 자기가 요즘 참석하고 있는 교사 교육 세미나가 있는데 내가 하는 이야기가 거기서 배우는 교육법이랑 비슷하다는 것이다. 한편 신기하기도 하고 한편 당황스럽기도 했다. 왜냐하면 나는 자녀 교육에 관련해서는 책 한 권도 읽은 적이 없기 때문이다.

또 한 번은 어느 출판사 편집장과 같이 저녁을 먹으면서 이런저런 이야기를 나누다가 우연히 화제가 자녀 교육으로 옮겨 갔다. 이야기를 듣던 편집장은 투자가 아닌 자녀 교육법에 대한 책을 내면 좋겠다는 뜬금없는 제안을 즉석에서 했다. 그는 내가 다른 부모들과 생각이 조금 다르다고 여긴 것 같다.

또 세월이 흐른 어느 날, TV에서 연세대 심리학과 교수가 자녀 교육에 관한 강연을 하는 것을 우연히 보았다. 그런데 가만히 들으니 평소에 내가 생각하고 실천하던 것과 똑같은 이야기가 아닌가! 그제야 나는 내가 정말 다행히도, 운 좋게도 아이를 올바르게 교육했구나 하며 확신을 가졌다.

그런데 나는 어떻게 한 번도 배운 적 없는 자녀 교육법을 혼자서 알고 실천했을까? 스스로가 대견하면서도 의문이 들었다. 곰곰이 이유를 생각하며 자신을 되돌아보았다. 그러다 마침내 한 가지 이유를 깨달았다.

　내가 다른 부모들에 비해 이것 하나만은 참 잘했다 싶은 게 있는데 그게 바로 역지사지다. 바로 그 차이 때문에 나는 나만의 자녀 교육법을 터득했던 것이다. 나는 항상 아이 입장에서 생각하려고 노력했다. 만약에 내가 아이 입장이라면 어떤 감정이 들고 어떤 고민을 할지를 생각했다. 아이 입장에서 생각해보면 내가 아이에게 어떻게 해줘야 할지 해답이 나왔다. 역지사지로 생각하니까 자녀 교육과 관련된 많은 문제를 해결할 수 있었다.

　앞에서 아들이 SKY 가기 싫다고 해서 화가 나 아이를 야단친 내 친구 이야기를 한 번 더 살펴보자. 그 이야기를 듣는 순간 나는 아이가 왜 그런 말을 했을까? 하고 아이 입장에서 생각했다. 그래서 내가 내린 결론은 아버지가 SKY 가기를 원하는 것을 알고 있는데 자기가 떨어질까 두렵고 자신이 없어서 아버지에게 그런 말을 한 것 같다는 것이다. 그래서 나는 친구에게 화를 낼 게 아니라 "아들아, SKY 안 가도 된다. 넌 내 아들이니까 그래도 사랑한단다" 이렇게 말하는 게 좋다고 조언했다.

　부모는 아이가 자신의 기대와 다른 행동이나 말을 했을 때 아무 생각 없이 조건반사적으로 반응하지 말고 아이 입장에서 먼저 생각을 해봐야 한다. 자극과 반응 사이에는 공간이 있다. 그 공간에 우리의 자유의지가 있다. 그래서 우리는 자극에 대해서 본능대로 반응하지 않을 자유가 있다. 자극과 반응 사이, 그 공간에서 아이의 입장을 생각해보자. 그러면 조건반사적이거나 본능적인 반응과 다른 대응을 할 수 있다. 아들이 "SKY 안 가고 싶어요"라는 자극을 주었을 때 본능적으로 화를 낼 게 아니라 '아이가 왜 이런 말을 했을까?' 하고 아이 입장에서 생각을 해야 한다. 그러면 지금 내 아이가 두려움에 떨고 있구나, 아버지를 실망시켜서 사랑받지 못할까 많이 두려워하고 있구나 하는 생각이 들며 두려움에 떠는 불쌍한 아이가 눈에 들어온다. 그러면 아들에게 화를 내는 게 아니라 한발 다가가 보듬어줄 수 있다.

나는 아이 입장에서 생각하는 일이 습관화되어 있다. 아이가 기대와 다른 말을 하거나 행동을 하면 습관처럼 '아이가 왜 그랬을까?' 하고 먼저 생각한다. 역지사지로 아이의 마음과 행동을 되짚어 보면 부모의 반응은 자연스럽게 달라진다. 그리고 많은 문제를 해결할 수 있다.

자신도 못 이룬 것을
자식에게 강요하지 말라

고등학교 때 담임이었던 선생님 한 분이 학부모 면담 후에 이런 말씀을 하셨다. "많은 부모님이 선생님에게 '우리 애는 왜 이렇게 공부를 못하는지 모르겠어요. 나는 안 그랬는데…'라고 하는데, 선생님이 볼 땐 너희들이 부모님보다 공부를 더 잘하는 거 아니? 부모님들이 자기도 공부를 못했으면서 괜히 애들만 잡는 거 같아. 그치?" 우리는 다 같이 크게 웃으며 위로를 받았다.

___ 당신도 못한 것을 왜 자식에게 강요하는가?

자식이 자기보다 더 잘되기를 바라는 것은 모든 부모의 공통된 마음이다. 그러나 그런 부모의 기대감과 기준을 자식에게 강요해서는 안 된다. 자식이 일류 대학을 나와야 하고 대기업이나 공기업에 다녀야 한다고 강요하는 부모에게 나는 이렇게 말하고 싶다. 당신이 좋아하는 일류 대학, 대기업, 공기업은 당신이나 다니지 당신도 못한 것을 왜 자식에게 강요합니까? 친구에게 자랑하려고? 자녀의 인생이 당신의 자랑을 위해서 존재하는 하찮은 것인가요?

세상의 모든 자녀는 부모가 말하지 않아도 부모의 기대에 부응하려고 필사적으로 노력한다. 단지 대다수의 아이들은 그게 잘 안되었을 뿐이다. 부모가 다그치지 않아도 아이들은 부모가 자신에게 무엇을 기대하는지 잘 안다. 그러니 부모의 기대에 부응하지 못해서 부모로부터 인정받지 못할까 두려워한다. 부모는 기대를 강요하지 말고 그저 자기 자신에게 실망하고 낙담한 아이들을 따뜻하게 안아주기만 하면 된다.

─── 부모가 자존감을 되찾는 것이 자녀 교육의 첫 번째 단추다

부모의 낮은 자존감이 자녀 문제의 근원인 경우가 종종 있다. 자존감 낮은 부모는 자신의 내면에 숨은 어둡고 열등한 면이 자식에게서 발견되면 감싸고 포용하는 대신 더욱더 분노하고 화를 내기 쉽다. 예를 들면 학벌이 낮은 부모는 자신의 열등감을 보상받으려고 아이를 무리하게 밀어붙이며 공부시키는 경우가 있다. 아이들 문제의 대부분이 부모의 문제로 귀결되는 것은 바로 이런 이유 때문이다.

세상의 모든 아이들은 부모로부터 아무런 조건 없이 사랑받아야 한다. 아이들은 세상의 들판에 핀 꽃이고 밤하늘의 별과 같다. 하나하나 모두가 예쁘고 반짝이는 존재다. 들판에 핀 꽃과 밤하늘의 별에게는 1등과 꼴등이 없다. 모두가 다 있는 그대로 사랑받을 자격이 있는 소중하고 귀한 존재다. 당신의 자녀도 마찬가지다.

부모란 항상 자녀를 지지하고 응원하는 사람

부모가 자식에게 해줄 수 있는 것은 어떤 대학을 가고 어떤 직업을 가지고 어떤 인생을 살아갈지 설계도를 그려주는 것이 아니라 아이를 있는 그대로 사랑하는 것이다. 부모는 아이가 좀 못하더라도 항상 지지하고 응원하는 사람이어야 한다. 그렇게 할 수 있는 사람은 이 세상에 부모밖에 없다. 공부를 잘한다고 사랑하고 공부를 못한다고 사랑하지 않는다면 그건 사랑이 아니고 거래다. 그런 식으로 자란 아이는 커서 어떻게 행동하겠는가? 세상의 기준으로 당신을 다른 부모들과 비교해서 줄 세우고 부족한 당신을 부끄러워하고 당신에 대한 존중과 애정을 철회할 수도 있다. 만약에 그런 일이 발생하더라도 자업자득이라고 생각하고 입을 다물자. 자신도 못 이룬 것을 자녀에게 강요하고 닦달하는 부모는 되지 말자. 아이의 인생은 아이의 것이라는 것을 한순간도 잊어서는 안 된다.

2부

실전 투자

이순신 장군처럼 투자하라

팬데믹 이후 다시 시작하는 투자

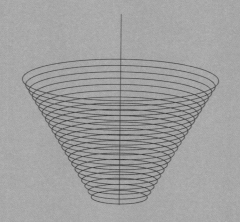

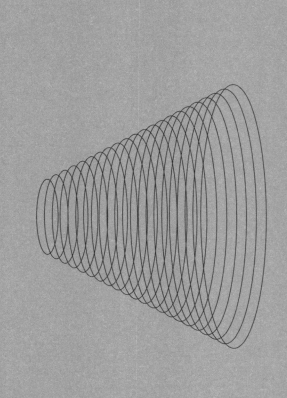

이순신 장군처럼
투자하라!

제2차 세계대전 때 사막의 여우라고 불린 독일의 전쟁 영웅 로멜과 맞서 싸워 이긴 영국의 전쟁 영웅 몽고메리 장군은 저서 『전쟁의 역사』에서 이순신 장군을 뛰어난 전략가이고 전술가라고 높이 평가했다. 나도 이에 공감하고 동의한다. 이순신 장군은 조정의 지원을 제대로 받지 못하는 불리한 여건 속에서도 먹고사는 문제까지 스스로 해결하면서 23전 23승을 거두었다. 이순신 장군은 어떻게 한 번도 패하지 않고 전승할 수 있었을까?

이미 이긴 전투에 나가 승리를 가져온다

나는 이순신 장군의 전략이 내가 깨달은 주식투자법과 매우 유사하다는 것을 뒤늦게 알았다. 이순신 장군의 전략이 내가 추구하는 주식투자법과 어떻게 비슷한지 정리해 보자. 이순신 장군의 필승 전략은 무엇일까? 이순신 장군은 전투의 시간과 장소를 적군이 좌지우지하도록 두지 않고 자신에게 유리한 선택을 했다. 이순신 장군의 전략은 가장 유리할 때, 가장 유리한 장소에서만 선택적으로 전투에 임한다는 것이다. 이순신 장군은 적이 싸움을 걸어온다고 무조건 싸우지 않았다. 우발적인 전투도 없다. 이순신 장군의 전략은 『손자병법』에서 말하는 선승구전(先勝求戰) 전략과 비슷하다. 선승구전이란 이미 이긴 다음 전쟁을 한다는 뜻이다.

> 승리하는 군사는 먼저 이길 수 있는 형세를 만든 뒤에 싸움을 구하고, 패하는 군사는 먼저 싸운 뒤에 이기기를 구한다.
> 勝兵 先勝而後求戰 敗兵 先戰而後求勝 -『손자병법』군형 편

이순신 장군이 행한 실전을 살펴보면 선승구전 전략을 어떻게 적용하였는지 잘 드러난다. 이순신 장군이 일본 수군에게 거둔 승전의 대부분은 조선 수군의 전력이 왜군에 비해서 압도적일 때, 즉 승산이 높을 때 전투하여 거둔 승리다. 이미 이긴 뒤에 전쟁을 했다. 물론 예외도 있다. 그래서 이순신 장군의 진정한 위대함이 드러난다. 한산도대첩, 부산포해전, 명량대첩의 경우에는 이순신 장군의 전력이 절대적으로 열세였음에도 불구하고 대승을 거두었다.

── 언제 어디서 싸워야 할지 미리 알아야 이긴다

전력 열세에도 불구하고 대승을 거둔 해전을 살펴보자. 한산도 대첩에서는 일본 함대가 73척으로 조선 수군 54척보다 많았다. 이순신 장군은 적 함대가 견내량에 매복했음을 알고 이들을 유인하여 자신이 원하는 한산 앞바다로 끌어냈다. 조선 수군에게 유리한 넓은 전쟁터에서 학익진 전법과 거북선을 활용하여 전투를 승리로 이끈 것이다. 임진왜란 당시 일본 수군은 조선에는 없는 조총으로 무장하고 있어 근접전에 유리했다. 그래서 일본 수군은 자신의 배를 적군의 배에 붙이고 상대편 배에 뛰어올라 가서 싸우는 근접전을 선호했다. 임진왜란 당시 일본 수군은 말만 수군이지 배를 탄 육군과 같았고 육군식 전투 방식을 선호했다. 반면에 조선 수군은 일본 수군보다 사거리가 멀리 나가는 대포를 보유하고 있었기에 적선과 거리를 두고 대포로 적함을 격침하는 전투가 유리했다. 그래서 이순신 장군은 좁은 견내량에 매복한 일본 적함을 넓은 바다로 유인하여 끌어낸 뒤 대포로 격침시킨 것이다. 그리고 등에 쇠못을 박아서 적군이 승선하지 못하게 만든 거북선을 활용해 상대적으로 약한 적선을 충돌로 깨부수고 대포로 격침시켰다.

부산포해전도 일본 수군 470척 대 조선 수군 166척으로 수적으로 열세였지만 기습 공격으로 대승을 거두었다. 기습 공격은 시간이 나에게 유리한 작전이다. 이순신 장군은 적군이 대비할 시간을 빼앗고 상대의 허점을 이용하여 승리를 얻었다.

명량대첩은 세계 해전사에도 길이 남은 대승이었다. 이순신 장군은 겨우 13척의 배를 가지고 10배가 되는 133척의 일본 함대와 맞서 싸워 이겼다. 도대체 어떻게 그럴 수 있었을까? 이순신 장군은 압도적인 수적 불리함을 극복하기 위해서 전투 장소를 명량으로 정했다. 명량은 울돌목이라고 전남 해남과 진도 사이에 있는 좁은 바닷길이다. 물살이 하도 빨라서 마치 물이 우는 것 같다 하여 울돌목이란 이름이 붙여진 곳이다. 실제로 그 우는 소리가 멀리서도 들릴 정도라고 한다. 밀물과 썰물이 6시간마다 교차하며 하루에 4번 물의 흐름이 바뀌는 특별한 장소였다. 13척의 배로 133척의 대함대와 맞서 싸워 이기려면 넓은 바다가 아닌 많은 함선들이 한 번에 몰려들 수 없는 좁은 해로가 최적의 전장이었던 것이다. 이순신 장군은 좁은 수로에서 일본 대함대를 차례차례 각개격파하는 전략을 구사했다. 그리고 명량의 시간에 따라 바뀌는 조류를 활용하여 왜군 함대를 혼란에 빠트리고 격침했다.

이순신 장군은 싸울 때와 싸우지 말아야 할 때를 알고 어디서 싸우고 어디서 싸우지 말아야 할지를 아는 전략가였다. 이순신 장군은 부산포에 있는 적함을 쳐부수고 오라는 선조의 명령을 거부하는 바람에 파직당하고 죄인이 된다. 이순신 장군이 선조의 명을 거부한 것은 절대로 싸울 때와 싸울 장소가 아니라고 판단한 것이다. 이순신 장군 대신에 새롭게 함대 사령관이 된 원균은 조선 함대 180척 모두를 이끌고 부산포로 향하다 칠천량에서 만난 일본 수군에게 기습 공격을 당해 전멸한다. 단 한 번의 패전으로 조선

수군 함대 전체가 물밑으로 가라앉았다. 이는 결국 싸울 시기와 싸울 장소가 아니었다는 이순신 장군의 판단이 옳았음을 방증한다. 이순신 장군의 23전 23승의 비결은 바로 전투해야 할 시간과 장소를 자신에게 가장 유리한 방향으로 선택한다는 전략과 그 전략을 실행에 옮길 수 있는 능력에 있음을 알 수 있다.

⎯⎯ 투자하기 가장 유리한 시간과 장소를 찾아라

이제 이순신 장군의 전략을 투자에 대입해 보자. 투자에 승리하기 위한 전략도 이순신 장군의 필승 전략과 똑같다.

첫째, 언제 싸워야 할지를 알아야 한다. 주식투자에 성공하기 위해서는 언제 투자해야 할지를 알아야 한다. 그러기 위해서는 대세 흐름을 파악하는 능력이 중요하다. 지금이 큰 그림에서 하락장인지 상승장인지를 파악할 수 있어야 한다. 그런 다음에 일시적으로 발생하는 작은 반등장과 반락장을 구분할 수 있어야 한다. 조류의 흐름을 읽던 이순신 장군처럼 주가 흐름을 알아야 언제 사고팔지를 알 수 있고 승산을 높일 수 있다. 특히 때를 아는 것이 가장 중요하다. 아주 간단한 예를 들어 보자. 나는 큰 폭락 후 시장에 피가 흥건할 때 매수하는 것을 좋아한다. 이때 승률이 높기 때문이다. 반대로 주가가 오랫동안 상승하고 모두가 열광할 때는 투자를 조심한다. 이때는 승률이 낮기 때문이다. 종목보다 때가 더 중요하다는 것을 잊어서는 안 된다. 아무리 우량주에 투자해도 때를 잘못 선택하면 손실을 본다.

둘째, 자신이 우위에 설 수 있는 싸움터를 골라서 싸워야 승률이 높다. 투자로 예를 들어 보자. 개인 투자자는 주식시장보다는 주택시장에서 이길 가능성이 더 높다. 왜냐하면 주택시장의 싸움에서는 정보와 자금력이 뛰어난 기관과 외국인이 없기 때문이다. 주식투자에서는 자신이 경쟁자보다 우위에 설 수 있는 섹터나 종목을 찾을 수 있어야 한다. 자신이 우위에 설 수 있는 니치마켓을 찾아야 승산이 높다. 나는 남들이 모두 좋다고 달려드는 뜨거운 주식은 내가 싸우기 유리한 곳이 아니라고 본다. 나만의 방식으로 찾아낸 유리한 종목으로 투자 대상을 좁혀서 투자한다.

자신에게 가장 유리한 시간과 장소를 선택하는 것이 전쟁과 투자에서 이기는 필승 비결이다. 당연하고 평범한 이 결론을 나는 정말 오랜 시간과 많은 시행착오와 비싼 수업료를 지불하고서야 깨달았다. 그리고 그것을 깨달은 뒤에도 실전에 성공적으로 적용하여 실행하기는 쉽지 않았다. 개별적이고 구체적인 실전에 맞춰 전략을 성공적으로 구사할 수 있는 실행 능력은 별개의 능력이었다.

당신도 언제 어디에서 싸우는 것이 가장 유리할지를 생각하라. 그리고 이러한 전략적 사고를 어떻게 실전에 적용하고 실행에 옮길 수 있을지를 숙고하라. 전략적 사고는 전쟁, 직업 선택, 투자 등 우리가 인생에서 만나는 모든 중요한 일에 적용되어야 한다!

인생에서 가장 위험한 일은
아무런 위험에도 뛰어들지 않는 것이다

나보다 더 공부를 많이 하고 더 똑똑하고 더 성실한 대학 동창이 정말 많다. 대다수의 동창은 나보다 더 오래 현업에서 일하며 돈을 벌었다. 반면 나는 그들에 비해 가난하게 사회생활을 시작했다. 그런데 오랜 세월이 흐른 뒤에 보니 재산은 내가 상대적으로 더 많이 가진 편이다. 어떻게 해서 내가 다른 동창들보다 조금 더 부자가 되었을까? 그 이유가 무엇일까?

투자, 그것은 용기에 관한 이야기다

내가 생각한 가장 큰 이유는 행운이 내 편이었다는 점이다. 그리고 하나 더 보태자면 내게는 위험을 무릅쓰는 배팅력이 있다!

나를 오랫동안 지켜본 친구는 나에 대해서 이렇게 말한다. "너는 배팅력이 대단해! 우리는 따라가기 힘들어!" 그 친구 눈에는 내가 위험한 상황에서 배팅하는 모습이 인상적이었나 보다. 그 친구의 이야기를 듣고 생각해보니 그제야 내가 그렇구나 하고 생각된다. 나는 젊은 시절에 돈이 워낙 없었기에 투자할 돈을 최대한 빌리고 내가 번 월급 대부분을 이자 갚는 데 사용했다. 그때 나는 아내에게 종종 이렇게 말했다. "원래 개털이어서 망해도 똑같아. 잃을 것도 없어. 그러니 한 번 배팅해야 해!" 실제로 나는 가진 게 없으니 잃을 것도 없었다. 그러니 위험을 무릅쓰고 배팅해야 한다고 생각했다.

내가 보증금 500만 원에 월세 20만 원으로 신혼살림을 시작할 때 동창 하나는 부모님이 마련해준 아파트에서 시작했다. 같은 아파트에서 나는 월세로 출발했고 동창 친구는 자가로 출발한 것이다. 그는 대기업에 다녔는데 성실하게 직장 생활을 하다 정년퇴직을 했다. 그는 일도 나보다 훨씬 더 많이 했고 더 많은 재산을 가지고 출발했다. 그런데 30년이 지난 지금은 조기은퇴 한 내가 훨씬 더 많은 재산을 가지고 있다. 그는 "빚을 내거나 투자하는 게 두려웠다"면서 더 많은 재산을 모으지 못한 자신의 태도를 후회한다고 말했다. 그의 이야기는 조지 소로스를 떠올리게 했다.

방아쇠를 당기는 능력(배팅 능력)은 분석이나 예측에 관한 것이 아니다. 그것은 용기에 관한 것이다. 설명하기 어렵지만 굳이 설명하자면 그것은 적정한 순간이 오면 모든 것을 내걸 수 있는 배짱 같은 것이다. 분석을 잘하는 사람, 예측을 잘하는 사람은 수백, 수천 명이 있지만 위험을 무릅쓰고 방아쇠를 당기는 사람은 극소수에 불과하다.

투자는 몰라서 못하는 것이 아니라는 이야기다. 용기 있는 극소수의 사람만이 투자에 성공할 수 있다는 조지 소로스의 말에 천 번이고 만 번이고 동의한다.

─── **손해 보는 걸 두려워하지 않는 사람만 부자가 된다**

대다수의 사람들은 왜 위험을 무릅쓰고 배팅하지 못할까? 그건 우리가 생존력이 뛰어난 원시인의 후예이기 때문이다. 조심성이 없고 두려움이 없었던 원시인은 살아남지 못했고 후손도 많이 퍼트리지 못했다. 두려움과 조심성이 많은 원시인만이 맹수를 피하고 생존할 수 있었다. 무리가 도망가면 이유도 모른 채 같이 뛰어서 무리에 합류하는 겁 많은 원시인만이 맹수로부터 살아남았다. 인간에게 두려움이란 생존력을 높여주는 위험 경보 같은 것이다. 그런데 바로 이런 생존력을 강화시킨 두려움이 부자가 되는 것을 방해한다. 우리는 겁 많은 원시인의 후예다. 그래서 위험을 무릅쓰고 배팅하는 것은 우리에게 어려운 일이다. 특히 주식시장이 폭락하면 그야말로 커다란 두려움에 휩싸인다. 헤지펀드 매니저이자 CNBC 투자 프로그램인 〈매드머니(Mad Money)〉의 진행자인 짐 크레이머도 폭락장에서 자신이 느낀 감정을 이렇게 표현했다.

온 세상이 무너져 내린다. 숨을 자연스럽게 쉴 수 없고 억지로 쉬어야 한다. 머리가 텅 빈다. 땀이 비 오듯 흐르고 무서워 벌벌 떤다. 아무 반응도 할 수 없다. 아무것도 할 수 없다.

폭락장을 경험한 나 역시 그의 발언에 절대 공감한다. 부자가 되려면 타고난 본능을 극복할 수 있어야 한다. 나는 후배들에게 젊은 시절에 용기를 내야 한다고 말하고 싶다.

사랑한다는 것은 사랑을 되돌려 받지 못할 위험이 있고 산다는 것은 죽을지도 모른다는 위험이 있다. 희망을 갖는 것은 절망에 빠질 위험이 있으며 새로운 시도를 하는 것은 항상 실패할 위험이 있다. 진정 자유롭게 살기를 꿈꾼다면 두려움 없는 인생을 바라지 말고 두려움에 맞서야 한다. 인생에서 가장 위험한 일은 아무런 위험에도 뛰어들지 않는 것이니까 말이다. 부자가 되는 비결은 손해 보는 것을 두려워하지 않는 데 있다. 두려움에 물들지 않고 투자할 수 있는 사람이 진정 자유로운 사람이다.

그러니 부자가 되고 싶다면 시장에 피가 흥건할 때 매수하라!

경제 위기가 찾아오면
중앙은행은 왜 돈을 뿌릴까?

2008년 금융 위기가 찾아오자 미국 연준의장 벤 버냉키는 헬리콥터로 돈을 뿌려야 한다고 말했다. 실제로 그는 양적완화(quantitative easing)[1]라는 새롭게 돈을 뿌리는 방법을 창안해서 더 많은 돈을 뿌렸다. 2020년 코로나19발 경제 위기가 닥치자 미 연준의장 제롬 파월 역시 천문학적인 돈을 살포했다. 그는 양적완화는 물론이고 특수법인을 세워 중앙은행에서 민간 기업의 회사채와 CP(기업어음)까지 매입하며 돈을 뿌렸다.

---

1 양적완화란 금리가 이미 너무 낮아서 금리 인하를 통한 경기 부양 효과를 기대할 수 없을 때 중앙은행이 다양한 자산을 사들여 시중의 통화 공급을 늘리는 정책이다. 중앙은행이 발권력을 동원, 부채를 늘리는 방식으로 경기를 부양하는 것이다.

어빙 피셔의 성공과 실패 속에서 꽃피운 이론

경제 위기라고 해서 모두가, 항상 돈을 뿌리는 건 아니다. 한국은 IMF 때 고금리 경제 긴축정책을 폈다. 그런데 미국 중앙은행은 왜 경제 위기가 찾아오면 돈을 살포할까? 미국 중앙은행은 과거의 실수로부터 큰 교훈을 얻어야만 했기 때문이다. 미국의 경제 대공황이 오랫동안 지속되고 경제적 타격이 컸던 까닭이 중앙은행의 잘못된 대응 때문이라는 것을 한 경제학자가 밝혔다.

어빙 피셔가 대공황 때 무엇이 잘못되었는지를 연구하게 된 이유는 자신이 대공황으로 인해 전 재산과 명성을 잃었기 때문이다. 어빙 피셔의 아버지는 목사였다. 어빙 피셔는 아버지가 일찍 돌아가시는 바람에 소년 가장 역할을 하며 가족을 부양해야 했고, 대학 시절에는 가정교사를 하면서 돈을 벌었다. 그는 수학에 뛰어났다. 예일대를 수석으로 졸업했다. 그리고 부잣집 딸과 결혼했다. 그는 예일대 교수로 재직하며 2년마다 논문을 한 편씩 내 경제학자로서 명성이 높았다. 게다가 결혼할 때 아내가 가져온 돈을 밑천으로 주식투자에 성공하여 재산이 1,000만 달러에 이르렀다. 그는 경제학자로서 명성을 얻었을 뿐만 아니라 주식시장에서도 성공한 큰손이 되었다. 그러다 보니 수많은 미국의 개미 투자자들이 어빙 피셔의 투자 조언을 따라 했다.

1929년 한 투자 전문가가 주식시장이 폭락할 것 같다는 발언을 했다. 이러한 불길한 경고에 대해서 어빙 피셔는 이렇게 응답했다.

"주식시장은 앞으로 꺼지지 않는 영원한 고점에 도달했다." 이 발언은 경제학자의 가장 어리석은 발언으로 두고두고 조롱거리로 회자되었다. 그 발언 직후 1929년 10월 24일 검은 목요일 사건을 기점으로 해서 주가는 25퍼센트나 급락했다. 이때 어빙 피셔는 다시한 번 자신의 소신을 밝혔다. "펀드멘탈은 아무것도 바뀐 게 없다. 시장은 일시적인 동요를 극복할 것이다. 바닥이 가까워졌고 이후 반등이 일어나 다시 주가는 고점을 향해 금방 회복할 것이다." 그러나 이후의 결과에 대해서는 우리가 아는 바와 같다. 주가는 연일 곤두박질쳤고 어빙 피셔의 손실은 눈덩이처럼 불어났다. 그를 따르던 개미 투자자의 손실도 커졌다. 그때 어빙 피셔를 더욱 불행하게 만든 건 신용 투자였다. 그는 주가가 다시 회복할 것이란 믿음으로 손절매를 하지 않았다. 그리하여 그는 순자산이 마이너스에 이르렀다.

대공황과 함께 어빙 피셔는 모든 걸 날렸다. 전 재산뿐만 아니라 명성도 함께 날아갔다. 어빙 피셔는 존경받는 경제학자와 성공한 투자자에서 순식간에 비웃음과 조롱거리로 전락하고 말았다. 사업가와 정치인들은 그를 멀리하고 따돌렸다. 그의 잘못된 투자 조언 때문에 이후로 예일대 출신 경제학자의 주장에 대해서는 항상 미국인들이 의심스러운 눈초리를 보냈다고 한다. 보통 사람이라면 이런 불행을 겪으면 좌절하고 극단적인 선택을 할 수도 있다. 그러나 어빙 피셔는 강인한 정신력의 소유자였다. 그는 자신의 실패 원인을 연구하기 시작했다. 왜 대공황이 발생했고 왜 그렇게 오랫동안 회복되지 못했는지를 연구했다. 그리고 마침내 그는 원인을 알아냈다. 부채 디플레이션(Debt Deflation)이 원인이었다.

____ 부채 디플레이션이란 무엇인가?

경제 위기에 몰린 경제주체가 부채부터 빨리 갚으려고 하면 물가가 하락하고 디플레이션 소용돌이에 빠지면서 대공황이 온다. 예를 들어 보자. 너도나도 앞다투어 빚을 갚으려고 부동산 매물을 내놓으면 부동산 가격이 급락한다. 또 신용 투자자들이 빚을 갚기 위해서 주식을 팔면 주가가 급락한다. 부동산과 주식 가격이 하락하면 이를 담보로 잡고 돈을 빌려준 은행은 담보 가치가 떨어지니 자신의 대출금을 회수하려고 부동산과 주식을 시장에 내놓아 자산 가격은 더욱더 하락한다. 경제주체가 가진 자산 가격이 하락하면 경제주체가 돈을 빌릴 수 있는 한도도 같이 줄어든다. 은행도 대출을 회수하거나 더 줄일 수밖에 없다. 이런 식으로 악순환이 계속되면서 자산 가격이 하락하고 물가도 하락한다.

물가가 하락하면 무시무시한 현상이 닥친다. 물가가 하락하는 상황에서는 오늘 물건을 사는 것보다 내일 사는 게 더 유리하다. 물가가 하락하는 상황에서는 기업주도 설비투자를 오늘 하는 것보다 내년에 하는 게 유리하다. 이런 식으로 소비와 투자는 자꾸 미루어지고 경제 침체에 빠진다. 또 물가가 하락하면 부가 채무자에게서 채권자에게로 이전된다. 오늘의 부채 1달러가 내년에는 1달러 이상의 가치를 가지게 되기 때문이다. 이런 상황에서는 모든 채무자들이 빚을 앞다투어 갚으려고 한다. 그렇게 되면 앞서 말한 대로 모든 자산이 줄어드는 악순환의 소용돌이에 빠진다. 그래서 대공황의 늪을 헤어날 수가 없다.

﹘ 대공황을 극복하기 위해서는 돈을 뿌려야 한다

어빙 피셔는 대공황을 극복하는 방법도 제시했다. 그는 과감하게 돈을 뿌려야 한다고 주장했다. 돈을 뿌리는 데 족쇄가 되는 금본위제도 폐지해야 한다고 주장했다. 피셔의 주장은 정답이었지만 불운한 경제학자의 진단과 처방에 귀를 기울이는 사람이 아무도 없었다. 그는 그냥 불운하게 파산한 경제학자였고 조롱과 비난의 아이콘이었을 뿐이다.

위대한 이 경제학자를 복권시킨 사람이 있었으니 그가 바로 노벨 경제학상을 수상하고 통화주의 학파를 창시한 밀턴 프리드먼이다. 밀턴은 1930년대 초반 1,860개 은행이 파산하고 그로 인해 통화량이 31퍼센트 급감한 것이 대공황을 유발했다고 분석했다. 당시 미국 중앙은행이 은행에 충분한 유동성을 공급하지 못해서 주식시장이 붕괴하고 대공황이 발생했다고 본 것이다.

밀턴은 "인플레이션은 언제나 화폐적 현상이다"라고 말했는데 이는 어빙 피셔의 유명한 교환방정식[2]의 또 다른 표현에 지나지 않는다. 어빙 피셔의 주장은 밀턴 프리드먼에게 계승되었고 밀턴의 주장을 다시 이어받은 사람이 바로 미 연준의장 벤 버냉키다. 벤 버냉키는 대공황을 연구한 경제학자였고 밀턴의 사상을 이어받은 학자다. 그는 2002년 밀턴의 90세 생일잔치 때 이렇게 축사했다고 한다. "당신이 옳았다. 우리는 다시는 그렇게 하지 않을 것이다." 실제로 벤 버냉키는 2008년 글로벌 금융 위기가 터지자 즉각 천문학적인 돈을 살포했다.

___ **우리가 어빙 피셔에게 빚진 것들**

일본의 잃어버린 20년도 잘못된 긴축 때문이었다. 유럽이 장기간 경기 침체에 빠진 이유도 2008년 금융 위기 때 잘못된 긴축정책을 펼쳤기 때문이라는 지적이 있다. 이러한 과거의 실수 때문에 현재 각국 중앙은행은 경제 위기가 닥치면 과감한 통화 살포 정책을 편다. 그리고 우리는 과거의 경험을 통해서 통화를 살포하면 주

---

2 어빙 피셔의 교환방정식이란 'MV=PT'를 말한다. M은 통화량, V는 통화유통속도, P는 물가, T는 재화와 서비스의 양을 말한다. V와 T는 상대적으로 안정적이기에 결국에 M을 늘리면 P가 상승한다. 오늘날은 'MV=PT' 대신에 같은 의미로 'MV=PQ'라는 사이먼 뉴컴이란 경제학자가 표현한 교환방정식이 더 많이 사용된다.

가와 집값이 오른다는 것을 배웠다.

어빙 피셔의 삶은 마지막까지 계속 내리막길이었다. 아내가 먼저 세상을 떠난 뒤에 그는 집세마저 낼 수 없어서 근처의 작은 아파트에 옮겨 살았다. 1947년 그가 죽고 난 뒤에 남긴 재산은 6만 달러였다고 한다. 그는 쓸쓸한 죽음을 맞이했다. 그러나 그가 생전에 남긴 많은 논문은 후학들에게 영감을 주었고 그가 창립한 계량경제학회에서는 이후 11명의 노벨 경제학상 수상자를 배출했다. 천재 경제학자 슘페터는 어빙 피셔가 미국의 가장 위대한 경제학자라고 칭송했다. 인류는 어빙 피셔의 개인적 파산과 고통 그리고 불행에 빚을 졌다. 그의 아이디어 덕분에 인류는 불행을 피할 수 있었기 때문이다.

한국의 생존과 번영을 위한
국제 관계 눈치 게임

국제정치에서 현실원칙을 따르지 않고 혼자 감상주의와 낭만주의에 휩쓸려서 행동하면 어떻게 될까? 인조처럼 남한산성에서 삼전도의 굴욕을 겪게 된다. 청나라가 화친을 요구했으나 국제 정세가 어떻게 돌아가는지 모르던 인조는 잘못된 판단으로 백성들을 죽음에 몰아넣었다. 임금이야 자기가 저지른 일이니 수치를 감내하는 게 당연한 일이지만 청나라에 끌려간 백성 60만 명은 무슨 죄를 지었단 말인가? 그들은 중간에 굶어 죽거나 살아남았어도 노비나 첩이 되었다.

현실 국제정치가 어떻게 돌아가는지 모르면 언제든지 같은 일이 반복될 수 있다. 역사가 주는 교훈은 엄중히 받아들여야 한다. 국제정치의 원칙은 투자자의 입장 정리와 방향 설정에도 직접적인 영향을 미친다. 투자자는 국제정치를 관망하는 눈을 길러야 한다.

국제정치의 3가지 원칙에 눈떠라

첫째, 영원한 적도 없고 영원한 우방도 없다. 영원한 국가이익만 있을 뿐이다. 과거의 적국과 조상의 원수는 두고두고 응징해야 할까? 현실원칙에 어긋나는 주장이다. 한때 적국이었던 베트남, 일본, 독일이 지금은 미국의 우방이 되고 동맹이 되었다.

1941년 일본이 중일전쟁 등 과격한 군사적 행동을 자행하자 미국은 원유 공급과 철강 수출 제한 조치를 시행한다. 이에 대한 보복으로 일본은 미국의 진주만을 기습 공격했는데 결국 그 대가로 일본 본토에 원자폭탄을 맞았다. 초토화된 나라를 추슬러 경제를 회복하던 1985년 미국은 다시 일본 엔화와 독일 마르크화 절상을 유도하는 플라자협정으로 경제적 원자폭탄을 투하한다. 이에 타격을 입은 일본은 잃어버린 20년을 맞이했다. 그럼에도 불구하고 일본은 미국과 협력하고 있다. 베트남 또한 월남전 때 우방이었던 중국과 대치하며 한때 적이었던 미국의 날개 아래 조용히 자리 잡고 있는 것을 눈여겨보라.

둘째, 국제 관계는 옳고 그름이나 도덕 기준으로 정해지는 게 아니고 힘으로 결정된다. 우리가 착하게 살면 평화가 온다? 이는 현실원칙에 어긋나는 주장이다. 정의가 이긴다? 이것도 현실과 동떨어진 주장이다. 우리 주장이 타당하고 옳기 때문에 우리 주장대로 해야 한다? 이것도 현실을 무시한 실효성 없는 주장이다. 국제 관계는 힘이 정의고 철저히 힘에 의해서 결정된다. 이스라엘이 중

동전쟁 때 자기 영토의 몇 배나 되는 골란고원을 시리아에게서 빼앗은 것을 보면 감이 온다.

셋째, 가까운 나라가 강해지는 걸 막고 먼 나라와 동맹을 맺어라! 가까운 나라끼리는 싸울 수 있으니 먼 나라와 동맹을 맺는 게 유리하다. 영국의 국제 외교정책은 항상 대륙을 쪼개는 것이었다. 세계사 시간에 배운 그대로다. 그래야 영국을 때릴 만큼 강한 국가가 근처에 안 나타나기 때문이다. 영국이 독일 통일을 반대한 것도 같은 이치다. 우리는 먼 나라 미국과 동맹을 맺음으로써 가까운 중국과 북한에 대항하는 힘을 가져야 한다.

한반도에 대한 미국과 중국, 일본의 생각

이런 복잡한 국제 정세에서 우리나라가 살아남으려면 어떻게 해야 할까? 패권 국가인 미국의 계획과 생각이 중요하다. 미국은 지금 중국 때리기에 집중하고 있다. 미국 입장에서 한반도는 어떨까? 미국은 한국을 통일시켜도 된다고 생각한다. 지도를 보라. 한국을 통일시키면 미국은 중국의 머리를 때리는 망치를 갖게 된다. 그리고 일본의 심장을 찌르는 단도를 갖게 된다. 미국은 일본과 중국을 절대로 믿지 않고 항상 경계한다. 일본과 중국은 미국과 한때 서로 죽이려고 전쟁까지 한 나라기 때문이다.

한반도에 대한 중국의 입장은 어떨까? 무슨 일이 있어도 한국의 통일은 막아야 한다. 중국에게 우리나라는 바람막이 같은 것이다. 한국전쟁 때 모택동이 인민 해방군 140만 명을 보낸 것도 순망치한을 경계한 것이다. 한반도에서 40만 명의 중국군이 희생되었다. 절대로 한반도 통일을 용인할 수 없다는 의지의 발로다.

일본의 입장은 어떨까? 일본 역시 한반도 통일에는 반대다. 한국이 통일되면 인구 7,000만 명의 강력한 군사력을 가진 강국이 되기 때문이다. 한국의 자본과 기술이 북한의 노동력과 자원과 합쳐지면 진짜 강국이 될 수 있다.

이런 상황에서 한국은 북한의 핵무기 위협을 받고 있다. 대치 상태에 있는데 한 나라가 핵무기를 건드리면 다른 나라가 선택할 수 있는 옵션은 2가지뿐이다. 싸우다 몰살당하거나 아니면 먼저 알아서 항복하는 것이다. 결국 한국은 미국의 핵우산 아래 웅크리고 있기에 버티는 것이다. 미국이 핵우산을 거두면 우리도 핵을 가져야 한다. 이게 냉엄한 국제 관계 현실이다. 한국이 핵을 가지기 전까지는 많은 대가를 치르더라도 미국 곁에 붙어 있어야 한다.

___ 미국의 핵우산 아래서 국익을 챙겨야 할 때

국제정치의 새로운 이론 중에 자유민주주의 국가 간에는 전쟁이 안 일어난다는 이론이 있다. 독재국가와 자유민주주의 국가 사이에서 전쟁이 일어난다는 것이다. 이 이론에 따라 한국이 전쟁을 할 가능성이 가장 높은 나라는 북한과 중국이다.

중국을 살펴보자. 중국은 서해의 경계선을 70퍼센트나 자기들이 차지하는 지점에 그리려고 한다. 그리고 한국이 영해에 들어가면 쫓아낸다. 이걸 미국 7함대 소속 해안경비대가 다니면서 방어하고 있다. 이어도도 중국과 분쟁하는 중이니 정신 똑바로 차려야 한다. 예전에 중국 고위 관료가 자신의 본심을 토로한 적이 있다. "미국이 없었다면 한국은 벌써 손봐줬다." 우리는 현실을 직시해야 한다. 몇 해 전에 시진핑이 트럼프와의 정상회담에서 이렇게 말했다고 한다. "한국은 원래 중국 땅이었다." 트럼프가 시진핑에게서 그렇게 들었다고 폭로했다. 우리 뒤에 미국이 없었다면 우리는 중국에게 벌써 몇 번이나 굴욕적인 행패를 당했을 것이다.

일본도 밉지만 우리의 생존과 번영을 위해서는 우호적인 관계를 유지하는 게 좋다. 동맹까지는 아니라도 적의 적은 우리 편이니까 일본과 협력해야 한다. 그런데 감상주의와 낭만주의에 빠져서, 또 과거에만 매달려서, 국제 현실원칙에 벗어난 행동을 하면 어떻게 되겠는가?

한국은 앞서 말한 3가지 현실원칙을 지켜야 생존할 수 있다. 과거는 죽은 자로 하여금 묻게 해야 한다. 허구한 날 과거만 파고 거기에 얽매이면 안 된다. 국제정치를 자꾸 옳고 그름의 도덕적 기준으로 따지면 안 된다. 국가 간 관계는 그런 식으로 접근하는 것이 아니다.

한국인 치고 일본 좋아하는 사람이 누가 있겠는가? 나도 일본을 싫어한다. 그러나 국가 간 관계에는 영원한 적도 없고 영원한 우방도 없다. 영원한 국가이익만 있을 뿐이다. 그래서 지금은 일본을 적으로 돌릴 게 아니라 중국과 북한에 맞서기 위한 협력 관계로 다가가야 한다.

『전쟁론』을 쓴 클라우제비츠가 이런 말을 했다. "국민은 폭력주의와 감성주의에 빠지기 쉽다. 이것을 이성으로 잡아주는 일이 정부의 몫이다." 맞다! 지도자는 국민들이 감상주의에 빠지지 않도록 지키고 이성적으로 이끌어야 한다. 지금 당장 좀 억울해도 참고 실력을 키워서 후손들에게 안전하고 살기 좋은 나라를 물려주어야 한다.

진정한 보수주의자만이
부자의 길로 들어설 수 있다

나는 보수라서 다 나쁘다거나 반대로 진보라서 다 나쁘다고 생각하지는 않는다. 양쪽 모두 미덕과 장점이 있다. 진보의 미덕은 자비심에 있다. 어려운 사람을 배려하고 생각하는 자비심이 진보의 미덕이다. 한편 보수의 미덕은 자조 정신이다. 자신의 인생을 회사와 국가에 의지하지 않고 스스로 노력하고 성취하려는 자립정신이 보수의 미덕이다.

자비심과 자립정신, 둘 다 우리 사회에 꼭 필요한 덕목이다. 이 2가지를 실현하기 위해서 개인적 차원에서는 모두가 보수의 미덕인 자조 자립정신으로 열심히 노력해야 한다. 사회적 차원에서는 진보의 미덕인 자비 정신으로 불평등한 환경에 놓인 사람을 위한 사회 안전망을 구축해야 한다.

자조 자립정신을 장착한 보수주의자들이 부자가 된다

나는 직장을 다닐 때도 사장이 내 월급을 주는 게 아니고 시장이 내 월급을 준다고 생각했다. 회사에서 잘려도 시장에서 나를 팔수 있는 실력을 갖추어야 한다고 생각했고 노력했다. 그런데 세월이 흘러 50대가 된 뒤에 대학 동창을 만나 이런저런 이야기를 하다가 내가 젊을 때부터 그렇게 생각했다고 말하니 다들 놀랐다. 그때만 해도 직장은 영원할 줄 알았고 나처럼 생각한 적이 없다고 했다. IMF, 외환 위기를 겪으면서 우리 사회도 많이 달라졌다. 아마도 지금은 나처럼 생각하는 사람이 많을 것이다.

나는 부자가 되려면 자조와 자립정신이 중요하다고 생각한다. 나처럼 자조 자립정신을 장착한 보수주의자들은 회사에게 자신을 책임지라고 막무가내로 떼를 쓰지 않는다. 사업가도 살아남기 위해서 노력한다는 걸 알기 때문이다.

동창 중에 기업을 운영하는 친구 O가 있다. O는 아버지로부터 가업을 물려받아서 아주 잘살고 재산도 많다. 학창 시절에는 찰랑찰랑 윤이 나는 머리카락을 빛내며 항상 밝게 웃는 소년이었다. 사업체를 물려받아던 시절에는 월급쟁이 동창을 만나면 웃으면서 이렇게 말하곤 했다. "야, 너희들은 직장 잘리면 다른 데 취직하면 되잖아. 근데 난 사업 망하면 감방 가야 해. 난 너희들이랑 입장이 달라." 세월이 흐른 요즘은 그의 빛나던 머리카락은 다 빠지고 세월을 정통으로 맞은 듯 초췌한 노인의 얼굴이 되었다. 최근에 만난 그는 내게 이렇게 말했다. "갑자기 아버지가 돌아가셔서 사업을 물려받았을 때는 상속 자금이 없었어. 알짜 재산을 공시지가에 헌납했지. IMF 때는 부도를 맞을 뻔해서 이만저만한 생고생을 한 게 아냐. 최근에는 50억 원을 거래처에 떼였어." 내가 "괜찮냐?" 하고 물으니 대답이 더 짠하다. "예전에 응급실에 몇 번 실려 가고 죽을 뻔하다 심장에 스탠트 몇 개를 박고 나선 생각을 바꾸었어. 이젠 그냥 그러려니 해."

또 다른 사업으로 돈을 번 친구 P는 한밤중에 응급실에 몇 번이나 실려 갔다고 했다. 항상 뒷목이 뻑뻑하더니 어느 날 갑자기 꼼짝할 수 없어서 응급실에 실려 갔다는 것이다. 사업하는 친구들은 모두 몇 번씩 죽을 고비를 넘기는 듯했다.

투자도 그렇다. 지나고 보면 쉽지만 언제나 위험하고 힘들다. 그저 부자가 된 사람은 거의 없다. 사람들은 그냥 그렇게 믿고 싶을 뿐이다. 내가 이런 이야기를 하는 것은 고용주라고 해서 항상 여유가 있고 덜 고생하는 게 아니라는 걸 말하고 싶기 때문이다. 사업가들은 언제나 벼랑 끝에 스스로를 몰아넣고 진검 승부를 벌이고 있다.

국가에 기대지 말고 자신의 삶은 스스로 책임져라

엊그제 아내가 친구랑 깔깔 웃으면서 통화하는 소리를 들었다.

전화를 끊고 무슨 이야기를 했냐고 물으니 이렇게 대답했다. 친구가 "내 주변에서 우파는 너랑 나 둘뿐"이라고 했다는 것이다. 그래서 내가 물었다. "그 친구는 어떻게 해서 우파가 되었대?" 그녀는 평생 주부로 살다가 지방에서 장사를 하게 되었는데 그때 비로소 현실에 눈을 뜨고 생각이 바뀌며 우파가 되었다는 것이다. 그럴 수밖에 없다. 사업을 하면 누구나 생각이 바뀐다. 얼마 전, 서울대 운동권 출신인 지인이 "분당에서 학원을 운영하면서 생각이 바뀌고 진짜 세상을 알게 되었다"고 털어놓았다. 난 그의 고백이 진실이라고 믿는다.

자조 자립정신을 가진다면 자신의 인생을 회사에서 책임져야 한다는 생각은 하지 않을 것이다. 고용주도 살아남기 위한 피 말리는 전쟁터에서 경쟁하고 있다. 마르크스조차도 자본가는 욕하지 않았다. 자본가들 역시 생존경쟁에 내몰린 불쌍한 돈가방이라고 불렀다!

남에게 손 벌리지 않고 자신과 가족을 먹여 살리겠다는 마인드가 보수의 정신이다. 아마도 많은 보수주의자들이 연금에 기대려 하지 않는다. 어찌 될지도 모르는 연금보다는 오히려 자신의 재산을 믿는다. 그렇기에 보수주의자들은 자신의 절제와 절약 그리고 노력을 믿는다. 나 역시 그렇다. 나는 한 번도 국가가 내 노후를 책임져야 한다고 생각한 적이 없다. 공짜를 바란 적이 없다. 언제나 아이에게 세상에 공짜는 없다고 가르친다. 보수주의자들은 자신의 삶은 자신이 책임져야 한다는 사고방식을 가지고 있다!

가난은 나라에 대한 원망으로 이어진다

　진보주의를 자처한 사람들 중 대다수는 상처받은 사람들이다. 그들은 왜 상처받았을까? 자본주의 시스템에서 가난하다는 것은 너무 큰 고통이다. 밥을 굶어서가 아니다. 그들을 정말 힘들게 하는 건 낮아진 자존감과 상대적 박탈감 그리고 열등감이다. 가난은 무능하고 게으르다는 표식이 되고 조롱의 대상이 된다. 누구나 부자가 될 수 있는 자본주의 시대에 당신이 돈을 좋아하고 재능이 있고 열심히 노력했다면 이미 부자가 되었을 텐데 왜 당신은 부자가 아닌가 라는 질문에 가난한 자들은 필사적으로 변명하고 답해야 하는 처지에 몰려서 괴롭고 힘들다.

　이럴 때 어떤 정치인이 나타나서 이렇게 말한다. "당신이 가난한 것은 당신 탓이 아니다. 가진 자와 기득권자가 반칙을 하기 때문에 당신이 가난한 것이다. 내가 그것을 바로잡아 주겠다. 나를 지지해 달라." 많은 사람들이 그런 정치인을 믿고 지지한다. 그런 주장이 상처받고 구겨진 자존감을 살려주기 때문이다. 그런 주장이야말로 무시당하고 조롱받으며 떨어진 자신의 존재 가치와 자존감을 끌어올려주는 희망과 생명수처럼 느껴진다. 사람은 누구나 마찬가지다. 공자도 가난한 데 나라를 원망하지 않기 어렵다고 했다. 이게 나약하고 결함 많은 인간의 본성이다.

진정한 보수라면 더 겸손하고 소박하게 살아라

우리 집안 이야기를 해보겠다. 예전에 우리 집안은 제법 많은 땅을 가진 지주였다고 한다. 당시에는 인근에서 우리 집안 땅을 밟지 않으면 지나갈 수 없었다고 할 정도다. 한국전쟁이 터지고 인민군이 쳐내려왔다. 할아버지 집이 인민군 본부로 사용되었다고 한다. 당시 많은 지주들이 인민재판으로 총살당했다. 졸지에 완장을 차게 된 하인들이 평소 원한을 가진 주인에게 복수하던 시절이었다. 다행히 할아버지는 평소에 인심을 잃지 않아서 그런 비극을 당하지는 않았다. 그럼 그 많은 재산은 다 어떻게 되었냐고? 작은 할아버지가 도박과 주색으로 다 날려 먹었다.

진정한 보수주의자들은 타인이 나보다 적게 가졌다고 무시하고 조롱하지 않는다. 돈으로 인생의 성공 여부를 판단해서는 안 된다. 김수환 추기경을 보라. 그분이 돈이 많아 성공한 인생인가? 성공한 인생이란 자신이 소중하게 생각하는 사람으로부터 존중받고 사랑받는 것이다. 그러니 나보다 더 많이 가진 타인을 질투하고 시기하고 하향 평등을 원하는 진보주의자가 있다면 그는 진정한 진보주의자가 아니다. 그는 시기하고 질투하는 못난 사람일 뿐이다.

가진 자들은 더욱 겸손해야 한다. 그래야 다음번 선거를 기대할 수 있다. 진보주의 정권이 들어서서 경제가 잘된 경우는 지구상에 단 한 번도 없었다. 경쟁이 치열한 국제경제 환경에서 포퓰리즘 경제정책을 계속 편다면 나라가 망한다. 포퓰리즘을 막고 나라를 살리려면 보수주의자들이 집권해야 한다. 그러니 보수주의자들은 자나 깨나 겸손하게 살아야 한다. 평소 버스 기사와 아파트 경비원에게 인사 잘하고 서비스업 종사자들에게 갑질하지 말아야 한다. 솔직히 말해서 그분들 덕분에 얼마나 편하게 사는가? 오히려 감사해야 된다. 기부할 형편이 되면 조금이라도 기부하며 늘 감사하는 마음으로 소박하게 살자. 그래야 부자가 될 수 있고 이미 가진 부를 유지하기도 쉽다.

왜 실전 투자에서는
암기 방식이 통하지 않을까?

인생은 B(birth)와 D(death) 사이의 C(choice)라고 한다. 인생을 제대로 살려면 생각을 하고 선택을 해야 한다. 하지만 사람들은 자꾸만 외우려고 한다. 학창 시절 시험공부에 익숙한 탓이다. 얼마 전, 직업이 의사라는 독자에게 이메일이 왔다. 내 책을 읽고 감명을 받아서 책을 통째로 외우기로 마음먹었다는 것이다. 그는 학창 시절에 수학을 잘 못했는데 수학도 암기를 통해서 극복했다고 말했다. 정말 놀랍다. 암기력이 정말 대단하다.

인생과 투자는 문제 은행 방식으로 움직이지 않는다

나도 암기로 큰 효과를 본 적이 있다. 아주 오래전, 운전면허 적

성검사 시험을 볼 때다. 까마득히 잊고 있다 문득 시험일을 확인하니 바로 다음 날이 아닌가! 시험 시간까지 딱 12시간이 남았다. 나는 버스를 타고 시내 서점으로 달려가 문제집을 사 왔다. 잘하면 한 번은 읽어볼 수 있는 시간이 남았다. 나는 답안지를 뜯어 들고 모든 문제의 정답에 동그라미를 쳤다. 그런 다음 질문과 정답만 읽었다. 오답까지 읽을 시간이 없었다. 그런 식으로 문제집을 주마간산 격으로 겨우 한 번 읽고 시험을 봤는데 우수한 성적으로 합격했다. 이런 시험에서 점수를 얻는 데는 암기가 효과적이다. 정해진 범위 내 문제 풀(pool)에서 몇 문제를 뽑아 출제하는 방식이니까 말이다. 즉 문제 은행의 모든 문제와 답을 외우면 점수를 얻을 수 있다. 학교에서 출제되는 문제는 대부분 범위가 제한되고 전형적인 형식을 가진 문제가 많아서 외워서 시험 보는 게 가능하다.

하지만 실전 인생과 투자에서 부딪히는 의사결정에는 암기식이 통하지 않는다. 인생과 투자 문제는 제한된 영역 내에서 출제되는 일정한 유형의 문제가 아니기 때문이다. 우리가 실전에서 만나는 의문에 대한 답은 일정한 유형이나 또는 기출문제집에서 출제되는 유형의 문제와 완전히 다르다. 즉 운전면허 시험 출제집의 문제 유형과는 완전히 다르다. 운전면허 시험의 답은 2000년 정답이 2002년에도 정답이다. 지난달의 정답은 이번 달에도 정답이다. 어제의 정답은 오늘도 정답이다. 즉 시간의 흐름에 영향을 받지 않는 자연과학이나 일정 기간 동안 변하지 않는 정해진 규칙을 묻는 문제는 암기가 도움이 된다. 그러나 우리가 살면서 선택해야 하는 의

사결정의 문제는 운전면허 시험과는 완전히 차원이 다르다. 인생을 살면서 부딪치는 실전 문제의 정답은 시간이 흐름에 따라서 어제는 정답이었지만 오늘은 정답이 아닌 경우가 많다. 고대 그리스 철학자 헤라클레이토스는 이렇게 말했다. "우리는 같은 강물에 두 번 들어갈 수 없다."

─── 어제의 정답이 오늘은 틀린 이유를 스스로 찾아라

  우리를 둘러싼 모든 투자 환경은 강물처럼 시시각각 변한다. 그래서 어제 외운 투자 공식이 오늘은 들어맞지 않는다. 암기는 도움이 안 된다. 생각을 해야 한다. 어제는 맞았지만 오늘은 틀린 이유를 떠올릴 수 있어야 한다. 그래야 투자에 성공할 수 있다.

  각주구검이란 말이 있다. 초나라 사람이 배를 타고 가다가 허리에 찬 칼이 강물에 떨어지자 칼이 떨어진 위치를 뱃전에 표시했다. 배가 강의 건너편에 다다르자 배에 표시된 부분을 기준으로 칼을 찾으려 했다. 이를 본 많은 사람들이 그의 어리석음을 비웃었다. 그런데 오늘날에도 여전히 각주구검 하려는 투자자들이 많다. 자기 생각이 없이 그냥 남의 생각을 그대로 받아들여 외운다. 그리고 외운 남의 의견을 마치 자기 생각인 양 앵무새처럼 되풀이한다. 그런 사람들은 항상 이렇게 말한다. "그 사람이 책에서 집 사지 말라고 해서 안 샀는데 그놈 때문에 망했다." "그 사람이 주식 사라고 해서 그 말 듣고 샀다가 망했다."

자기 돈을 남의 의견에 따라 쓰다니 이게 무슨 뜻인가? 경험 많은 사람의 견해를 참고하여 자기 스스로 생각하고 결정해야지 생각 없이 휩쓸리면 정말로 삶이 망가질 수 있다. 중요한 것은 누군가 돈을 번 결과가 아니라 그가 돈을 벌게 된 의사결정 과정과 논리다. 상황은 시시각각 달라진다. 그러니 다 외울 수도 없고 외워도 소용없다. 스스로 생각하는 힘을 기르지 않으면 절대 투자에 성공할 수 없다.

최소의 노력으로
최대의 효과를 거두는 전략적 사고

나는 배구 경기 보는 것을 좋아한다. 특히 여자 배구 경기를 좋아하는데 그게 왜 그렇게 재미있을까 생각해보았다. 배구는 짧은 시간에 여러 차례 승부가 엇갈리며 그때마다 선수들의 얼굴에 기쁨과 환희, 절망 그리고 슬픈 표정이 스쳐 지나간다. 나는 선수들의 표정을 보고 공감하며 게임을 즐긴다. 특히 공격이나 방어에 성공했을 때 여자 선수들이 웃는 모습을 보면 나도 같이 행복하고 즐겁다.

_____ **스테파노 라바리니는 어떻게 세계적인 배구 감독이 되었나?**

배구를 즐겨 보다 보니 배구에서도 전략이 중요하다는 것을 깨달았다. 일례로 스테파노 라바리니 전 국가대표 여자 배구 감독은 전략을 잘 아는 사람이다. 그는 이렇게 말한 적이 있다. "나는 어떤 운동도 잘하지 못한다." 그는 배구 선수 출신도 아니다. 키도 작다. 그런 그가 어떻게 국제적으로 유명한 배구 감독이 될 수 있었을까? 사람들은 그를 배구계의 히딩크라고 부른다. 한국 배구를 도쿄 올림픽에서 4강까지 진출시켰기 때문이다.

어떻게 그런 일이 가능했을까? 나는 그가 전략가였기에 가능했다고 본다. 예전에 외국 국가대표 팀과의 경기를 본 적이 있다. 스테파노 라바리니 감독은 국내 리그에서 두각을 드러내지 못한 선수도 국가대표로 뽑았다. 의아했다. 그의 국가대표 선발 기준은 무엇이었을까? 그때 내 시선을 끈 것은 자막에 뜬 양국 선수의 신장 정보였다. 놀랍게도 백인 선수들과 비교했을 때 우리 선수들의 평균 키가 전혀 밀리지 않았다. 거의 비슷했다. 나는 그때 스테파노 라바리니 감독이 키를 매우 중요한 기준으로 삼았다는 것을 눈치 챘다.

선수의 역량이 다소 부족해도 키가 더 중요할까? 그렇다고 할 수 있다. 국내 선수 중 내가 가장 좋아하는 선수는 이소영 선수다. 이소영 선수는 뛰어난 공격수이고 수비도 매우 잘하는데 해맑고 귀여운 외모까지 더해져 보는 사람까지 기분이 좋다. 요즘 국내 리그에서 개인 순위로 보면 5위 안에 드는 선수다. 대부분 외국인 용병 선수가 상위권을 휩쓰는 와중에 5위를 차지한다는 것은 국내 선수로는 거의 톱 수준이라는 이야기다.

그런데 국제경기에서 라바리니 감독이 이소영 선수를 자주 기용하지 않아 섭섭했다. 경기가 잘 안 풀리니 그제야 교체 선수로 뛰게 했다. 그러나 국내에서 그렇게 잘 뛰던 이소영 선수의 공격이 외국 선수의 블로킹에 막혀서 좌절되었다. 역시 키가 문제였다. 이런 현실을 잘 알고 있었던 스테파노 라바리니 감독은 키가 큰 선수를 중심으로 국가대표를 구성했고 그 전략이 맞아떨어져서 4강까지 오른 게 아닌가 싶다. 스테파노 라바리니 감독은 상대 팀의 전력을 잘 파악하는 걸로도 유명하다. 배구 선수 출신도 아니고 잘하는 운동도 없었던 스테파노 라바리니 감독이 세계적인 배구 감독으로 성공한 힘은 바로 전략이다.

＿＿ 매사를 전략적으로 생각하고 천천히 움직여라

다른 운동에서도 전략적 고려는 필수다. 한국이 스피드스케이팅과 유도에서 메달을 많이 따는 이유는 키가 작아서 무게중심이 서양 선수에 비해 아래에 있기 때문이라고 한다. 스피드스케이팅 선수는 코너링을 할 때 무게중심이 낮아야 잘 넘어지지 않고 유리하다. 유도는 상대방의 균형을 흔들어 무너지게 하고 쓰러뜨리는 게임이기 때문에 무게중심이 낮은 편이 유리하다. 체구가 작고 근력이 약한 동양인은 폭발적인 근력보다는 집중력과 기술이 중요한 종목에서 상대적으로 유리하다. 예를 들면 골프나 양궁이 그렇다.

이 두 종목은 근력보다는 기술과 집중력이 중요하다. 그래서 해볼 만한 게임이다. 몸무게 제한이 없는 경기는 동양 선수에게 불리한 종목이 많다. 농구, 축구, 배구, 수영, 투포환 같은 경기가 그런 종목이다. 아마도 투포환에서 동양인이 메달을 따기란 여간 어려운 게 아닐 것이다.

전략은 전쟁, 사업, 직업 선택뿐만 아니라 어떤 운동을 할 것인가에도 적용할 수 있다. 인생을 어떻게 살 것인가도 전략이다. 무슨 일이든 무작정 열심히만 한다고 될 일이 아니다. 전략을 세워서 적용하면 실패를 줄이고 최소의 노력으로 최대의 효과를 거둘 수 있다. 당연히 주식투자도 전략이다. 주식투자에 쓸 수 있는 시간과 노력 그리고 능력이 부족하다면 개별 주식에 직접 투자하는 대신에 인덱스펀드에 투자하는 게 유리하다. 모든 게 전략이라는 생각을 가지고 깊이 생각하며 천천히 움직여야 실수가 적고 실패를 피할 수 있다.

푼돈에 연연하지 말고
세상 돌아가는 원리를 파악하라

대학 다닐 때 선형계획법이란 걸 배웠다. 예를 들어 잠수함을 만들려면 정말 많은 부품과 공정을 거쳐야 한다. 각각의 부품은 생산에 걸리는 시간이 다르고, 또 어떤 공정은 다른 어떤 공정이 완료된 뒤에야 진행할 수 있다. 이처럼 수많은 제약 조건 속에서 일을 어떻게, 어떤 순서로 해야 가장 빠르고 효율적으로 잠수함을 만들 수 있을지를 알아내는 일에 필요한 것이 선형계획법이다. 제한된 자원과 각종 한계 속에서 최적의 해결책을 찾는 방법으로 방정식, 함수 등이 얽혀 있는 복잡한 수학적 개념이다.

이와 관련된 미국의 경제학자 해리 마코위츠의 이야기를 아는가? 마코위츠는 선형계획을 전공한 대학원생이었는데 박사과정 논문 주제를 고민하다가 지도 교수와 의논하려고 연구실을 찾아갔다. 그날 연구실 앞 복도에서 우연히 증권사 직원을 만나서 잠시 이야기를 나누었는데 직원이 선형계획법으로 최적의 주식 포트폴리오를 만드는 법을 연구하면 어떻겠느냐는 아이디어를 냈다. 그의 제안에 영감을 얻은 마코위츠는 아주 짧은 수식으로만 가득한 논문 하나를 썼고 그 논문으로 노벨 경제학상을 받는 초대박을 터트렸다.

거인의 어깨 위에 서서 멀리, 크게 봐야 이긴다

대학 때 우리에게 선형계획법을 가르친 교수님은 수업 시간에 가끔 자기 이야기를 했다. 그는 경남고등학교 출신인데 요즘으로 치면 똑똑한 학생들만 모여 있는 과학고나 외고 수준의 학교다. 그는 수학을 아주 잘해서 전교 1등을 놓친 적이 없는데 자기가 95점을 받으면 2등은 70점이었을 만큼 수학에서는 군계일학이었다며 자부심을 드러냈다. 그는 "전체를 알고 부분을 알고, 부분을 알고 전체를 알아야 한다"고 이야기하곤 했는데 그야말로 재테크에 딱 들어맞는 이야기라 지금도 종종 떠오른다.

재개발 지역에서 부동산 중개 사무소를 운영하는 지인 Q는 나이가 70세가 넘었다. 평생을 그 동네에서 부동산 중개를 했고 그 자신도 그 동네에 산다. 그는 가끔 내게 집을 팔라고 권유 전화를 했다. 자신도 자기 집을 팔았다고 했다. 물론 그 당시에는 최고 가격을 받았다. 그렇지만 난 그가 조만간 후회할 것이라고 판단했다.

실제로 지금 시세를 보면 사실이 그렇다. 또 다른 부동산 중개 사무소 사장 R은 자신의 집을 가장 바닥일 때 팔았다고 했다. 또 다른 부동산 중개 사무소 사장 S는 재개발 구역 내에 그렇게 많은 부동산을 사고팔고 하면서도 정작 자신의 소유는 하나도 없었다. 내가 볼 때 이들은 지금 당장의 상황에만 집중하고 있다. 이것이 인간의 본능이다.

인간은 근시안적으로 지금 당장의 최적 상황에만 집중하기 쉽게 만들어진 존재다. 그래서 부동산 거래 때 보면 몇 푼 차이로 계약을 무산시키는 경우가 종종 있다. 지금 당장 시세보다 몇 푼 싸게 사려는 욕심 때문에 거래를 취소하는 경우도 종종 전해 듣는데 그때는 그게 좋은 판단인 것처럼 느껴지지만 나중에 보면 손해였다는 걸 깨닫는다.

나는 한 번도 그런 적이 없다. 언제나 멀리 보고 크게 보려고 노력했기 때문이다. 멀리 본다는 말은 당장 남보다 얼마라도 싸게 사는 데 집중하는 게 아니라 장기적으로 얼마나 오를 것인가에 주의를 집중해야 한다는 이야기다. 마음에 드는 물건이 있다면 당장의 작은 시세 차이보다 거래 자체를 성사시키는 것이 더 큰 이익을 얻는 길이라고 생각했다. 물론 이런 태도는 장기적인 전망에 대한 확신이 있어야 가능하다. 그러면 장기적인 전망은 어떻게 알 수 있는가? 내가 항상 하는 이야기, 거인의 어깨에 올라서 세상을 조망해야 한다. 세상이 돌아가는 원리를 알아야 큰 그림을 볼 수 있다. 마치 『삼국지』의 제갈공명처럼 천하가 어떻게 돌아가는지를 파악하려고 노력해야 한다. 글로벌 금융 투자 환경이 어떻게 돌아가는지 상황을 파악한 다음에 국내의 주식이나 부동산 시세가 어떻게 될지를 파악해야 한다!

____ 부분과 전체를 모두 보는 눈을 길러라

1985년부터 1990년까지 국내 주식과 부동산은 폭등했다. 간단하게 부동산만 이야기해보자. 당시의 부동산 가격은 지금과는 비교가 안 될 정도로 폭등했다. 아파트 가격이 일거에 2배, 3배, 어떤 지역은 4배까지도 올랐다. 세상은 시끌벅적 난리통이었다. 투기꾼을 박멸해야 한다는 비난이 여기저기서 터져 나왔다. 당장 눈앞에 벌어지는 현상만 보고 투기꾼들이 설쳐서 집값이 오른다고 생각한 것이다. 하지만 생각해보라. 투기꾼들이 집값을 올린다면 왜 항상 오르지 않고 특정 시기에만 오를까? 투기꾼이 집값을 올린다면 집값은 왜 내려가기도 하는 것일까? 이 말들은 다 무지해서 하는 소리다.

전체를 보자. 글로벌 환경을 살펴보면 이해가 된다. 당시 '3저'가 심각했다. 저금리, 저유가, 저달러였다. 이 때문에 국내에 돈이 넘쳤다. 바로 그래서 부동산과 주식이 오른 것이다. 그러면 왜 3저가 왔을까? 미국이 일본을 밟으면서 그렇게 되었다. 미국이 세계 패권을 위협하는 일본을 견제하기 위해서 플라자협정으로 엔화를 강제로 절상하다 보니 일본과 경쟁 관계에 놓인 한국의 수출이 반사이익을 얻었다. 당시 저유가와 저금리 상황으로 돈이 넘치면서 주가와 부동산 가격이 폭등한 것이다. 이처럼 전체를 알고 내가 부분적으로 당면한 현실을 파악해야 의사결정을 하는 데 실수가 없다.

만약 부분과 전체 중 꼭 하나만 알 수 있다면 전체를 아는 게 더 중요하다. 그래야 편하게 안락의자에 앉아서도 세상이 어떻게 돌아갈지 알 수 있다. 임장도 안 하고 현장을 잘 몰라도 평균 이상의 성과를 거둘 수 있다. 눈앞의 현실에만 매몰되어서 큰 그림을 볼 줄 모르면 작은 변동에도 흔들리고 의사결정이 어려워진다. 최악의 경우는 남은 돈 벌게 해주면서 정작 자신은 돈 벌 기회를 놓치는 몇몇 부동산 중개 사무소 사장처럼 될 수 있다. 부분이 눈에 들어오면 전체를 보며 상황을 파악해야 한다. 전체가 눈에 들어오면 그 상황이 내 눈앞의 현실에 어떻게 작용하고 있는지 분석해야 한다. 그것이 투자자가 갖추어야 할 기본자세다.

투자자로서
내 자신에게 되뇌는 주문

투자자는 유연성을 가져야 한다. 투자는 학문이 아니라 시장의 움직임을 읽는 기술 또는 감각이기 때문이다. 조지 소로스의 이야기는 짧지만 긴 여운을 준다.

동호회에서 만난 여자가 소로스에게 물었다. "선생님 주가가 어떻게 될 것 같습니까?" "주가가 상승할 것 같은데요." 하고 소로스가 대답했다. 그러나 소로스의 대답과 달리 이후로 주가는 하락했다. 그다음 주에 다시 소로스를 만난 여자는 걱정스럽게 소로스에게 물었다. "선생님, 이번 거래에선 손해를 좀 보셨겠네요." 소로스는 태연한 얼굴로 대답했다. "아니오, 전 돈을 벌었습니다." 여자가 깜짝 놀라 물었다. "아니, 어떻게요?" 소로스가 대답했다. "제가 포지션을 바꾸었거든요. 게다가 2배로 늘렸어요."

"시장에서 중요한 건 자존심이 아니라 이익이다"

시장은 내가 과거에 무슨 말을 했는지, 어떤 생각을 했는지에 대해서 전혀 상관하지 않는다. 괜히 혼자서 일관성을 지켜야 한다고 착각하고 거래를 망치지 말자. 자존심? 누구를 위한, 무엇을 위한 자존심인가? 시장에서 자존심은 필요 없다.

"시장은 내가 주식을 얼마에 샀는지 전혀 상관하지 않는다"

예전에 산 가격(본전)에 연연해서 거래를 망쳐서는 안 된다. 중요한 것은 내가 산 가격과 상관없이 항상 지금 시점에서 더 사고 싶다면 보유하는 것이고 그렇지 않다면 매도해야 한다. 차라리 주식을 얼마에 샀는지 잊어버리는 편이 더 낫다. 본전? 그건 나만의 이야기일 뿐이다. 시장은 나만의 이야기에 전혀 관심이 없다.

"인간의 인식이 완전하다고 자신하거나 착각해서는 안 된다"

인간의 인식은 불완전해서 필연적으로 세상을 왜곡해서 보고 또 부분적으로만 인식한다. 이러한 인간 인식의 불완전성을 받아들이자. 그래야 과거의 내 생각과 결정에 고착되지 않고 바보처럼 보이는 것을 두려워하지 않는다. 새로운 관점과 생각을 받아들일 수 있고 유연하게 시장에 대처할 수 있다. 언제나 내 인식은 불완전하다는 점을 아로새기자. 사람은 언제나 세상을 부분적으로 또는 왜곡해서 바라볼 수밖에 없다.

어린 시절의 경험이
성인기 투자성향을 좌우한다

투자를 하다 보면 사람마다 각기 다른 투자 스타일을 가지고 있음을 느낀다. 그중 상당 부분은 타고나는 성격이나 성향에 좌우되는데 그 외에 어린 시절, 성장기의 경험에 따라 투자 스타일이 달라질 수 있다는 게 나의 망상이다. 가설이라 하기에는 너무 마구잡이 생각이라 그냥 망상이라 한다. 그런데 이런 나의 망상을 지지하는 심리학자가 있다. 바로 알프레트 아들러다.

어릴 때 사랑을 많이 받는 게 중요한 이유

아들러는 인생 전체 삶의 계획이 아동기에 수립된다고 보았다. 그는 아이들은 어린 시절에 자신이 무력하고 열등하다는 고통스러운 느낌을 극복하고 지배하는 만족감을 느끼기 위해서 자신만의 삶의 계획을 수립한다고 주장했다. 어떤 아이는 학문에서 지적인 성과를 얻어서 우월감을 얻으려 하고 또 어떤 아이는 운동을 잘해서 우월감을 얻으려고 한다는 것이다. 아들러 자신의 경우는 어린 시절에 여러 가지 병에 걸려 죽을 뻔했고 또 동생의 죽음을 목격하고서는 죽음을 정복하는 것이 삶의 목표가 되었기에 의사가 되었다고 밝혔다.

아동기 때 사회 정서적 경험이 성인이 된 뒤에도 지속적으로 영향을 미칠까? 아들러는 그렇다고 말한다. 아동기에 신체적으로 허약했거나 사회 정서적 환경이 취약했던 아이는 성인이 되어서도 정서적으로 문제를 일으킬 수 있다는 것이 아들러의 생각이다. 아들러는 어린 시절에 사랑을 많이 받는 게 중요하다고 이렇게 말했다.

아동기에 사랑을 많이 받지 못한 사람은 나이가 든 뒤에 항상 다른 사람들이 불친절하다고 의심하고 자기 자신을 다른 사람과 단절시킬 수 있다.

아들러는 어린 시절의 사회 정서적 경험이 성격에 큰 영향을 주어서 성인이 되어서도 잘 바뀌지 않는다고 주장했다. 그래서 아들러는 예방적 차원에서 어린 시절의 교육 환경이 중요하다고 말한다.

개는 생후 12주 내 경험이 평생 간다

나는 개 한 마리를 키우고 있다. 초콜릿색 귀여운 푸들이다. 우리 개는 사랑을 듬뿍 받고 커서 그런지 성격이 좋고 감정 표현이 풍부하다. 산책 중에 아는 사람을 만나면 황급히 달려가 반갑다고 꼬리 치며 안아달라고 격렬한 세리머니를 펼친다. 품에 안아주면 사람과 눈을 맞추고 마치 뭐라고 말하는 듯 응응 소리를 내며 애교를 떤다. 열렬한 반응에 감동받은 어떤 이웃은 자기 개보다 우리 개가 더 좋다고 연발한다.

그런데 우리 개에게는 문제점이 하나 있다. 산책을 하다가 다른 개나 낯선 사람을 만나면 두려워서 짖는다는 점이다. 개 공원에 데리고 가면 다른 개와 놀려고 하지 않고 도망 다니기 바쁘다. 되레 빨리 안으라고 나에게 필사적으로 매달린다.

최근에 아이와 통화하면서 우리 개가 왜 그러는지 알게 되었다. 아이가 친구의 경험담을 들려주었다. 친구가 최근에 개를 입양했는데 개를 마치 아이 키우듯 공부까지 하면서 기른다고 한다. 그에 따르면 개는 생후 12주 안에 최소 30마리의 다양한 개와 최소 50명의 다양한 인종의 사람을 만나야 한다는 것이다. 생후 12주 동안에 경험하지 못한 낯선 개나 인종을 나중에 만나면 평생 두려워한다고 한다. 그래서 종종 인종차별 하는 개를 만나게 되는 것이라고 설명해주었다. 그는 자기 개에게 다양한 사람과 개를 만나게 하려고 노력하고 있다고 한다. 그의 이야기를 듣고 나니 그제야 우리

개의 행동이 이해되었다. 우리 개는 생후 12주 동안 우리 가족과 몇몇 소수의 사람만 만났고 다른 개와의 만남이 부족했다. 우리 개가 유난히 젊은 여성을 좋아하고 나이 든 사람에게 많이 짖는 이유도 이해가 된다.

____ 사람의 뇌 발달 시기가 말해주는 것들

어린 시절의 경험이 중요한 것은 사람도 마찬가지다. 뇌과학의 발달로 어린 시절의 경험이 중요하다는 사실이 속속 밝혀지고 있다. 사람은 뇌신경 회로가 생후 2개월 뒤부터 급격히 증가하기 시작해서 생후 3년이 되면 평생 쓸 뇌 회로 구성이 기본적으로 갖추어진다고 한다. 더 자세하게 구분하면 생후 8개월에서 12개월 사이에는 뇌신경 세포의 시냅스 수가 1,000조 개까지 늘어나서 많은 외부 환경의 자극과 경험을 받아들일 수 있다고 한다. 예를 들어 아기는 원숭이의 얼굴을 구분할 수 있지만 성인이 되면 오히려 구분하지 못한다. 또 아기 때는 영어 B와 V의 발음 차이를 구분하지만 오히려 성인이 되면 구분하지 못한다.

12개월 이후부터 36개월 사이에는 하루에 200억 개씩 시냅스가 오히려 줄어드는데, 이는 가지치기처럼 불필요한 시냅스를 줄이는 작업이라고 한다. 즉 뇌 신경세포가 일생을 살아갈 방식으로 연결되면 에너지 효율을 위해서 삶에 필요 없는 시냅스를 줄이는 것이다. 이를 통해 인간의 뇌는 생후 36개월 안에 평생을 살아갈 대체적인 뇌 신경망 구조를 결정짓는다는 것을 말해준다. 물론 이후에도 뇌신경은 발달하고 변한다. 그렇지만 생후 36개월 안에 가장 많은 변화가 있다는 것은 다양한 시사점을 남긴다.

최근 과학자들은 뇌가 시기별로 발달시키는 능력이 따로 있다는 것을 밝혔다. 6세 이후에 타인을 배려하고 존중하는 법을 배우고 대략 10세 이후로 고차원적이고 논리적인 사고력이 발달된다고 한다. 또 12세 전후로 귀가 화석화된다. 영어 공부는 12세 이전에 해야 하는 이유가 바로 여기에 있다. 아무튼 최근 뇌과학의 발견은 어린 시절의 사회 정서적 경험이 중요하며 평생 큰 영향을 준다는 아들러의 주장을 지지한다.

____ 당신의 투자성향은 이미 정해져 있다

그렇다면 우리의 투자 심리, 투자성향도 어린 시절 경험에 의해 결정되는 게 아닐까 하는 나의 망상도 영 틀린 말은 아니지 않을까? 어린 시절에 부모의 부도로 집안 살림살이에 빨간딱지가 붙는 걸 경험한 아이들은 성인이 되어서도 빚내는 일을 두려워한다. 빚을 두려워하면 집을 살 수 없다. 물론 빚을 얻는 게 좋은 일이라고 할 수는 없지만 어린 시절의 트라우마가 성인이 된 뒤에 선택할 수 있는 투자의 폭을 제한하는 것은 문제다.

실제로 미국의 한 조사에 따르면 주식투자에 대한 성향이 어린 시절의 경험에 따라 달라짐을 확인했다고 한다. 대공황을 경험한 젊은이들은 그 트라우마에서 벗어나는 데 20년 이상이 걸렸다. 그러나 지금 미국의 베이비부머들은 주가가 폭락했을 때마다 사서 재미를 본 덕에 주식투자에 대한 두려움이 다른 세대보다 작다고 한다.

드물지만 경제적 여력이 있음에도 불구하고 집을 사지 않는 사람들도 있다. 내가 아는 T는 직업이 의사다. 병원 운영이 잘되어 재력이 충분한데도 60세가 넘은 지금까지 집을 안 샀다. 직접 물어본 적은 없지만 그 역시 어린 시절의 트라우마 때문이 아닐까 짐작한다. 10년 전의 폭락론자들은 대체로 지금도 폭락론자다. 정말 신기한 일이다. 투자성향이나 관점이 이미 결정되어 있는 것이다. 어린 시절의 경험이 투자성향에 큰 영향을 준다는 내 망상이 언젠가 학계 정설이 될지도 모른다고 혼자 상상해 본다.

PART
6

주식의 신에게
기대지 말라

상을 받으려면 자격을 갖추어라

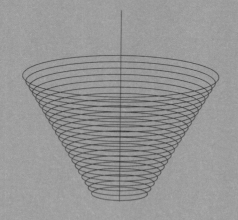

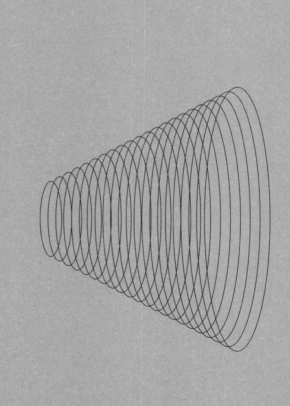

상을 받으려면
그럴 만한 자격을 갖추어라

자신이 평균 이상으로 주식투자를 잘할 수 있다고 생각하는 사람이 의외로 많다. 하지만 실제로 그들의 투자는 본인의 예상에서 벗어나는 경우가 대부분이다. 머리도 좋고 가방끈 긴 사람들도 주식투자에 나섰다가 망가지는 경우가 흔하다. 그런 사례는 밤새도록 이야기할 수도 있다.

─── 가방끈 긴 사람들이 주식에 실패하는 이유

U는 나의 직장 상사였다. U는 명문대를 나온 인재로 인품도 좋고 직장 일도 잘하고 집에서도 인정받는 따뜻한 가장이었다. 내가 그의 집에 가서 컴퓨터를 고쳐준 적이 있을 정도로 가깝게 지냈다.

그런데 주식투자에 실패해서 회사를 그만두었다. 그런데 직장인이 마흔 넘어서 갑자기 다니던 회사를 그만두면 어디서든 예전과 비슷한 대우를 받기는 어렵다. 특히 비슷한 조건의 새 직장을 찾는 건 쉽지 않다.

거래처 직원이었던 V는 외모도 반듯하고 맡은 일도 성실하게 해내는 사람이라 직장 상사들의 신임과 인정을 한 몸에 받았다. V도 잘못된 투자로 망한 경우다. 내가 종종 가는 술집 사장에게 들으니 하루는 V가 술에 만취해서 "죽어서라도 그 돈을 책임지겠다"라고 말했다는 것이다. 결국 그도 직장을 그만두었다.

W는 서울대 상대를 나온 영리한 사람이다. 회사에서 돈을 대서 해외 명문대 유학까지 시켜줄 만큼 유능한 인재였다. 바로 내 위의 상사였기에 잘 아는 사이다. 그는 외환 투자를 했다. 당연히 주식 투자도 했다. 그런데 투자 실패로 회사 공금까지 횡령하였고 필리핀으로 도피하여 지금은 생사도 알 수 없다. 정말 똑똑하고 전도유망했던 직장인이 한순간에 나락으로 떨어졌다.

X는 우리 집 가사도우미의 이웃에 사는 할머니다. X에게는 아들이 하나 있었는데 몇 해 전에 자살했다고 한다. X의 아들은 주식 투자로 많은 돈을 날렸는데 그때마다 X에게 와서 돈을 내놓으라고 했다. 너무나 지친 X는 더 이상 주식투자금을 댈 수 없다고 거절했는데 얼마 후 아들이 자살했다는 것이다. X는 아들의 청을 거절한 것을 후회하며 죄책감으로 힘들어 한다고 했다.

Y는 재야의 성공한 슈퍼 개미다. 그는 주식으로 큰돈을 벌었다.

몇 백 억 원을 벌었다고 한다. 그러나 처음부터 그렇게 잘한 것은 아니었다. 거듭된 실패 끝에 죽으려고 한강 다리까지 갔었다고 한다. 그는 그런 시련을 겪고 나서 투자법을 깨달은 것뿐이다.

주식투자법은 전수할 수 있는 기술이 아니다

워런 버핏이 아내에게 자기가 죽으면 다른 건 하지 말고 인덱스 펀드만 하라고 했다는 일화는 유명하다. 워런 버핏은 주식투자에서 성공하기가 얼마나 어려운지 알기 때문에 그렇게 말한 것이다. 혹자는 워런 버핏이 투자 비법을 가족에게 알려주면 되지 않느냐고 생각할 수도 있다. 그런데 문제는 주식투자법이 다른 기술처럼 전수가 쉽게 되지 않는다는 것이다.

요리사는 음식 만드는 기술을, 목수는 나무 다루는 기술을, 배관공은 배관을 고치는 기술을 전수할 수 있다. 그러나 주식투자는 과학이나 기술이 아니라 오히려 예술에 가깝다. 화가가 구도 잡는 법이나 색칠하는 법은 자식에게 가르칠 수 있지만 예술혼을 전수하기는 어렵다. 대를 이은 유명 화가가 드문 것처럼 대를 이은 유명 투자자도 드물다. 만약에 당신이 평균 이상으로 주식투자를 잘할 수 있다고 믿는다면 한 번쯤 찰리 멍거의 말을 되씹어 볼 필요가 있다. 찰리 멍거는 이렇게 말했다.

원하는 것을 얻으려면, 남보다 더 많은 수익을 얻으려면 그것을 받을 자격이 있어야 한다. 자격도 없는 사람에게 상을 줄 만큼 세상이 아직 미치지 않았다.

자신이 평균 이상의 수익을 낼 자격이 있는 사람인지 스스로 질문해보아야 한다.

"왜 나는 다른 사람보다 더 많은 수익을 낼 수 있어야 하지?"

"나는 평균 이상의 수익을 낼 나만의 방법을 가지고 있나?"

이런 질문에 답할 수 있다면 주식투자에 성공할 수 있는 투자자다. 그러나 그런 투자자가 되려면 최소 5년 이상의 경험이 필요하다. 나는 훨씬 더 많은 시간이 필요했다. 나는 대학원에서 재무관리를 전공하고 주식 평가 모형에 대한 논문을 쓴 사람이다. 나름 전공자인 나에게도 정말 많은 경험과 시간이 필요했다. 물론 처음부터 계속 돈을 잃기만 한 것은 아니다. 따기도 하고 잃기도 하면서 전체적으로는 번 게 더 많지만 지금처럼 높은 투자수익률을 내지는 못했다. 나만의 투자법을 깨달은 뒤, 모든 것이 달라졌다.

주식투자란
어떤 비즈니스일까?

택배 회사는 고객이 발송한 물품을 빨리, 정확하게 배달하는 비즈니스다. 식당은 건강하고 맛있는 음식을 저렴한 가격에 제공하는 비즈니스다. 그렇다면 당신이 하고 있는 주식투자는 어떤 비즈니스인가? 이처럼 자신의 비즈니스를 올바르게 정의하는 것은 매우 중요한 일이다. 비즈니스의 정의에는 무엇을 잘해야 비즈니스에서 성공할 수 있는지가 내포되어 있기 때문이다.

___ 주식투자라는 비즈니스를 성공시키는 2가지 조건

나는 주식투자를 '정보를 처리하는 비즈니스'라고 본다. 즉 주식투자란 정보를 바탕으로 매매 의사결정을 하는 비즈니스다. 이

정의에는 주식투자 비즈니스에 성공하기 위한 2가지 조건이 내포되어 있다. 첫째, 좋은 정보를 확보해서 투입해야 한다. 쓰레기 정보로는 쓰레기 결과만 얻을 뿐이다. 둘째, 정보를 잘 처리할 수 있는 생각기계, 즉 정신적 모형을 가지고 있어야 한다. 즉 양질의 정보를 잘 처리하여 올바른 결론을 내리는 정신적 모형을 갖추면 주식투자 비즈니스에서 돈을 벌 수 있다.

먼저 정보부터 살펴보자. 주식투자에 실패하는 이유 중 하나는 정보가 부족하거나 엉뚱하고 잘못된 정보에 매달리거나 적절한 정보를 충분히 확보하지 못했기 때문이다. 정보는 어디서 어떻게 구할까? 신문이나 뉴스가 될 수도 있고 기업 탐방에서 얻은 소식일 수도 있고 경쟁자의 평가일 수도 있다. 내부자 정보가 될 수도 있고 소비자의 평판이 정보가 되기도 한다. 남보다 빠르게 좋은 정보를 획득한 사람이 주식투자에서 성공할 가능성이 높다. 남보다 좋은 정보를 남보다 빠르게 얻기 위해서는 어떻게 해야 할까? 나는 외신을 주로 이용한다. 유료로 구독하는 외신 자료도 몇 개 있다. 나는 매일 5~10개 정도의 외신을 읽는다.

다음으로 정신적 모형에 대해서 이야기하자. 같은 정보를 받아들여도 정신적 모형에 따라서 결론이 다르다. 예를 들어 SK하이닉스가 사상 최대의 이익을 냈다는 정보를 얻었다. 이때 SK하이닉스의 PER은 낮다. 일반적으로 PER이 낮으면 주가가 싼 것으로 평가하는 정신적 모형이 있다. 이 정신적 모형에 따르면 SK하이닉스 주식을 매도하지 말아야 하며 추가로 더 사야 한다. 그런데 경기순

환주의 경우는 저PER일 때 팔고 고PER일 때 사야 한다는 정신적 모형이 있다. 이 정신적 모형을 적용하면 PER이 낮을 때 SK하이닉스를 팔아야 한다. 이처럼 똑같은 정보라도 어떤 정신적 모형을 적용하느냐에 따라서 결론이 다르다.

—— 주식투자에 성공하는 정신적 모형 구축하기

만약에 당신이 지난 10년간 주식투자로 돈을 벌었다면 당신의 정신적 모형이 쓸 만하다고 할 수 있다. 그러나 만약에 지난 10년간 주식투자로 돈을 벌지 못했다면 당신은 아직까지 제대로 된 생각기계를 가지고 있다고 말하기 어렵다. 만약에 당신이 강세장에서뿐만 아니라 약세장에서도 돈을 벌었다면 제대로 된 정신적 모형을 가졌다고 자신해도 좋다.

엉터리 생각기계를 가진 채 주식투자를 계속하면서 다른 결과를 얻으려고 하면 안 된다. 같은 행동을 반복하면서 다른 결과를 얻으려는 것은 미친 짓이다. 주식투자에 성공하려면 스스로 자신만의 정신적 모형을 구축해야 한다. 투자 거인들의 조언에서 배우고 실전 투자로 쌓은 경험치를 바탕으로 자신만의 정신적 모형을 만드는 것이 가장 좋다. 그리고 자신의 두뇌를 의심하고 검증하며 정신적 모형을 개선해 나가야 한다.

보통 사람들은 자신이 꽤 괜찮은, 똑똑한 사람이라고 믿고 싶어 한다. 그래서 자신의 두뇌를 잘 의심하지 못한다. 자신의 두뇌가 엉터리라는 것을 깨닫는 것은 마치 방 안의 파리가 환한 창문 유리에 계속 박치기하는 대신 열려 있는 방문을 찾아 어두운 쪽으로 날아가야 한다는 것을 깨닫는 것처럼 어려운 일이다. 자신의 두뇌를 한 차원 위에서 내려다보고 의심할 수 있을 때 비로소 주식투자 성공의 문을 열 수 있다.

당신은 그동안 주식투자를 어떻게 했는가? 양질의 정보를 제때 충분히 확보하고 투자했는가? 정보를 올바르게 처리해서 바른 결론을 내리는 제대로 된 정신적 모형을 가지고 있는가? 만약 당신의 지난 10년간 투자 성적이 그다지 좋지 않고 발전이 없다면 유입되는 정보와 정신적 모형을 개선해야 한다. 주식투자는 정보를 다루고 처리하는 비즈니스기 때문이다.

곰이 유리할까
황소가 유리할까?

주식시장에서는 주가 상승을 전망하여 상승에 배팅하는 투자자를 황소에 비유한다. 황소가 싸울 때 뿔을 아래서 위로 쳐올리기 때문에 상승론자의 상징으로 삼는다. 반면에 주가 하락을 전망하여 하락에 배팅하는 투자자를 곰에 비유한다. 곰은 싸울 때 발톱으로 위에서 아래로 내리치기에 하락론자의 상징으로 삼는 것이다. 투자를 할 때 곰이 되는 게 유리할까 황소가 되는 게 유리할까?

주가는 시간이 지남에 따라서 우상향한다

모든 물체가 중력의 법칙에 의해 아래로 떨어지듯 주가는 시간이 지남에 따라서 우상향한다. 곰은 장기적인 상승 추세 중에서 예외적으로, 일시적으로 나타나는 하락장에서만 벌 수 있다. 시간은 항상 황소의 편이라는 것을 명심하라.

곰에게는 근본적으로 불리한 게 있다. 곰에게 이익은 제한되고 손실은 무한대로 열려 있다는 점이다. 주가가 하락하는 데는 한계가 있지만 상승은 한계가 없기 때문에 예상외로 주가가 폭등하면 파산할 수도 있다. 공매도로 파산한 사례가 제법 많다는 것을 기억하라. 곰은 '숏'을 치고 단기 승부를 봐야 한다. 곰이 되려면 황소보다 더 많은 정보를 알아야 하며 황소보다 더 영리하게 움직여야 한다. 전문 투자자가 아니라면 곰이 되고 싶은 충동을 자제하라.

___ 곰에게는 손실을 회복할 기회가 주어지지 않는다

나는 황소일 때 시장도 덜 보고 잠도 더 잘 잔다. 2023년 1월, 개인 투자자들 순매수 1위가 주가 하락에 배팅하는 인버스 중에서도 2배의 레버리지효과를 거두는 '곱버스'라는 기사를 보았다. 정말 놀라운 현상이다. 곰이 가지고 있는 근본적인 특성을 감안할 때 개인 투자자들의 곱버스 투자는 안전한 투자라고 말하기 어렵다.

유럽의 투자자 앙드레 코스톨라니도 주식투자를 곰으로 시작했지만 종국에는 황소로 변신했고 일반 투자자에게 황소로 투자하길 권한다. 황소라면 실수해도 기다리면 손실을 회복할 수 있지만 곰에게는 그런 기회가 주어지지 않는다.

근자감으로 하는 주식투자는
미친 짓이다

주식투자에서 성공하려면 자신에게 맞는 자신만의 투자법을 스스로 만들어야 한다. 그렇게 하려면 첫째, 자신이 어떤 사람인지를 알아야 하고 둘째, 시장이 어떻게 작동하고 다른 투자자들이 어떤 점에서 실수하는지도 알아야 한다. 그러나 대다수의 투자자는 평생을 노력해도 자신에게 맞는 자신만의 투자법을 만들지 못한다. 그게 현실이다. 그래서 나는 대다수의 투자자가 직접 주식투자를 하는 것보다 인덱스펀드에 투자하는 게 유리하다고 생각한다. 인덱스펀드는 별다른 재능과 노력 없이도 이길 수 있는 투자이기 때문이다. 시간 낭비와 감정 소모 없이도 평균 이상의 수익을 거둘 수 있다. 10년 이상 투자하면 상위 10퍼센트 펀드매니저의 수익률을 거둘 수 있다.

야성적 충동으로 인한 근자감이 불러오는 폐해

　사람들은 왜 인덱스펀드 투자보다 직접 투자를 선호할까? 그것은 인간의 본능 때문이다. 케인스는 그 이유를 이렇게 설명한다. 만약에 사람들이 객관적으로 정확하게 확률을 따지고 이성적으로 계산한다면 세상에는 투자할 만한 투자처나 경영할 만한 비즈니스가 별로 없다는 것을 알 수 있다. 그렇지만 세상 사람들은 끊임없이 창업과 비즈니스에 도전한다. 왜 그럴까? 그것은 바로 야성적 충동(Animal Spirit) 때문이다.

　케인스가 말한 야성적 충동은 투자자에게는 근자감(근거 없는 자신감)으로 나타난다. 예를 들어 보자. 운전자에게 운전 실력을 물어보면 대다수가 자신은 평균 이상으로 운전을 잘한다고 대답한다. 또 창업한 자영업자의 약 80퍼센트가 5년 내 망하는 게 객관적인 현실이지만 대다수의 창업자는 자신은 성공할 수 있다고 믿는다. 인간은 야성적 충동 즉 근자감을 탑재한 채 태어났다.

　인간이 이런 근자감 본능을 탑재한 것은 개개인 차원에서는 비극적 불행을 맞이할 위험이 높지만 인류 전체의 생존과 번식에는 유리했기 때문일 것이라고 나는 추측한다. 그래서 인간은 누구나 자신은 주식투자를 잘할 것이라는 근자감을 가지기 쉽고 인덱스펀드 투자를 우습게 본다. 그리고 직접 주식투자에 뛰어들어 고통과 쓴맛을 본다.

대형 사고로 인생 말아먹는 것이 내 이야기가 될 수도 있다

주식시장에서 무지에 탐욕이 더해지면 종종 대형 사고가 난다. 그런데 인간은 자신이 대형 사고를 맞이할 수도, 대형 사고 이후 자신이 전혀 다른 사람이 될 수도 있다는 사실을 꿈에도 생각하지 못한다. 그래서 명문대를 졸업한 가장이 주식투자 실패로 죄 없는 일가족을 죽이는 끔찍한 범죄가 신문에 실리는 것이다. 대형 사고가 터지면 누구라도 그렇게 변할 수 있다. 그래서 절대로 무리한 투자를 하면 안 된다고 이야기하는 것이다. 직접적인 주식투자 뒤에는 항상 인생을 비극으로 몰고 가는 적군이 벼르고 있다는 것을 기억하라. 만약에 당신이 인덱스펀드 수익률에 만족하지 않고 직접 주식투자로 성공하고 싶다면 이런 질문을 자신에게 해보라.

"왜 내가 다른 사람보다 더 많은 수익을 낼 수 있어야 하지?"

"난 어떤 자격이 있지?"

"내가 남보다 더 많은 수익을 내려면 어떻게 해야 하지?"

이런 화두를 잡고 소액으로 투자하면서 자신에게 맞는 자신만의 투자법을 개발하라. 이러한 도전은 결코 쉽지 않고 오래 걸리는 힘든 길이지만 성공했을 때는 충분한 보상을 받는다.

암호화폐와 시뇨리지 효과로
돈을 버는 사람은 따로 있다

중세 시대 봉건영주는 자신의 성안에서 금화 주조에 대한 독점권을 가지고 있었다. 봉건영주는 금화를 액면가보다 낮은 제조 비용으로 만들어 그 차액만큼 이익을 보았다. 봉건영주들은 금화를 만들 때 금 함량을 속여서 만들었기 때문이다. 이렇게 봉건영주가 화폐를 만들어서 얻은 이익을 시뇨리지 효과(seigniorage effect)라고 한다.

___ **미국이 달러 발행으로 벌어들이는 엄청난 돈**

요즘 미국은 금화를 만들지 않고 그냥 종이로 달러를 찍어서 발행한다. 그러니 시뇨리지 효과가 봉건영주 때와 비교도 할 수 없을 만큼 막대하다. 미국은 돈을 벌기 위해서 땀 흘려 노력할 필요 없이 그저 외국에서 상품을 사서 소비만 하면 된다. 종이와 잉크만 있으면 달러를 무한대로 찍어서 상품이나 서비스 구매 대금으로 지불하면 된다. 이 얼마나 엄청난 이득인가?

달러가 미국 밖에서 유통되는 규모가 전체의 3분의 2 정도라고 한다. 미국 밖에서 유통되는 달러가 늘어날수록 미국은 앉아서 공짜로 돈을 버는 셈인데 미국 밖에서 유통되는 달러 규모가 매년 약 120억~150억 달러씩 늘어나고 있다. 미국의 최대 수출품은 F35나 보잉747이 아니라 달러다. 미국은 시뇨리지 효과를 독점하기 위해서 무슨 대가를 치르더라도 달러 패권을 유지하려고 애쓴다. 그래서 중국은 달러 패권에 구멍을 내려고 안간힘을 쓰고 있다.

비트코인, 싸게 사서 비싸게 팔면 돈이 될까?

비트코인이 생긴 뒤 코인(화폐)을 발행하여 시뇨리지 효과로 이득을 보려는 사람들이 많아졌다. 코인을 만드는 데 사용되는 기술은 이미 공개된 기술이고 누구나 이용할 수 있다. 비용도 7만 달러 정도라고 한다. 즉 7만 달러만 있으면 누구나 코인을 만들 수 있고 시뇨리지 효과를 취할 수 있다.

이 시뇨리지 효과를 얻기 위해서 수많은 사람들이 달려들자 코인 수가 폭증했다. 몇 해 전만 해도 코인 종류가 2만 개 남짓이었는데 지금은 이미 10만 개를 넘어선 것으로 안다. 셀 수 없을 정도로 듣도 보도 못한 코인이 숱하게 쏟아지고 있다.

코인을 사고팔려면 유통시장이 필요하다. 그래서 코인 거래소가 생겼다. 일단 코인 거래소에 코인이 등록만 되면 아무런 가치가 없는 코인도 거래된다. 코인 발행자는 앉아서 시뇨리지 효과를 얻는다. 그래서 코인 거래소에 상장시켜 준다며 뒷돈을 챙기는 브로커가 판을 친다. 그렇다면 누가 이런 코인을 돈 주고 산단 말인가? 아마도 코인의 본질에 대해서 아무것도 모른 채 그냥 싸게 사서 가격이 올랐을 때 팔면 한몫 챙길 수 있다는 탐욕에 젖은 한탕주의자들이 달려드는 게 아닐까? 코인 때문에 사기 사건이 일어나고 심지어 살인 사건까지 일어난다. 세상에 그렇게 쉽게 돈 버는 일이 어디 있나? 탐욕은 항상 비극을 부른다.

한 번은 가까운 지인에게서 연락이 왔다. 자신이 부자 동네에 사는 어떤 아줌마 집에 초대를 받았는데 코인을 사라고 권유받았다는 것이다. 시가보다 30퍼센트 싸게 줄 테니 사라고, 다시없는 기회라고 했단다. 그래서 어떻게 하면 좋을지 내 의견을 물었다. 그때 나는 이렇게 대답했다. "그 사람은 바보 아니면 사기꾼, 둘 중 하나야. 그런데 후자일 것 같아. 아주 그냥 나쁜 사람이야. 안 만나는 게 좋겠다. 오늘 안 산 걸 나중에 매우 기뻐할 날이 올 거야."

화폐란 기술의 문제가 아니고 제도의 문제다. 제도권 밖에서 유통되는 화폐는 언제나 사라질 위험이 있다. 돈을 공중에 흩뿌리며 날려 버릴 생각이 아니라면 코인에는 손대지 않는 게 좋다.

부동산 불패의 신화는
끝나지 않았다

길게 보고 버티면 반드시 이기는 싸움

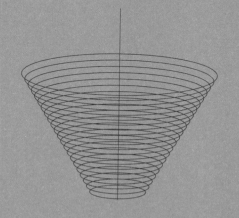

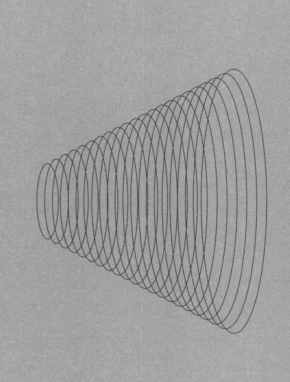

무주택자에게 집중하는
정치는 없다

무주택자에게는 슬픈 소식이지만 세상은 무주택자의 편이 아니다. 경제정책은 유주택자에게 유리하게 실시되기 때문이다. 왜 그럴까? 경제정책은 많은 표를 얻어서 당선된 정치인이 정한다. 정부가 세수를 확보하고 국민의 표를 유지해서 정권을 유지하는 메커니즘을 알면 정부가 집값을 떨어뜨려서 당신이 집을 살 수 있게 도와줄 것이라는 몽상에서 깨어날 수 있다.

____ 무주택자보다 자신의 표를 먼저 챙기는 게 정치인이다

먼저 집값이 떨어지면 어떻게 될지 상상해보자. 집값이 하락하면 집을 사려는 사람이 줄어든다. 그러면 주택 매매량이 줄어든다.

취득세와 양도세가 급감한다. 취득세와 양도세는 국가에서 큰 비중을 차지하는 세수 항목이다. 또 집값이 하락하면 재산세도 줄어든다. 집값에 연동된 건강보험료도 줄어든다. 집권하여 나라를 운영하는 집권당 입장에서 세수와 건강보험료 수입이 줄어들면 국민에게 선심성 복지 혜택을 줄 수 없게 된다. 표로 먹고 사는 정치인에게는 큰일이다. 가끔은 전력, 철도, 가스 공급을 운영하는 공기업을 털어서 선심성 혜택을 주려는 정치인이 있을 수 있다. 또 가끔은 국가신용도 하락 위험을 도외시하고 국가 부채를 늘려서 복지 혜택을 주는 정치인이 있을 수 있다. 그러나 그런 경우는 국제 신용평가회사들이 감시하기 때문에 한계가 있다. 결국 집값 부양이 세수 증대에 가장 좋은 방편 중 하나다. 집값을 상승시키면 세수가 늘고 선심성 복지 혜택을 줄 수 있어 득표에 도움이 된다. 게다가 무주택 유권자보다 유주택 유권자가 더 많다. 자기 집값 떨어졌는데 집권 정치인을 지지할 이타적인 집주인이 얼마나 될까? 쉽지 않은 이야기다.

집값 하락을 주장하는 정권이 집권하고 얼마 안 되어서 어머니가 아버지께 물었다. "집값 떨어뜨린다고 하는데 떨어질까요?" 아버지는 이렇게 답하셨다. "대통령이 집값을 하락시킨다고? 하락 못 시킬 거다. 두고 봐라. 돈 나올 데가 어디 있노?" "빙고!" 나는 속으로 외쳤다. 우리 아버지는 평생 돈에 무심한 분이셨고 재테크의 재 자도 모르는 분이다. 그런데 어떻게 그걸 아셨을까? 아직도 미스터리다. 집권 정치인이 국민에게 선심성 복지 혜택을 주려면 돈이 필요하다. 그 돈이 어디서 나오나? 집값이 올라야 나온다. 집값이 오르면 재산세, 양도세, 취득세, 건강보험료를 더 거둘 수 있다. 그 돈으로 복지 혜택을 퍼준다.

﹍ 정치인들이 집값을 잡지 못하는 진짜 이유

무주택자와 서민을 위한 정권인 DJ 정권, 노무현 정권, 문재인 정권기에도 집값은 올랐다. 우연일까? 나는 우파가 정권을 잡아도 정도의 차이지 마찬가지라고 본다. 정치인은 모두 국민의 표를 먹고 사는 존재다 보니 선심성 정책을 펼쳐야 할 것이고 그러려면 세수를 늘려야 자신들에게 유리하다. 또 정치인들은 당장 국민의 환심을 사기 위해서 부채를 늘리고 돈을 찍어내는 인플레이션 정책을 선호한다. 돈은 찍어낼수록 가치가 떨어진다. 그리고 돈 가치가 하락할수록 부동산 가격은 올라간다. 자산 가치가 올라가면 대다수는 행복해 한다. 그래서 소수의 무주택자를 제외한 대다수의 사람은 가급적 자산 가격이 올라가기를 원한다. 정치인들 입장에서 무주택자는 취득세, 양도세, 재산세를 안 내니 국가 세수 수입에 기여가 적다. 국가 운영을 책임진 정치인들이 겉으로 내세우는 말과는 달리 실제로는 신경을 덜 쓴다. 게다가 무주택자는 소수다. 그러니 정치인들이 무주택자와 유주택자 중에 누구에게 유리한 정책을 펴겠는가? 안타깝게도 세상은 무주택자의 편이 아니다.

경제가 어려워지면
집값이 올라가는 비밀

미크로네시아 연방 중 야프(yap)라는 섬이 있다. 이 섬에서는 '라이(Rai)'라고 불리는 큰 바퀴 모양의 돌이 돈으로 사용된다. 야프에서는 금속류가 나지 않아 인근 팔라우 섬에서 채굴한 석회암을 뗏목으로 실어 와 화폐로 사용한 것인데 1,500년이 넘게 사용했다고 한다.

라이의 가치는 크기와 무게로 매겨지는데 지름 7센티미터짜리 작은 라이도 있지만 지름이 3.6미터, 두께 50센티미터, 무게 4톤에 이르는 초대형 라이도 있다. 지금은 타이어보다 큰 것들만 남아 있는데 재미난 것은 이 섬에서 제일 부잣집에는 라이가 없다. 섬 근처 바다에 빠져 있는데 팔라우에서 실어 오다 물에 빠뜨린 뒤 계속 거기 있지만 섬사람들 모두 그것이 마을 최고 부자의 재산이라고 인정했다 한다.

1898년, 야프섬에 독일군이 들어왔다. 독일군은 섬을 가로지르는 도로를 내고 싶었다. 그래서 섬의 원주민을 모아 놓고 도로를 만들라고 했다. 그러자 원주민은 뱀처럼 꼬불꼬불하게 난 울퉁불퉁한 좁은 길을 가리키며 "우리에게는 이미 도로가 있다"라고 대답했다. 독일군은 그건 길이지 도로가 아니라며 도로를 만들라고 다시 명령했다. 그러자 원주민들은 "지금 길도 꽤 쓸 만하다"라고 응수했다. 이에 화가 난 독일군은 원주민들에게 '경제적 압박'을 하기로 결정했다. 당신들이 도로를 완성하지 않으면 라이를 몰수하겠다고 협박한 것이다. 그러자 원주민들은 퉁명스럽게 대답했다. "그렇게 해보시든지…. 마음대로 하시오!"

원주민들은 이미 알고 있었다. 독일군이 이 큰 돌을 항구까지 옮겨 갈 방법이 없다는 것과 배가 없다는 것을 말이다. 독일군은 라이를 몰수하겠다고 했지만 어찌할 방법이 없었다. 그 큰 돌을 독일에 가지고 가 봐야 아무 쓸모도 없고 수송비만 적잖이 든다. 게다가 항구까지 가지고 갈 수도 없다. 그래서 독일군은 새로운 아이디어를 냈다. 원주민들 집 마당에 있는 '라이'에 검은색 페인트로 십자가 문양을 그려 넣어 독일 소유라고 표시한 것이다. 그러자 원주민들이 난리가 났다. 원주민들은 이렇게 말했다. "이제 우리는 파산했다!" 원주민들은 졸지에 파산하고 거지가 되었다고 믿었다. 라이는 여전히 자기 집 마당에 어제와 똑같이 있음에도 자신들이 거지가 되었다고 믿었다. 졸지에 불행해지고 가난해진 원주민들은 자신의 돈을 되찾기 위해서 열심히 도로를 건설했다. 도로가 다 완성되고 난 뒤에 독일군은 라이에 칠한 검은 십자가 문양을 지웠다. 다시 라이를 되찾아서 부자가 되고 행복해진 원주민들은 다시 예전처럼 행복해 했다고 한다.

경제 위기 때마다 집값이 오르는 진짜 이유

현대인도 야프섬의 원주민과 다를 바 없다. 야프섬의 원주민에게 라이가 돈이었다면 지금 우리에게는 집이 돈과 같다. 집도 라이처럼 언제나 그냥 그 자리에서 그대로 가만히 있다. 어느 날 독일군 대신 미스터 마켓[3]이 찾아와서 당신의 집 가격이 얼마이며 얼마 올랐다고 말해준다. 그러면 우리는 더 부자가 된 것처럼 씀씀이를 늘린다. 차도 새로 사고 가전제품도 사고 소비를 늘린다. 집은 야프섬의 라이처럼 어제와 똑같이 그 자리에 그대로 변한 게 하나도 없는데 말이다. 또 어느 날 미스터 마켓이 찾아와서 당신의 집값이 내렸다고 말해주면 우리는 갑자기 가난해진 것 같아서 씀씀이를 줄인다. 집은 여전히 어제와 똑같이 그 자리에 그대로, 변한

---

3 가치투자의 대가인 벤저민 그레이엄이 주식시장을 조울증이 있는 미스터 마켓(Mr. Market) 즉 변덕스런 장세를 가진 가상의 존재로 비유한 데서 유래한 개념이다.

게 하나도 없다.

　미국 경제의 경우는 경제성장의 70퍼센트를 소비가 차지한다. 즉 소비를 늘려야 경제가 살아난다. 그래서 야프섬의 추장이 라이 가격을 유지하기 위해서 라이를 통제했듯이 미국의 경제수장도 집값을 통제하려고 한다. 어떤 식으로 통제할까? 집값을 올려서 소비가 늘고 경기가 살아나게 한다. 미국은 경제가 위기에 봉착할 때마다 집값을 올렸다. 어떻게? 돈을 찍어내면 된다. 집값이 오르면 다시 소비가 늘고 경제는 살아난다. 2000년 닷컴 버블로 주가가 폭락하고 경제가 침체되자 미 연준의장 앨런 그린스펀은 대놓고 이렇게 말했다.

　주식 자산이 1달러 늘어나면 소비는 3~4센트 증가하는 반면 주택 자산의 소비 증대 효과는 10~15센트로, 주식에 비해 3배 이상이다. 집값이 떨어질 경우 소비에 미치는 역자산 효과는 오를 때보다 더 크다.

　착하고 순진한 무주택자들은 정부가 집값을 하락시켜 줄 것이라고 믿는다. 그러나 내가 볼 때는 정부가 무주택자의 환심을 사기 위해서 그런 공약(公約)을 내걸었고 그저 공약(空約)으로 끝날 가능성이 99.999999999퍼센트다. 집값이 하락하면 경제가 위태로워지기 때문이다. 경제가 무너지면 정권 유지도 끝장이다.

　야프섬의 독일군은 라이에 십자가 문양을 그려서 몰수함으로써 원주민들을 일하게 만들었다. 그린스펀은 집에 오른 가격표를 붙여줌으로써 집주인들이 소비를 더 늘리게 했다. 야프섬의 원주민이나 지금의 우리나 똑같다. 왜냐하면 인간은 변하지 않으니까 말이다.

죽어야 사는 게
부동산이다

나에게 부동산에 대해서 묻는 분이 많다. 다들 걱정이 많아서 그럴 것이다. 외국에 사는 우리 아이도 집을 조금 늦게 샀는데 나도 걱정이다. 집값 하락을 걱정하는 게 아니라 혹시나 아이가 걱정할까 봐 그게 걱정이다.

____ 별별 사건을 다 겪어도 아파트는 결국 우상향한다

다음 차트를 보자. 장기적 관점에서 보자.

나는 살아오면서 굵직한 사건을 많이 겪었다. IMF 외환 위기, 북핵 위기, 카드 사태, 코로나19 사태, 911 테러, 홍콩 독감, 이라크 전쟁, 유럽 사태, 경기 침체 등…. 그 수많은 일을 겪으면서도

전국 아파트 가격 지수

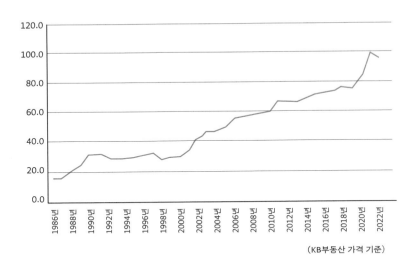

（KB부동산 가격 기준）

아파트 가격은 우상향했다. 그동안 "지금이 꼭지다", "이번에는 정말 상투다" 등 별별 걱정이 다 있었다. 그러나 시간이 지나면서 집값은 계속 올랐다. 왜 그럴까? 계속 돈을 풀어서 돈의 가치가 계속 떨어졌기 때문이다.

작년에 주가가 가장 많이 오른 나라는 튀르키예(터키)다. 왜 그럴까? 돈 가치가 가장 많이 하락한 나라이기 때문이다. 아마도 튀르키예는 부동산 가격 상승률도 세계 1위일 것이다. 그러니 그렇게 걱정할 일이 아니다. 길게 보면 부동산 가격은 전혀 걱정할 필요가 없다.

부동산은 언제나 상승과 하락 사이클을 경험하면서 우상향한다. 지금은 잠시 하락 사이클일 뿐이다. 나는 농담 삼아 이런 말을 한다. "죽어야 사는 게 부동산이다." 이 말은 부동산이 죽어야 각종 부동산 규제가 철폐된다는 뜻이다. 대한민국은 헌법 위에 국민정서법이 있는 나라다. 그러니 부동산이 죽어야 각종 규제와 악법이 철폐될 수 있다. 규제가 철폐되면 부동산은 불사조처럼 부활한다. 그러니 부동산 경기가 안 좋을 때는 조용히 기다리는 게 상책이다. 정치인, 공무원들도 어쩔 수가 없다. 원래 그런 것을 왜 그러냐고 푸념해도 소용없다. 부동산이 죽어야 뒤늦게 각종 규제 철폐를 용인해주는 나라니 어쩔 수가 없다.

장기적으로 부동산이 오를 수밖에 없다는 것은 자본주의의 원리다. 나는 졸저 『부의 인문학』에서 자본주의의 원리에 대해 자세히 이야기한 바 있다. 금본위제가 폐지된 지금의 자본주의 체제하에서는 실물 자산인 부동산은 장기적으로 오를 수밖에 없다고 수차례 강조했다. 그러니 너무 걱정 말고 부동산은 죽어야 사는 것이라고 생각하며 생업에 집중하라. 세월이 약이다. 세월이 지나면 반드시 다시 오르므로 믿음을 가지고 진득하게 기다려라. 결국 수익을 얻을 것이다.

돈 가치가 떨어질수록
부동산 가격은 오른다

역사를 보면 달러 가치는 계속 떨어졌다. 닉슨 대통령이 1971년 이후 달러화를 더 이상 금으로 바꾸어주지 않겠다고 선언한 이후, 미국은 금이 없어도 필요하면 수시로 달러화를 찍어냈다. 그래서 달러화의 실질 가치는 계속 떨어지고 있다. 그런데 달러화보다 더 빠르게 가치가 떨어지는 돈이 있다. 바로 한국 돈 원화다.

원화 가치를 떨어뜨려 먹고살던 시절

원화는 얼마나 빠르게 가치가 떨어졌을까? 1960년에는 1달러당 50원이었다. 박정희 대통령이 정권을 잡은 1961년 이후로는 원화 가치가 달러당 220원 정도까지 떨어졌다. 박정희 정권은 왜 원화 가치를 떨어뜨렸을까? 살기 위해서다. 한국은 가진 게 아무것도 없는 나라다. 석유도 없고 식량도 부족하니 이를 외국에서 사오지 못하면 얼어 죽거나 굶어 죽는 수밖에 없다.

석유와 식량은 오직 달러로만 살 수 있다. 이 당연한 것을 아직 모르는 사람이 많다. 그래서 한국은 어떤 것이라도 수출해서 달러를 벌어야 석유와 식량을 살 수 있다. 한국은 달러화를 벌기 위해서 즉, 살기 위해서 어떤 것이라도 팔아야 했다. 내가 초등학교 다닐 때는 골목길에서 "머리카락 삽니다!"라고 외치는 사람이 흔했다. 우리는 머리카락을 팔아서 달러화를 번 세대다. 달러를 벌기 위해서 수출을 해야 했고 수출을 더 많이 하기 위해서 원화 가치를 떨어뜨려야 했다. 그 덕에 한국은 가발도 팔고 신발도 팔고 와이셔츠도 팔아서 달러화를 벌었고 그 위에 한강의 기적을 만들 수 있었다. 한국이 고도성장을 이룰 수 있었던 배경 중 하나가 바로 원화 가치 하락에 있다.

원화 가치가 떨어질 때 자산 가치를 보전하는 방법

요즘은 미국 재무부가 다른 나라들이 자국의 통화가치를 일부러 떨어뜨리지 않는지를 감시한다. 경쟁국의 통화가치 하락은 자국 기업에게 피해를 줄 수 있기 때문이다. 그래서 미국은 매년 환율 조작국을 감시하고 발표한다. 그런데 조작하지 않고도 원화 가치를 떨어뜨릴 방법이 있다. 미국이 금리를 올릴 때 한국이 미국만큼 따라서 금리를 올리지 않는다면 자동적으로 원화 가치가 떨어진다. 이런 경우 미국은 한국을 환율 조작국이라고 트집 잡기도 어렵다. 물론 미국이 금리를 올리는데 한국이 금리를 올리지 않아 금리 격차가 심화된다면 외국자본이 이탈할 가능성과 물가 불안이 문제될 수 있다. 그래서 적절한 선에서 금리 인상을 늦추면서 대규모 외자 이탈과 물가 불안 없이 원화 가치를 낮추는 전략을 쓴다.

원화 가치가 떨어질 때 자산 가치를 보전하는 방법은 무엇일까? 달러화를 사면 된다. 그런데 예전에는 달러화를 민간인이 자유롭게 구매할 수 없었다. 과거에는 지금처럼 외환 거래가 자유롭지 않았기 때문이다. 과거에 원화 가치 하락에 대비하여 달러화를 살 수 없을 때 자산 가치 하락을 막을 수 있는 대안 투자는 바로 실물 자산인 부동산을 사는 것이었다. 통화가치가 하락할수록 실물 자산인 부동산 가격이 오르기 때문이다.

최근 튀르키예가 좋은 사례다. 튀르키예 정부는 금리를 충분히 올리지 않아서 리라화 가치가 급락했다. 리라화 가치 급락으로 튀르키예의 부동산 가격 상승률은 세계 1위에 올랐다. 언제나 자국 통화가치 하락을 방어하기 가장 좋은 투자자산은 부동산이다. 이런 사례는 베네수엘라에도 있었다.

과거 한국의 부동산 가치가 계속 오른 이유 중 하나가 바로 원화 가치의 빠른 하락 때문이기도 했다. 앞으로 한국 원화 가치는 어떻게 될까? 한국은 여전히 수출을 해야 먹고살 수 있는 나라다.

이 점은 박정희 대통령 이후 변한 게 하나도 없다. 한국은 경제가 어려우면 원화 가치를 낮추어 왔다.

한국뿐만 아니라 미국 역시도 경제적 어려움이 있을 때마다 달러화 가치를 낮추어서 위기를 극복하려 했다. 2000년 닷컴 버블이 터졌을 때 달러화 약세를 유도했고 2008년 리먼 사태가 터졌을 때도 미국은 달러화 약세를 유도해서 경제 위기를 극복하려고 했다. 현재 한국 경제는 수출에 많이 의존하는 경제구조를 가지고 있다. 이러한 경제구조를 감안하면 원화 가치의 하락 추세는 쉽게 달라지지 않는다.

집값 하락을 기다리는 사람들에게 들려주고 싶은 이야기

온라인에 글을 올리면 다양한 댓글이 달린다. 그중 몇 분이 집값은 마땅히 내려야 한다고, 그래야 젊은이들이 결혼도 하고 출산도 할 수 있다는 글을 남겼다. 댓글을 쓴 회원 외에도 집값이 하락해야 한다고 믿는 사람이 제법 많다. 물론 나도 집 문제 때문에 결혼이나 출산을 못하는 사람은 없었으면 좋겠다. 그런데 그런 세상이 과연 올까 하는 질문에는 회의적이다.

집값에 대한 2가지 결정적 오해

집값 하락을 소망하는 분들이 가지고 있는 2가지 오해를 짚어보자.

첫째, 지금 젊은 세대에게 집값이 너무 비싼 데 반해 예전 꼰대 세대에는 집 사기가 수월했을 것이다. 대다수 젊은 분들이 이렇게 믿는 듯하다. 사석에서 내가 집 때문에 고생한 이야기를 하면 다들 반응이 "진짜 그랬어요?" "정말요?" 하며 의심스러워 한다. 증빙을 위해 옛날 신문 기사를 찾아보았다. 1990년 7월 6일 〈동아일보〉에 내 집 마련에 32년이 걸린다는 기사가 있다. 1991년 5월 27일 자 〈매일경제신문〉도 국토개발연구원의 보고서를 인용하며 내 집 마련에 32년 걸린다는 기사를 실었다. 내 기억으로는 1988년 즈음 내 집 마련에 27년 걸린다는 기사를 본 적이 있다. 예전부터 집 사기란 만만치 않은 일이었다는 뜻이다. 그 와중에 내 친구와 동료들은 다 결혼하고 아이까지 평균 2명씩 낳았다.

둘째, 한국만 집 사기 힘든 '헬조선'이고 다른 나라는 그렇지 않을 것이라는 오해다. 공산주의적 평등을 지향하는 북한은 어떨까? 한 증권가 블로그에 올라온 전문가 칼럼을 보면 북한에서 비싼 집은 15만 달러 정도 하는데 월급이 평균 300달러이니 월급을 모아이 집을 사려면 41년이나 걸린다. 중국에서는 노동자 월급으로 지금 집값을 충당하려면 당나라 때부터 일해서 한 푼도 안 쓰고 모아야 한다는 기사를 본 적이 있다. 평등주의가 모토인 공산국가에서 조차도 집은 일반인에게 사기 힘든 수준이다. 노동자 월급 기준으로 본다면 공산주의 국가가 자본주의 국가보다 더 비싸다.

집값 하락은 왜 이렇게 어려운 일이 되었을까? 내가 생각하는 이유는 2가지다.

첫째, 자본주의 게임의 법칙 때문이다. 나는 졸저『부의 인문학』에서 1972년부터 지금의 화폐는 그냥 찍어내면 된다고, 그래서 시간이 갈수록 집값은 오를 수밖에 없다고 누누이 이야기했다. 이게 자본주의 게임의 법칙이다.

둘째, 인간의 본성 때문이다. 인간은 때때로 이타적이고 연민과 동정심을 보이기도 하지만 기본적으로 이기적인 존재다. 인간은 이기적으로 자기가 남보다 더 잘살기를 원한다. 생각해보라. 당신은 비싸고 맛없는 빵을 만드는 빵집 주인도 먹고살아야 하니까 싸고 맛난 빵집 대신에 일부러 그 집에 가서 사 먹은 적이 있는가? 당신은 사회적 약자도 살아야 하니까 대기업 제품 대신에 A/S도 안 되고 내구성이 떨어지는 중소기업 제품을 산 적이 있는가? 당신은 모두가 평등하게 대우받아야 하니까 유명 대학 출신 의사 대신에 유명하지 않고 경험이 적은 의사에게 수술 받으려고 한 적이 있는가? 모두가 먹고살아야 하니까 1등 음악가 대신에 듣도 보도 못한 음악가의 음반을 산 적이 있는가?

대답이 궁색할 것이다. 인간은 자신의 이익을 위해서 타인을 차별하는 이기적인 존재다. 대체로 인간은 천사가 아니다. 본인도 실천하기 어려운 미덕을 타인에게 기대하는 것은 어리석은 짓이다.

____ 거짓 희망에 사로잡혀 시간을 낭비하지 말라

대다수의 지방 도시나 시골의 집값은 지금도 여전히 싸다. 그런데 많은 사람들이 집값이 비싸다고 주장할 때는 강남 3구 아파트를 기준으로 말하는 것이다. 그런데 강남 3구의 집은 다 합쳐도 30만 채 정도다. 한국 가구 수가 대략 2,000만 가구라고 할 때 2,000만 채 중 30만, 즉 1.5퍼센트 수준이다. 100명 중 1.5명이란 뜻이다.

내가 중학교에 다닐 때는 한 학년 전교생이 600명이 조금 넘었다. 전교생 중 상위 1.5퍼센트에 들려면 9등 안에 들어야 한다. 전교 9등하기란 결코 쉬운 일이 아니었다. 한국뿐만 아니라 어느 사회에서나 상위 1.5퍼센트의 집은 항상 비싸다. 나는 자본주의 게임의 법칙상 그리고 인간의 본성을 살펴볼 때 집값은 잠시 하락할 순 있어도 장기적으로는 오를 수밖에 없으며 지역별 집값 차이는 계속 확대될 것이라고 본다.

20대 80의 법칙이 시공간을 관통해서 인간 역사에 적용된 것처럼 집값 역시 그러할 것이다. 이러한 이유로 나는 평등한 세상을 꿈꾸는 이들이 바라는 집값 하락이 잠시, 일시적으로 발생할 수는 있지만 장기적으로는 어렵다고 본다. 이런 이야기는 하는 쪽이나 듣는 쪽이나 불편한 지점이 있다. 하지만 거짓 희망에 사로잡혀 잘못된 판단을 하거나 무의미하게 시간을 흘려보내는 것보다는 현실을 정확하게 깨닫고 현명하게 대응하는 쪽을 권하고 싶다.

인구 감소에 대비한
부동산 투자 전략

"앞으로 인구가 줄어든대. 그래서 집값도 하락할 수밖에 없어."

"맞아, 진짜 그럴 것 같아."

집값 하락이 한창이던 2013년 어느 날, 모임에서 이런 대화 내용을 들었다. 그들의 대화를 듣고 나는 한마디 거들고 싶은 충동을 잠시 느꼈지만 오지랖 같아서 그냥 지나쳤다. 실제로 10년 전에는 어느 모임에서나 심심찮게 오가는 이야기였다. 그런데 요즘 똑같은 이야기가 반복되고 있다. 집값이 조정을 보이니 하락론자들이 인구 감소를 이유로 들어 집값 하락 전망을 한다. 집값이 하락할 때마다 나오는 단골 레퍼토리다. 인구가 줄면 집값이 하락할 것이라는 이야기에는 주로 일본의 사례가 등장한다. 정말 하락할까? 실상을 살펴보자.

인구가 줄어들면 집값이 하락하는가? 맞다, 맞는 말이다. 그런데 여기에는 전제 조건이 있다. 인구를 제외한 집값에 영향을 주는 다른 모든 변수가 중립적이라고 가정할 때만 이 말이 맞다. 인구 감소는 분명히 집값 하락 요인이다. 그러나 현실 세계에서는 다른 집값 상승 요인이 많기 때문에 인구가 줄어든다고 반드시 집값이 하락하지는 않는다.

실제로 인구가 줄어든 일본의 경우를 보자. 일본은 인구가 2009년부터 줄어들었다. 인구가 줄어든 지 10년이 넘었다. 그러면 인구가 줄어든 지난 10년간 일본의 집값은 하락했을까? 아니다. 일본의 집값은 1990년 정점에 다다르고 버블이 붕괴되어서 폭락했지만 정작 인구가 줄어드는 시기인 2013년 이후부터는 오히려 상승 추세를 이어 오고 있다. 그러면 2013년에 무슨 일이 있었던 것일까? 아베 정권이 들어서 양적완화를 시작한 첫해였다. 일본이 돈을 마구 찍어냈다. 2016년에는 마이너스 금리정책을 실시했다. 돈을 풀고 금리를 낮춘 결과, 2018년 도쿄 긴자의 땅값은 1990년대 버블 시대의 땅값을 추월해서 상승했다. 결론적으로 일본은 2009년부터 인구가 줄어들었지만 그 기간 동안 집값은 오히려 올랐다. 그러니 인구가 준다고 무조건 집값이 하락한다고 단정하면 안 된다.

일본의 사례 연구는 투자 방향 설정에 유용한 정보를 제공한다.

첫 번째 주목해야 할 지점은 지방 부동산과 도쿄 부동산의 차별화다. 인구 감소 기간에 일본 부동산은 도쿄를 중심으로 올랐다. 지방은 인구가 소멸하며 일극화가 진행된 것이다. 인구가 줄어들면 애덤 스미스가 말하는 분업의 이익이 줄어들기 때문에 남은 사람들 모두가 분업의 이익을 찾아서 수도권으로 더 모인다. 결국 도쿄 중심은 상승세가 이루어지고 지방과 격차가 더 벌어졌다. 한국도 일본과 마찬가지로 수도권과 지방 부동산 가격의 격차가 더 벌어질 가능성이 높다.

두 번째 기억해야 할 점은 인구의 고령화도 부동산 가격 차별화에 영향을 미친다는 것이다. 고령화가 진행되면 병원의 중요성이 높아지기 때문에 노인들이 큰 병원이 있는 도시에 살고 싶어 한다. 주변에서 시골 전원주택 투자를 꿈꾸는 사람들, 자연인과 동물의 왕국을 즐겨 보는 사람들은 꿈과 현실의 차이에 눈떠야 한다. 실제 전원주택 생활은 집수리와 잡초와 벌레와의 전쟁, 난방비 때문에 겨울철 추위에 떨며 배달 음식도 못 시켜 먹는 불편한 전원 노예 생활이 될 수도 있다. 게다가 집 가격도 오르지 않아 상대적 박탈감에 시달리며 세월이 지나도 커진 집값 격차 때문에 다시 도시로 돌아갈 수도 없다.

세 번째 포인트는 인구 감소 시기에는 지방 땅 투자도 조심해야 한다는 것이다. 일본 땅의 20퍼센트가 주인이 없다고 한다. 일본에서는 상속세, 재산세 때문에 상속받기를 거절해서 생긴 현상이라고 한다. 일본 주택의 7채 가운데 1채는 빈집이다. 바다가 보이는 지방의 바닷가 별장을 헐값에 내놓아도 팔리지 않는다고 한다. 그래서 인구 감소에 대비한다면 지방 부동산 투자를 조심해야 한다.

네 번째, 인구 감소와 고령화사회는 금리 하락 압력으로 작용한다. 인구가 줄어들면 투자수요가 줄어서 금리도 하락하고 또 고령화되면 노인들이 투자보다 저축을 많이 하기에 금리 하락 요인으로 작용한다. 현재 한국, 중국, 미국, 유럽 등 대부분의 선진국이 고령화사회로 진행하고 있기 때문에 향후에 중장기적으로 금리 하락 압력이 높다고 볼 수 있다. 금리 하락은 매우 중요한 부동산 가격 상승 요인이다.

정리를 하자. 인구구조 변화에 따른 부동산 투자 전략은 무엇인가? 인구가 줄어든다고 반드시 부동산 가격이 내린다고 할 수 없다. 중세 시대 유럽의 페스트 같은 질병이 발생하여 인구의 3분의 1이 죽는다든지 하는 인구 급감이 없다면 인구 감소는 부동산 가격에 영향을 미치는 여러 가지 요인 중에 한 가지일 뿐이며 제한적인 영향력을 가진다. 인구 감소와 고령화로 우리가 추정할 수 있는 것은 장기적 관점에서 수도권과 지방의 격차가 더 벌어질 가능성이 높다는 것이다. 그러니 장기적 관점에서는 수도권에 투자하라. 서울이면 더 좋다.

부동산 투자, 기승전'서울'인
구체적인 근거

그동안 나의 부동산 투자는 기승전'서울'이라고 여러 번 말했다. 애덤 스미스와 리카도 같은 고전 경제학자와 하버드 경제학 교수인 에드워드 글레이저 같은 몇몇 경제 전문가의 견해가 지금 우리 상황에 딱 들어맞기 때문이다.

____ 서울이 다른 도시에 비해서 압도적이다

지방 거주자들은 듣기 싫은 소리일 수도 있다. 그래도 난 서울을 말할 수밖에 없다. 서울이 가장 좋다고 믿기 때문이다. 가장 좋은 곳을 두고 2등, 3등에 투자할 이유가 없지 않나? 지방에 살아도 주거와 투자를 분리해서 서울에 투자하면 된다. 그러나 이를 실천에 옮기는 사람은 의외로 적다.

먼저 서울, 부산, 대구의 면적과 인구를 비교해보자.

도시	인구(만 명)	면적(㎢)
서울	980	605
부산	350	766
대구	250	884
광주	146	501

서울의 면적은 부산과 대구보다 작다. 그런데 서울의 인구는 부산의 2.8배, 대구의 4배다. 서울의 인구수와 인구밀도가 대구와 부산에 비해서 압도적으로 높다. 도시별 GDP를 비교해보라. 서울(인천 포함) GDP가 우리나라의 절반에 해당하고 2위 도시 부산의 9배를 넘는다. 부산 인구의 3배가 안 되는 것을 감안하면 왜 내가 서울, 서울 하는지 느낌이 올 것이다. 다른 도시에 비해 서울이 압도적이다. 서울의 GDP 규모는 시애틀, 시카고, 밴쿠버, 토론토, 런던과 파리 그리고 모스크바를 능가한다. 서울 GDP 규모를 넘는 도시는 세계적으로 10개 남짓인 것으로 알고 있다. 서울은 이미 세계적인 도시다.

전 세계 대학 도시는 모두 상승률이 높다

우리나라에서 대학 순위를 말할 때 '서연고 서성한 중경외시'라고들 한다. 이게 정확한 순위인지 아닌지는 잘 모르겠지만 우리에게 중요한 것은 이들 대학이 모두 서울에 자리하고 있다는 것이다. 외국을 보자. 영국 케임브리지나 옥스퍼드는 런던에 있지 않다. 미국 아이비리그 명문대(하버드, 프린스턴, 예일, 코넬, 다트머스, 컬럼비아) 또한 워싱턴이나 뉴욕에 모여 있지 않다. 유독 서울만 우리나라 명문대가 다 몰려 있다. 세계적으로도 특이한 도시다. 역사적으로 세계의 대학 도시는 집값 상승을 주도했다. 서울이 안 오를 이유는 없다!

향후 지역별 인구 추이 전망을 보라

순간의 선택이 10년을 좌우한다고 한다. 향후 지역별 인구가 어떻게 변할지 생각해보자. 서울의 인구는 꾸준히 늘고 있는 반면 지방의 인구는 점차 소멸하고 있다. 길게 말할 것도 없이 왜 서울에 투자해야 하는지 알 수 있다. 향후 10년, 20년을 본다면 서울에 투자하는 것이 백번 옳다.

온라인 쇼핑 시대,
상가 투자는 끝난 것일까?

향후 상가 전망은 어둡다. 왜? 온라인 쇼핑 때문이다. 온라인 쇼핑의 평균 성장률은 2003년 이후로 약 20퍼센트다. 실로 놀라운 성장 속도다. 지난 10년간 온라인 시장의 규모가 약 6배 커졌다. 2018년 기준으로 한국의 온라인 시장 규모는 약 100조 원이다. 전체 소매시장 규모의 약 25퍼센트를 차지한다. 즉 당신이 물건을 살 때 4개 중 1개는 온라인으로 구매한다는 것이다. 5년 뒤에는 어떻게 될까? 지금의 속도라면 당신이 소비하는 물건 중에 절반 이상을(약 60%) 온라인으로 구매하게 될 것이다. 절반 이상을 온라인으로 쇼핑하게 되면 기존 소매 상가들은 어떻게 될까? 불문가지, 물어볼 것도 없다. 개별 상가가 가진 특수성에 따라서 예외가 있겠지만 대체적으로 상가의 운명은 쇠퇴하게 될 것이다. 자연스레 상가는 공급과잉에 시달릴 것이다.

맥없이 끝나 버린 온라인 쇼핑과 상가의 격돌

나는 재개발구역에 상가 주택을 보유하고 있다. 이번에 조합원 분양 신청 때 상가를 신청할 수도 있고 아파트를 신청할 수도 있었다. 나는 상가를 받을지 아파트를 받을지 고민했다. 조합원에게 분양하는 상가 가격이 인근 상가 분양가보다 아주 많이 저렴했기 때문이다. 그렇지만 결국 나는 아파트를 신청했다. 이유는 상가를 실제로 분양받을 시점이 지금으로부터 4~5년 뒤이기 때문이다. 향후 4~5년 뒤에 상가에 어떤 일이 벌어질까? 수익 안전성을 장담할 수 없어 보였다. 그래서 안전하고 수익이 거의 확실할 것 같은 아파트를 신청한 것이다.

미국의 사례를 살펴보면 상가의 미래를 한눈에 알 수 있다. 미국은 소매 상가의 공실률이 10퍼센트가 넘어서 7년 만에 최고 수준으로 올라갔다. 100년의 역사를 자랑하는 시어즈 백화점이 도산했다. 이건 정말 역사적인 사건이다. 그 외에도 수많은 대형 소매 체인이 구조 조정에 나서고 있다. 〈월스트리트저널〉은 "지난 2년간 뉴욕 타임스스퀘어 등 지역 상가 공실률이 2배 이상 올라 현재 20퍼센트에 달한다"고 전했다. 왜 그런가? 인터넷 쇼핑의 거물 아마존 때문이다. 크레디트 스위스(Credit Suisse)는 지금 남아 있는 미국의 상가 25퍼센트가 2022년까지 문을 닫을 것이라고 예측했다. 암울한 전망이다.

우리나라도 마찬가지다. 최근에 이마트에 갔다가 깜짝 놀랐다. 주차장이 텅텅 비어 있는 게 아닌가! 아내와 이야기를 하다 보니 불과 2, 3년 사이에 벌어진 일이란다. 온라인 쇼핑의 성장이 이제 막 티핑 포인트를 지난 듯하다. 온라인 시장 규모가 전체 시장 규모의 25퍼센트를 돌파했다고 한다. 이제 온라인 시장의 충격이 본격적으로 와닿기 시작할 것이라는 뜻이다. 최근에 온라인 쇼핑 업체들은 천문학적 금액을 투자하고 있다. 쿠팡은 손정의 비전펀드로부터 3조 원을 투자받아서 이미 출혈경쟁에 나섰고, 이마트 역시 7,000억 원 투자 계획으로 반격에 나섰다. SK 11번가도 투자를 늘린다고 한다.

오프라인 소매 상가가 이들 온라인 업체와 경쟁에서 살아남을 수 있을까? 아내는 새벽 배송을 즐겨 이용한다. 한동안 지켜보니 거의 모든 걸 인터넷으로 주문하고 쇼핑하러 가는 경우가 거의 없다. 향후 5년 내에 구매의 절반 이상을 온라인으로 하게 될 게 분명한데 이때 소매 상가는 어떻게 될 것인가? 통계를 보면 전국적으로 분양하는 상가 공급이 최근 몇 년간 꾸준히 늘어났음을 알 수 있다. 공급은 계속 늘어나고 수요는 줄어들 전망이니 어떻게 될까? 정말 걱정스럽다.

물론 온라인으로 100퍼센트 대행할 수 없는 소매 상가는 살아남는다. 예를 들면 음식점, 약국, 병원, 미장원, 학원, 편의점, 커피

숍, 제과점 등은 오프라인 상가 수요가 유지될 것이다. 그러나 이마저도 남아도는 상가 건물로 인하여 임대료를 올리긴 쉽지 않을 가능성이 높다. 임대료가 떨어지면 상가 가격은 하락할 수밖에 없다. 이커머스(e-commerce)는 이미 거대한 흐름을 탔고 그에 맞서기는 쉽지 않은 일이다.

집값 하락, 바닥은 이미 지났고
오를 일만 남았다

집값 전망을 묻는 사람이 많다. 남의 부동산에 내 의견을 보태는 것은 참 조심스럽다. 내가 집을 산다는 가정하에 이야기해보자. 2023년 5월 기준으로 하는 이야기다.

___ 과거 집값 하락기와 비교하면 어떻게 다른가?

"집값 바닥은 이미 지났고 이제 오를 일만 남았다."

2021년 시작된 이번 집값 하락기의 하락 기간과 하락 폭을 살펴보자. 한국부동산원이 제공하는 실거래가 기준으로 서울 아파트는 2021년 10월에 고점을 찍고 이후 14개월간 하락하여 2022년 12월에 바닥을 찍었다. 이후 3개월 연속 상승 중이다. 2021년 10

월부터 14개월간 하락 폭은 마이너스 24.8퍼센트였다.

리먼 브라더스 사태가 터진 2008년에 서울 아파트는 1년간 18.3퍼센트 하락했다. 2009년 고점을 다시 회복한 서울 아파트는 이후 약 4년간 장기 침체에 빠져서 14.4퍼센트 하락했다. 이번 서울 집값 하락은 14개월간 마이너스 24.8퍼센트 수준이다. 하락 폭을 비교하면 2008년 리먼 브라더스 사태 이후 장기 침체 때의 하락 폭보다 더 많이 하락한 것을 확인할 수 있다.

IMF 때와 비교하면 어떨까? 그때는 한국부동산원이 실거래가 통계를 제공하지 않아 데이터가 없다. KB국민은행이 제공하는 시세 기준으로 보면 IMF 사태 때는 1년간 14.6퍼센트 하락했다. IMF와 리먼 브라더스 사태 같은 엄청난 경제 위기 상황에서도 집값 하락은 단 1년에 그쳤다. 이번 집값 하락 폭은 과거 집값 하락기와 비교했을 때와 비하면 결코 경미하지 않은 하락 폭과 기간이다. 즉, 충분히 하락했다고 할 수 있다.

이번 집값 하락의 원인은 무엇인가?

집값 하락의 원인은 여러 가지를 들 수 있다. 소득 대비 비싼 집값도 한 원인이다. 그러나 가장 직접적이고 중요한 집값 하락 원인은 금리 상승에 있다. 왜 금리 상승이 이번 집값 하락의 주요 원인이라고 보는지 살펴보자.

이번 부동산 하락에는 중요한 특징이 있다. 과거 부동산 하락기에는 집값이 하락하면 매매 수요가 전세 수요로 옮겨가서 전세가가 올랐다. 그런데 이번 부동산 하락기에는 매매가와 전세가가 동시에 하락했다. 왜 그럴까? 그 이유는 과거의 경험에서 찾을 수 있다. 매매가와 전세가가 동시에 하락한 경우는 IMF 때뿐이었다. 그럼 이번 부동산 하락기와 IMF 때의 공통점이 무엇인가? 둘 다 금리가 갑자기 상승했다는 점이다. IMF 때는 금리가 연 20퍼센트까지 치솟았고 이후 금리가 하락하면서 집값도 회복했다. 이번 하락기에도 주택 대출 금리가 급격히 올랐다. 결국 이번 집값 하락의 가장 중요한 원인은 바로 금리 상승이라고 할 수 있다.

최근의 집값 상승은 데드캣 바운스인가?

최근의 집값 상승을 데드캣 바운스[4]로 보는 시각이 있다. 정말 그럴까? 2008년 리먼 브라더스 사태 때 집값이 급락했다가 1년 만인 2009년에 잠시 회복되었지만 그 이후 집값은 장기간 하락했다. 그때의 경험을 예로 들며 이번 상승도 일시적 상승이고 이후

---

4 데드캣 바운스는 주가가 큰 폭으로 떨어지다가 잠깐 반등하는 상황을 비유할 때 쓰이는 말로, 죽은 고양이도 아주 높은 곳에서 떨어지면 튀어 오른다는 월가의 증시 격언에서 유래된 것이다.

긴 하락 기간을 맞이할 것이라고 주장하는 부동산 전문가도 있다.

　내 생각은 조금 다르다. 집값은 이미 바닥을 쳤고 다시 바닥을 확인하는 일은 없을 것이며 계속 상승할 가능성이 높다는 게 나의 전망이다. 서울 집값이 2009년 이후처럼 다시 하락할 가능성은 거의 없다. 2009년 이후 서울 집값이 장기간 하락한 이유는 공급과잉 때문이다. 서울의 집주인들은 2009년 이후부터 2014년까지 집값이 하락하는 동안에 피눈물을 흘렸다. 서울 집주인들이 상대적으로 더 우울했던 이유는 서울 집값이 하락하는 동안에 지방 집값은 오히려 올랐기 때문이다. 2008년 이후 부산 해운대 지역의 아파트 중 많이 오른 곳은 3배 가까이 올랐다. 대구와 광주 지역의 아파트는 약 2배 올랐다. 대부분의 지방 아파트는 2008년 이후에 많이 올랐다. 2008년 이후에 서울 수도권 집주인만 죽을 쑨 것이다.

　　그때는 왜 서울 집값만 급락한 것일까?

　같은 기간 동안 왜 서울 집값만 급락했는지 살펴보자. 이 질문에 대해서 올바른 답변을 할 수 있어야 향후 집값 전망도 올바르게 할 수 있다. 2009년 이후 서울 집값만 하락한 이유는 서울의 수요는 줄고 공급이 많았기 때문이다. 특히 공급이 너무 많았다.

　서울 집값은 2기 신도시 공급 물량 때문에 가장 큰 타격을 받았다. 노무현 정권 시절에 집값 급등으로 2기 신도시를 계획하고 지정했는데 실제 집이 공급된 것은 이명박, 박근혜 정권 때다. 2기 신도시 공급 물량은 약 60만 호에 이른다.

주택 200만 호 건설을 추진하여 집값을 안정시키는 데 성공한 노태우 정권이 당시 수도권 5개 신도시에 공급한 물량은 약 30만 호였다. 2기 신도시 물량은 노태우 정권 때보다 2배나 많은 막대한 물량이며 이 물량이 서울 집값 하락의 가장 큰 요인으로 작용했다. 수도권에 미분양 아파트가 늘었으니 짐작이 갈 것이다.

게다가 이명박 정권 때는 단기간에 주택을 공급할 수 있도록 도시생활주택 공급을 허용했다. 주차장을 설치하지 않아도 되는 도시생활주택 허용으로 도심에 빌라가 많이 들어섰다. 지금은 도심 교통 악화와 난개발 때문에 금지되었다. 또한 이명박 정권은 주변 시세의 반값으로 아파트를 공급하는 보금자리주택 공급을 발표했다. 보금자리주택 공급 발표로 충격에 빠진 대기 매수자들이 대부분 분양으로 돌아서는 바람에 주택 수요가 크게 줄었다.

이뿐만이 아니다. 행정 수도를 세종시로 이전한다고 해서 서울에 살던 공무원들이 대거 세종시로 이동했다. 서울의 집 수요가 많이 줄어들었다. 게다가 서울 수도권에만 DTI(Debt To Income 총부채 상환비율, 대출 상환액이 소득의 일정 비율을 넘지 않도록 대출 한도를 정하는 계산 비율) 규제를 해서 집을 사는 사람이 대출받기가 힘들었다. 이처럼 공급은 늘리고 수요는 줄이는 정책 때문에 서울만 집값이 하락했던 것이다.

향후 서울 주택 공급량은 어떻게 될까?

그렇다면 향후 서울 주택 공급량이 많을까? 아니다. 향후 공급이 많지 않기에 서울 집값 전망은 낙관적이다. 서울 집값 하락에 가장 큰 영향을 준 2기 신도시 공급은 이미 끝났다. 지금은 도시생활주택 공급도 없다. 보금자리주택도 없다. 세종 신도시 이전도 끝났다.

앞으로 또 대규모 공급을 하면 어떻게 하나 걱정할 수도 있다. 그렇지만 2014년 이후 신도시 택지지구를 지정하지 않았다. 문재인 정권이 들어선 후에야 3기 신도시 공급을 발표했다. 총 30만 호를 공급한다고 한다. 현재 택지지구가 확정된 곳은 약 15만 가구 분량이다. 그런데 3기 신도시 다수가 서울 외곽에 위치한다. 수요자는 서울이나 서울 근교를 원하는데 공급지는 엉뚱하게 서울에서 멀리 떨어진 곳이다. 게다가 3기 신도시가 당초 계획대로 진행될지 의문이다. 왜냐하면 요즘 PF 대출이 어렵기 때문에 민간 건설사들이 신규 사업을 중단한 상태다. 현재 주택 인허가와 착공이 줄고 있다. 게다가 자재비와 인건비가 올라서 3기 신도시 분양가가 현재 주변 아파트보다 비쌀 가능성이 높아 당초 계획한 시기에 분양이 어려울 가능성도 있다. 지금 상황이 지속된다면 3년 후 주택 공급은 오히려 줄어들 전망이다. 결론적으로 이번에는 2009년 이후 장기 침체 때와 달리 공급량이 작을 전망이므로 과거 2009년 이후 장기 침체기 같은 하락기는 반복되지 않을 것으로 본다.

집값 상승, 남은 건 속도의 문제일 뿐이다

집값이 이미 너무 비싸서 살 사람이 없을 것이라는 주장도 있다. 집값이 비싼 것은 사실이다. 그러나 내 기억에 집값이 보통 근로자 누구나 살 수 있을 정도로 싼 적은 한 번도 없었다. 앞에서 이야기한 것처럼 1990년대 초반에는 근로자가 서울에 내 집 마련을 하려면 32년이 걸린다고 했다. 현재 에코부머(echo-boomer, 1980~1994년에 태어난 베이비붐 세대의 자녀)들의 결혼 시기가 도래하고 있기 때문에 수요는 탄탄하다. 에코부머 세대는 부모인 베이비부머의 지원을 받아서 집을 사는 경우가 많다.

그리고 향후 금리가 내려갈 가능성이 매우 높다. 월스트리트는 연준의 금리 인상이 끝났으며 빠르면 2024년 상반기 안에 금리를 인하할 것으로 전망한다. 이번 집값 하락을 촉발한 높은 금리가 내려간다면 이는 강력한 집값 상승 요인으로 작용할 것이다. 내가 향후 집값에 대해서 낙관적인 가장 중요한 이유는 바로 이 지점에 있다. 이번 집값 회복은 데드캣 바운스가 아니다. 지난 14개월 동안의 하락으로 집값 하락은 끝났다. 이제 집값 상승이 얼마나 빨리 또는 느리게 회복하느냐의 문제만 남았다.

집값 상승에 대한
천재들의 예언과 분석

집값 가격결정 모형을 아주 단순화하면 다음과 같다.

집값 = 임대 소득 / 시장 금리

공식을 살펴보자. 금리가 제로라면 이론적으로 집값은 엄청나게 오를 수 있다. 이번 집값 하락 주요 원인은 금리 급등 때문이다. 금리 급등이 금리와 연계된 전세가를 급락시키고 이것이 연쇄적으로 집값 하락을 가져왔다는 것이 나의 추측이다.

이제 남겨진 문제는 금리다. 향후 금리는 어떻게 될까? 이에 대한 전망을 위해 천재를 한 명 소환해 보자. 바로 케인스다.

나는 케인스의 역작 『고용, 이자 및 화폐의 일반 이론』을 읽고 서 정말 천재란 이런 것이구나 하며 고개를 끄덕였다. 그는 한 세 기 안에 이자율이 엄청 떨어질 것이라고 예언했다. 케인스는 이자 율이 엄청 떨어져서 노동자들이 더 이상 혁명할 필요성을 느끼지 않을 것이라고 예언했고 이자로 먹고사는 예금주는 안락사하게 될 것이라고 예언했다.

케인스 사후 100년도 안 돼서 정말 이자율은 0까지 떨어졌다. 실로 놀라운 적중이 아닐 수 없다. 천재의 혜안이란 바로 이런 것 이구나 하는 생각이 저절로 든다.

자본가는 자본의 가치가 높을 때 즉, 이자율이 높을 때 큰소리 칠 수 있고 돈이 돈을 버는 이득을 더 취할 수 있다. 자본이 없는 노동자는 가진 것이라곤 몸값 노동 가치뿐인데 이자율이 떨어질수 록 상대적으로 몸값이 올라간다. 즉 이자율이 낮아질수록 근로 노 동 소득의 가치가 상대적으로 올라가니 노동자들이 더 이상 혁명 을 원하지 않는 것이다.

요즘은 아이디어와 기술만 있으면 돈을 투자하겠다는 곳이 줄 을 서서 대기하는 시절이다. 요즘은 자금은 흔하고 아이디어, 기 술, 능력이 성공의 열쇠니 혁명의 필요성이 줄어든 게 사실이다. 정말 똑똑하다면 돈 없이도 누구나 부자가 될 수 있는 시대다.

케인스의 예언은 그의 사후 100년 안에 놀랍도록 정확하게 맞아떨어졌다. 그러면 케인스는 왜 이자율이 떨어질 것이라고 했을까? 케인스는 자본이 축적되는 속도보다 투자수요가 늘지 않을 것으로 보았다. 이자율은 투자수요가 많아야 올라가는데 세상에 돈을 벌 만한 사업이 케인스는 그리 많이 늘지 않을 것으로 보았다. 사실 현재 우리가 사는 세상을 둘러보면 대부분의 산업이 공급과잉에 시달린다. 자동차, 철강, 석유화학, 반도체, 조선 등 공급과잉에 시달리지 않는 산업 분야를 찾기가 쉽지 않다. 자본은 계속 쌓이는데 투자할 곳이 많지 않으니 이자율은 계속 내려가는 것이다.

____ 금리와 물가 상승을 바라보는 천재들의 혜안

케인스의 주장을 현재 세계 상황에 맞게 설명한 경제학자가 래리 서머스다. 그는 미국의 전 재무장관이며 하버드 대학 총장을 역임한 인물이다. 래리 서머스는 팬데믹이 발생하기 전에 금리가 오르기 어려운 이유를 인구 고령화, 설비투자 없는 플랫폼 기업 등장, 산업구조 변화 등을 근거로 들었다.

현재 금리가 오른 건 팬데믹 때 과잉으로 뿌린 통화량 때문에 일시적으로 물가가 올라서 미 연준이 할 수 없이 금리를 올렸기 때문이다. 처음에 파월 의장이 물가 상승에 대해서 일시적 상승이니 걱정할 것 없다고 말했다. 그 뒤로 물가가 계속 올라서 파월은 임시란 용어를 빼고 대폭 금리 인상으로 물가 상승에 대응했다. 혹자는 파월이 거짓말했다고 주장하기도 하지만 내 생각은 조금 다르다. 나는 파월이 진심으로 물가 상승이 임시라고 믿었다고 본다. 그는 케인스의 주장과 팬데믹 전 래리 서머스의 주장을 잘 알고 있었다. 그래서 물가 상승 압력에 대해서 낙관했을 것이다. 그런데 이번에 돈을 뿌린 일은 미국이 집집마다 직접 돈을 준 재정지출 확대가 포함되어 있으며 이는 예전의 통화 공급량만 확대했던 방식과는 달랐다. 이는 물가 상승을 초래했다. 이를 간파한 래리 서머스는 물가 상승 우려를 제일 먼저 제기하여 자신의 천재성을 증명했다.

우리가 사는 세상은 구조적으로 금리가 내려가기 쉬운 세상이다. 지금은 팬데믹 사태로 인해 예외적으로 길어진 물가 상승 압력 때문에 금리 상승을 겪고 있다. 결국은 케인스의 주장대로 다시 금리 하락 압력을 받아서 금리는 내려갈 수밖에 없다. 금리가 내려가면 앞에서 살펴본 집값 가격결정 모형에 따라서 집값은 오를 수밖에 없다. 그러니 마음 푹 놓고 기다리면 된다.

흙수저가 부동산으로
돈 버는 방법

이미 알려진 것처럼 나는 보증금 500만 원에 월세 20만 원으로 신혼살림을 시작한 '흙수저' 출신이다. 돈을 벌어야겠다고 마음먹은 나는 이런저런 투자 공부를 했다. 어느 정도 공부를 한 뒤 내린 결론은 돈을 벌려면 땅에 투자해야 한다는 것이다. 『집 없어도 땅은 사라』는 자극적인 제목의 책도 있는데 현실적인 재테크 방법은 아니지만 일말의 진실은 내포하고 있다. 땅 투자가 투자수익률이 제일 좋다.

하지만 땅 투자에는 문제가 있다. 한꺼번에 목돈이 들어가고 환금성이 없고 최소 10년 이상은 투자해야 한다. 만약에 투자가 실패하면 이번 생에 부자가 되는 것은 포기해야 한다. 초기 투자 원금을 모두 물리면 이번 생은 틀렸고 다음 생에나 부자가 될 기회를 노릴 수 있다. 그래서 이번 생에 꼭 부자가 되어야 하는 나 같은 흙수저에게 땅 투자는 매우 위험하다. 나는 섣불리 덤빌 수가 없었다.

내가 재건축 아파트에 투자한 이유

그래서 환금성이 좋고 투자수익도 어느 정도 나오는 아파트에 투자하기로 마음먹었다. 아파트 투자는 부동산 사이클에 따른 상승 이익을 챙길 수 있다. 그런데 나는 이 정도 수익에 만족할 수 없었다. 왜냐하면 나는 남보다 더 빨리 돈을 벌어야 했으니까 말이다. 나는 이렇게 생각했다.

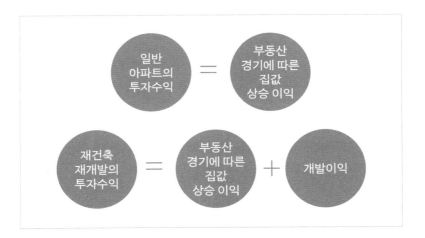

이게 나의 핵심 투자 아이디어다. 그래서 나는 이 아이디어를 바탕으로 재건축과 재개발 투자에 뛰어들었다. 나는 대지 지분이 많은 오래된 아파트를 골랐다. 나는 재건축 투자 시에 무엇을 가장 중시하고 고려해야 할지 잘 알고 있었다. 그런데 내가 재건축 아파트에 투자할 당시만 하더라도 많은 사람들이 재건축 투자에 대해서 잘 몰랐다. 서울대 출신으로 건설사 직원인 한 지인조차도 내가 재건축 아파트를 추천했지만 귀담아듣지 않았다. 그는 일반 아파트를 샀고 나중에 내가 투자에 성공한 것을 보고서 그제야 재건축 대상 아파트를 보러 다녔다. 아무리 똑똑하고 전문 지식이 많아도 관심을 가지지 않으면 모르는 것이다. 그리고 무엇이든지 남보다 한발 앞서 아는 게 중요하다. 이제는 많은 사람들이 재건축 아파트 투자가 수익성이 좋다는 것을 알고 있어 예전만큼 큰 수익을 내긴 어렵다. 하지만 여전히 일반 아파트 투자보다는 더 많은 수익을 가져갈 수 있다.

——— 재개발 투자의 가능성과 어려움

　나는 재개발에도 투자했다. 재개발 투자의 묘미는 적은 돈으로 투자수익률을 극대화할 수 있다는 점이다. 재개발 대상 지역은 주로 가난한 동네다 보니 집값이 헐값이다. 그래서 재개발 투자의 성공 요건은 재개발이 될 만한 구역 내에 구옥을 사는 것이다. 구체적인 재개발 투자법은 재개발 관련 책을 하나 따로 준비해서 읽어보길 바란다.

　나는 부동산 투자의 경우 재건축 아파트와 재개발 주택 투자로 돈을 다 벌었다. 이 투자 방법은 지금도 유효하다. 왜냐하면 재건축 재개발 투자에도 진입장벽이 있어서 아무나 덤비지 못한다. 돈이 없는 경우에는 자신이 낡은 집에 살면서 직접 몸테크를 해야 한다. 그리고 정말 긴 시간을 인내해야 한다. 최소 10년이고 20년까지도 각오하고 투자한다. 말이 10년이지, 10년이면 애 낳고 그 애가 초등학교 3학년이 되는 기나긴 세월이다. 그 기나긴 세월 동안에 별별 일을 다 겪는다. 특히 못사는 동네일수록 주민들의 민도가 낮고 재개발 투자에 대한 올바른 지식이 없다 보니 다른 조합원들까지 계몽하면서 재개발 재건축 사업을 진행시켜야 할 수도 있다. 대부분의 재개발 구역은 주민들의 학력과 소득수준이 낮고 또 민도가 높지 않아서 주민들을 단결시키기가 어렵기 때문이다.

재개발 투자의 포인트

재개발 투자의 경우 돈을 좀 더 주더라도 사업 승인이 난 뒤에 투자하면 투자 기간을 단축시킬 수 있다. 실제로 재개발에 몇 번 투자해보면 산전수전, 공중전 다 겪게 된다. 재개발이 한 사이클 지나서 입주까지 하면 재개발 투자가 얼마나 지난하고 어려운 일인지 깨닫는다. 그래서 재개발 투자의 경우는 자녀 이름으로 사서 길게 보고 투자하는 것도 좋은 방법이다. 오래전 내가 소개해서 친구가 아들 명의로 계약한 재개발 건이 하나 있다. 당시 1억 원 조금 넘게 투자했는데 사업이 진행 중인 지금은 7억 원이 넘는다. 아마도 아파트 입주 시에는 가격이 더 올라갈 것이다. 물론 투자 기간은 10년이 넘게 걸렸다.

아직 젊고 시간적 여유가 많은 사람들에게는 여전히 재건축과 재개발이 매력적인 투자처임이 틀림없다. 그런데 서울의 재건축 아파트는 이미 많이 올라서 흙수저가 접근하기 어려울 수 있다. 자금이 부족하면 수도권의 재건축 아파트를 노려보는 것도 방법이다. 재개발의 경우는 재건축 아파트에 비해서 투자금이 작으니 투자 금액 면에서는 문턱이 낮다. 돈이 없으면 재개발 구역 내에 집을 사서 거기에 살면 된다. 그러나 그걸 실천에 옮기는 사람은 많지 않다. 사람은 누구나 천국에 가고 싶어 하지만 천국은 죽어야 갈 수 있는 곳이다. 천국 가려고 죽고 싶은 사람은 없다. 흙수저가 부자 되는 것도 마찬가지다. 편하게 쉽게 돈 버는 방법은 없다. 남다른 고생을 각오해야 돈을 벌 수 있다. 남들처럼 멋진 차 몰고 해외여행 다니고 화려한 레스토랑에서 외식하고 새 아파트에 살면서, 남들 하는 거 다 하고 부자 되긴 어렵다. 정말 부자가 되고 싶다면 누리고 싶은 많은 것을 희생해야 한다.

결론은 흙수저는 재건축과 재개발 투자를 공부해야 한다. 그리고 짬이 날 때마다 낡은 집을 구경하러 다녀라. 그 앞에서 상상하고 꿈을 키우는 것이다. 미래를 상상하고 꿈을 가지면 그렇게 힘들지만은 않다.

_____ 재건축과 재개발 투자가 좋은 이유

    재개발과 재건축 투자는 집주인이 시행사(사업의 주체)가 되어서 시공사(건설사)에게 공사비를 주고 아파트를 짓는다. 그리고 일부 물량을 다른 사람에게 팔아(일반 분양) 그 이익금을 나누어서 자신의 아파트 공사비에 충당하는 개념이다. 재개발 재건축 투자는 주택 사업을 하는 것과 같아서 위험부담도 있지만 사업이 성공하면 더 많은 이익을 거둘 수 있다. 최근에 공사비가 많이 올라서 재개발 재건축 사업이 주춤한다는 뉴스가 있지만 원자재와 공사비가 올라 가는 문제는 결국 일반 분양가를 올리는 것으로 해소하게 된다. 일반 분양가를 높게 받을 수 있다면 재개발 재건축 사업 수입은 더 늘어난다. 따라서 비용이 늘어나는 것과 수익이 늘어나는 것을 함께 따져야 한다.

    재개발 재건축 투자의 경우 개별 건마다 여건이 다르기 때문에 사업성도 다 다르다. 따라서 재개발과 재건축 투자를 하려면 자신이 주택 사업가로서 대강의 사업 수익성(투자수익성)을 계산할 수 있어야 한다. 이 점에서 난이도가 좀 있는 투자다. 그리고 재개발 주택과 재건축 아파트는 사업 기간이 길기 때문에 일반 아파트보다 가격 변동이 심하다. 특히 금리 변동에 민감하다. 금리가 오르면 사업성이 악화되어 재개발 주택과 재건축 아파트의 가격이 일반 아파트보다 더 많이 하락할 수 있다. 부동산 경기 침체 시 바닥에서 잘 잡으면 좋다. 경매로 사는 것도 싸게 마련하는 한 방법이다. ●

완벽한 자유와 부를 만드는
인생투자

초판 1쇄 발행   2023년 9월 19일
초판 7쇄 발행   2024년 5월 20일

지은이   우석(브라운스톤)
펴낸이   김인숙

펴낸곳   오픈마인드 주식회사
출판등록   제25100-2019-000103호
등록일자   2019년 10월 31일
이메일   openmindbook@gmail.com

일원화 공급처
㈜북새통
주소 (03955)서울특별시 마포구 월드컵로36길 18 902호
대표전화 02-338-0117
팩스 02-338-7160